AF304824

Gioiello & Jewellery

terza edizione
third edition

a cura di / edited by Livia Tenuta

MUSEO
DEL GIOIELLO
VICENZA

SilvanaEditoriale

Presidente
President
Lorenzo Cagnoni

Amministratore delegato
Chief executive officer
Ugo Ravanelli

Museo del Gioiello,
Basilica Palladiana, Vicenza

Direttore
Director
Alba Cappellieri

Curatori 2019-2020
Curators 2019-2020
Cristina Boschetti, Alba Cappellieri,
Patrizia di Carrobio, Pascale Lepeu,
Chichi Meroni, Olga Noronha,
Emanuele Ferreccio Pennisi,
Gabriele Pennisi, Marie-Josè
van den Hout, Massimo Vidale

Coordinamento curatoriale
Curators coordinator
Livia Tenuta

Coordinamento organizzativo
Operations coordinator
Carolina Lotto

Progetto allestimento
Exhibition design
Patricia Urquiola

Coordinamento allestimento
Exhibit design coordinator
Marco Romanelli

Progetto grafico
Graphic design
Susanna Testa

Bookshop
Civita Tre Venezie Srl

Direzione Operations
Operations Director
Mario Vescovo

*Direzione divisione Jewellery
& Fashion*
*Division Director Jewellery
& Fashion*
Marco Carniello

*Responsabile ufficio stampa divisione
Jewellery & Fashion*
*Press Office Manager Jewellery
& Fashion Division*
Patrizia Rovaris

*Responsabile Marketing e
Comunicazione di Prodotto divisione
Jewellery & Fashion*
*Product Marketing & Communication
Manager Jewellery & Fashion Division*
Michela Amenduni

Mostre temporanee exhibition design
*Exhibition design temporary
exhibitions*
Rinaldo Pagan

Il Museo del Gioiello di Vicenza si rinnova e per il prossimo biennio si prepara ad ospitare un'altra inestimabile collezione di oggetti alcuni dei quali provenienti dalle più inaccessibili collezioni private.

In queste pagine presentiamo con grande soddisfazione e orgoglio la terza edizione che sarà visitabile fino alla fine del 2020.

Il Museo del Gioiello, gestito da Italian Exhibition Group Spa in collaborazione con il Comune di Vicenza, è l'unico esempio in Italia – e tra i pochi a livello mondiale – interamente dedicato al gioiello. Situato all'interno di un luogo icona dell'architettura come la Basilica Palladiana di Vicenza, fin dalla sua inaugurazione nel 2014 il Museo ha saputo affermarsi, grazie alla sua capacità di interpretare il gioiello secondo valori, estetiche e contenuti profondamente diversi, come baricentro narrativo e di valorizzazione dell'universo culturale dell'oreficeria e della gioielleria.

Il museo è diretto fin dalla sua nascita da Alba Cappellieri, Professore Ordinario di Design del Gioiello al Politecnico di Milano e principale studiosa del settore in Italia.

Per il terzo biennio il museo ospita 310 pezzi unici ed esclusivi, capolavori dal valore inestimabile: un mix di contemporaneità, suggestioni del passato e proiezioni nel futuro provenienti nella maggior parte dei casi dalle più inaccessibili collezioni private.

The Jewellery Museum in Vicenza, gets renewed and for the next two years will host another priceless collection of objects, some of which come from the most inaccessible private collections.

In these pages, we present – with great satisfaction and pride – third edition that will be open until the end of 2020.

The Jewellery Museum is managed by Italian Exhibition Group Spa in partnership with the Municipality of Vicenza and is the only example in Italy – and among few in the world – entirely dedicated to jewellery. Located in an architectural icon like the Palladian Basilica of Vicenza, since its inauguration in 2014, the Museum has established itself as a narrative and enhancing centre of the cultural universe of gold and jewellery, thanks to its ability to interpret the jewel according to values, aesthetics and deeply different contents.

The Museum has been directed since its opening by Alba Cappellieri, Professor of Jewellery Design at the Milan Polytechnic and leading researcher in the sector in Italy.

For the third biennium, the museum hosts 310 exclusive and priceless masterpieces: a mix of contemporaneity, suggestions from the past and projections into the future gathered – in most cases – from the most inaccessible private collections.

A firmare la terza edizione sono 9 curatori di fama internazionale, a cui sono state affidate le altrettante sale tematiche presenti al primo piano, in uno spazio multifunzionale e dinamico.
Il Museo, grazie a questa nuova veste, offre ai visitatori un'esperienza unica all'insegna della cultura del gioiello, e contribuisce al consolidamento della posizione di IEG come principale business Hub per il settore orafo, facendo di Vicenza sempre più il centro nevralgico del gioiello a livello globale.

Presenting the third edition are 9 new curators of international renown, who have been entrusted with the 9 thematic rooms on the first floor, in a multifunctional and dynamic space.
Thanks to the new look, the Museum offers visitors a unique experience of the culture of jewellery, and contributes to the consolidation of IEG's position as the main business hub for the goldsmith sector, making Vicenza more and more the nerve centre of the jewel at a global level.

Italian Exhibition Group Spa

Sommario / Contents

Il Museo del Gioiello di Vicenza

Alba Cappellieri, Direttore

Cosa è un gioiello oggi? Un'espressione di ricchezza o di creatività? Un simbolo di status o di bellezza? Un investimento? Un accessorio? È artigianato, moda, arte o design?

Non esiste il gioiello universale e assoluto, ma diverse concezioni di gioiello, legate al tempo, alla cultura, al gusto, in sintesi: alla storia dell'uomo.

Il Museo del Gioiello di Vicenza è l'unico museo al mondo a presentare il gioiello nei suoi principali contesti: nove micro mondi definiti da magia, simbolo, funzione, bellezza, arte, moda, design, icone e futuro. Tale scelta, che risponde alle più recenti ricerche museografiche internazionali, è una decisione curatoriale di forte impatto – culturale oltre che espositivo – che permette di restituire la complessità semantica del gioiello, introducendo il visitatore alla conoscenza di valori e contenuti profondamente eterogenei. La curatela di ciascuna stanza è stata affidata a esperti internazionali che hanno interpretato la selezione delle opere e il relativo catalogo secondo prospettive, metodologie e criteri radicalmente diversi, a dimostrazione della vitalità culturale del gioiello. In questa seconda edizione i contributi dei nove curatori – Cristina Boschetti (Magia), Alba Cappellieri (Design), Patrizia di Carrobio (Bellezza), Pascale Lepeu (Simbolo), Chichi Meroni (Moda), Olga Noronha (Futuro), Gabriele Pennisi ed Emanuele Ferreccio Pennisi (Icone), Marie-José van den Hout (Arte), Massimo Vidale (Funzione) – si distinguono per la pluralità dei linguaggi, in un'armonia polifonica che, lontano dai consueti criteri museali di classificazione cronologica o stilistica, restituisce la complessità del gioiello attraverso molteplici punti di vista, dove l'antico dialoga con il contemporaneo e i capolavori del passato affiancano quelli realizzati con le tecnologie del futuro.

Tale pluralismo, evidente fin dai testi di questo catalogo, garantisce una straordinaria qualità narrativa e mette in scena la magia senza tempo e senza confini del gioiello nella selezione dei principali esperti internazionali mentre la rotazione biennale delle opere lo rende un luogo da visitare con continuità anche da un pubblico locale.

The Museo del Gioiello in Vicenza

Alba Cappellieri, Director

What is a jewel today? An expression of wealth or of creativity? A symbol of status or of beauty? An investment? An accessory? Is it craftsmanship, fashion, art or design? The jewel, universal and absolute, does not exist, but merely different conceptions of jewellery, bound to its time, culture, taste; in short, to the history of mankind.

The Museo del Gioiello di Vicenza is the only museum in the world to present jewellery in its main contexts: nine micro worlds defined by magic, symbol, function, beauty, art, fashion, design, icon, and future. This choice, which accords with the latest international museological research, is a curatorial decision offering a strong impact – cultural as well as in terms of display – making it possible to give a sense of the semantic complexity of jewellery and introducing visitors to an awareness of profoundly heterogeneous values and content.

The curatorship of each room has been entrusted to international experts who have interpreted the selection of the works and associated catalogue in line with radically different perspectives, methodologies and criteria, demonstrating the cultural vitality of jewellery. In this second edition, the contributions of the nine curators – Cristina Boschetti (Magic), Alba Cappellieri (Design), Patrizia di Carrobio (Beauty), Pascale Lepeu (Symbol), Chichi Meroni (Fashion), Olga Noronha (Future), Gabriele Pennisi and Emanuele Ferreccio Pennisi (Icon), Marie-José van den Hout (Art), Massimo Vidale (Function) – are characterised by a multiplicity of languages, in a polyphonic harmony very different to the usual museum criteria of chronological or stylistic classification. They thus reveal the complexity of jewellery from multiple points of view, in which the ancient dialogue with the contemporary and with past masterpieces appears alongside jewels made with the technology of tomorrow.

Such pluralism, evident from the text of this catalogue, assures an exceptional narrative quality and highlights the timeless and unbridled magic of jewellery in the selection of the leading international experts while the two-year rotation of works makes the museum a place worth a regular visit even by a local public.

Gioiello & Jewellery

La scelta del Direttore
Director's Choice

Bulgari
Collana, *Flora High Jewellery*
2013
Oro rosa, 60 zaffiri fancy colour,
diamanti tondi taglio brillante,
pavé di diamanti
L. 410 mm

Bulgari
Necklace, *Flora High Jewellery*
2013
Pink gold, 60 fancy colour sapphires,
round brilliant cut diamonds,
pavé diamonds
L. 410 mm

Ho scelto la collana *Flora* di Bulgari perché rappresenta un omaggio alla bellezza italiana e alla femminilità. Bulgari si ispira ai dipinti rinascimentali di Sandro Botticelli, la cui grazia eterna si riverbera in questo prezioso e delicato bouquet fiorito dove ciascun fiore trae la sua forza e armonia dalla vicinanza degli altri. La natura ha sempre rappresentato un'intensa e variopinta ispirazione ornamentale per il gioiello, in termini di forme, colori e stili. Con l'alta gioielleria della *Flora* Bulgari celebra la forza, l'eleganza e la delicatezza delle donne, la loro naturale bellezza e unicità. L'equilibrio cromatico, l'armonia formale e il movimento vibrante di questa collana esprimono la qualità e l'abilità artigianale di una delle più prestigiose maison orafe internazionali.

I have chosen Bulgari's *Flora* necklace because it pays homage to Italian beauty and femininity. Bulgari was inspired by the Renaissance paintings of Sandro Botticelli, whose eternal grace reverberates in this precious and delicate floral bouquet where each flower draws its power and harmony from the closeness of the others. Nature has always provided intense and colourful decorative inspiration in the shapes, colours and styles of jewellery. With *Flora* high jewellery, Bulgari acknowledges the strength, elegance and delicacy of women as well as their natural beauty and uniqueness. The chromatic balance, formal harmony and vibrant movement of this necklace express the quality and skilled craftsmanship of one of the most prestigious international jewellery companies.

Magia & Magic

a cura di curated by
Cristina Boschetti

Il senso del magico accomuna i popoli dei cinque continenti e la creazione di gioielli dal valore protettivo e scaramantico accompagna il camminino dell'umanità. Gli scambi commerciali e le migrazioni del passato coprono distanze sorprendentemente lunghe e portano con sé beni materiali, come prodotti finiti e materie grezze da lavorare, ma anche un immenso patrimonio immateriale, fatto di usi, tradizioni, credenze, simboli, sapere intellettuale ed artigianale. I movimenti di uomini e merci trasmettono il valore simbolico di forme, materie, colori e segni, che vengono trasformati in gioielli: oggetti indossati da donne e uomini vissuti in epoche e luoghi distanti tra di loro, col comune intento di proteggersi dalle difficoltà della vita quotidiana, allontanare gli influssi negativi e propiziare gli eventi.
La Sala Magia parla del senso del magico come valore universale e di come il magico sia stato comunicato in modo straordinariamente simile da popoli lontani nello spazio e nel tempo. I gioielli che raccontano questo percorso comprendono, al tempo stesso, semplici oggetti realizzati in materiali che, agli occhi dell'uomo contemporaneo, possono risultare

The sense of magic is common to the peoples of the five continents and the creation of jewels with a protective and superstitious value accompanies the path of humanity. The commercial exchanges and migrations of the past cover surprisingly long distances bringing along material assets, like finished products and unworked raw materials, but also a broad intangible heritage, made of customs, traditions, beliefs, symbols, intellectual knowledge and artisanal know-how. The movements of men and goods act as mean of transmission for the symbolic value of forms, materials, colours and signs, which are transformed into jewels: objects worn by women and men from distant times and places, with the common intent to protect themselves from the difficulties of daily life, remove negative influences and propitiate the events.
The Magic Room introduces the sense of magic as a universal value, showing how people distant in space and time communicated it in an extraordinarily similar way. The jewels shaping this story include, both simple objects made of materials appearing poor at the

poveri, e preziosi dall'alto valore intrinseco e frutto di un altissimo sapere artigianale. Questi ultimi si possono considerare a tutti gli effetti come un'espressione di lusso, che poco ha a che fare con la funzione protettiva e propiziatoria dei gioielli magici, ma che rappresenta invece lo strumento attraverso il quale le classi sociali privilegiate hanno espresso, ed esprimono, la distinzione del proprio status. Possiamo considerare il sentimento suscitato dal lusso, come un'umana fascinazione, che carica questi gioielli di un ulteriore significato simbolico e si assomma al potere del gioiello magico. Il gioiello magico, indipendentemente dal suo valore intrinseco e dalla sua bellezza, è tale nel suo contesto sociale, che gli riconosce proprietà soprannaturali, conferite da un insieme di qualità più o meno tangibili comunicate attraverso materiali, forme, colori, segni e, addirittura, suoni.

Astrazione e segno: gioielli magici e valore sociale

Nel 1857, sulla scia delle grandi esplorazioni geografiche e naturalistiche, la Marina Mi-

eyes of contemporary man, and precious artefacts characterized by a high intrinsic value and being the result of a high level of craftsmanship. The latter can be considered as a proper expression of luxury. Luxury has little to do with the protective and propitiatory function of magical jewels, but represents the instrument used by privileged social classes, in the past, like in the present for expressing the distinction of their status. We can consider the feeling inspired by luxury as kind of a human fascination, which loads these magic jewels with a further power and symbolic meaning. The magical jewel, regardless of its intrinsic value and its beauty, is valuable in its social context, which recognizes supernatural properties, conferred by a combination of more or less tangible qualities, communicated trough materials, shapes, colours, signs and even sounds.

Abstraction and Signs: Magical Jewels and Social Value

In 1857, in the wake of the great geographical and naturalistic explorations, the ship No-

litare Austriaca compie la sua prima circumnavigazione del pianeta a bordo della nave Novara. La spedizione scientifica tocca l'Oceania riportando, come nell'uso dell'epoca, una collezione di oggetti etnografici, destinati ad essere esposti in mostre itineranti, per presentare al pubblico le scoperte in terre esotiche. Questa raccolta comprende anche gioielli che, grazie agli studi antropologici siamo in grado di riconoscere, in alcuni casi, come connotati da un valore magico. Questo è il caso dei bracciali, semplici cerchi bianchi, privi di alcuna decorazione, indossati dai guerrieri delle Isole Salomone. Senza le informazioni necessarie per interpretare questi oggetti, privi di segni ed immagini che ci permettano di leggerli, non saremmo in grado di comprendere quale valore rivestissero nel loro contesto sociale. Gli studi antropologici ci dicono inoltre che questi bracciali venivano utilizzati anche come monete. Con questo gioiello, apparentemente povero, incontriamo quindi inaspettatamente anche quello che doveva essere un simbolo di lusso e prestigio. Tutto il mondo occidentale conosce invece il significato della croce, simbolo cristiano per

vara of the Austro-Hungarian Navy performs its first circumnavigation of the planet. The scientific expedition touches Oceania acquiring, as in the use of the time, a collection of ethnographic objects intended to be displayed in traveling exhibitions, introducing to the public the discoveries from exotic lands. This collection included also jewels. Thanks to anthropological studies, we are able to recognize in some cases as they were characterized by a magical value. This is the case of bracelets – simple white circles free from any kind of decoration – worn by warriors of the Solomon Islands. Without the necessary information to interpret these objects, which do not bear signs and images allowing us to read them, we would not be able to understand what value they played in their social context. In this specific case, we know from anthropological studies that these bracelets were also used as currency. With this apparently poor jewel, we meet unexpectedly what used to be a symbol of luxury and prestige.
The whole Western world knows the meaning of the cross, the iconic symbol of Christianity.

Bracciale da avambraccio
ca. 1850, Isole Salomone
Conchiglia tridachna
Ø 120 mm
Museo di Antropologia,
Università di Padova

I bracciali di conchiglia venivano indossati
dai guerrieri delle Isole Salomone,
per dare forza al loro braccio durante i
combattimenti. L'importanza di questi
bracciali è anche testimoniata dal loro
impiego come moneta.

Forearm bracelet
c. 1850, Solomon Islands
Tridachna shell
Ø 120 mm
Museum of Anthropology,
University of Padua

The shell bracelets were worn by the
warriors of the Solomon Islands to give
strength to their arm during the fighting.
The importance of these bracelets is also
evidenced of their use as currency.

Crocetta funeraria longobarda,
con decorazione a girali di vite e uccelli
VII secolo d.C., Leno (BS),
necropoli di Campo S. Giovanni
Lamina d'oro sbalzata
60 x 50 mm
Soprintendenza Archeologica,
Belle Arti e Paesaggio per le Province
di Bergamo e Brescia

La crocetta d'oro, tipico ornamento
funerario in uso presso l'aristocrazia
Longobarda, proteggeva l'anima del
defunto, nel suo viaggio ultraterreno.
Questa crocetta presenta un'inusuale
decorazione a racemi di vite e uccelli, un
soggetto cristiano di derivazione bizantina.

Lombard funerary cross decorated
with grapevines and birds
7th century CE, Leno (BS), necropolis
of Campo S. Giovanni
Embossed gold sheet
60 x 50 mm
Archaeological Superintendence,
Fine Arts and Landscape for the
Provinces of Bergamo and Brescia

The gold cross, a typical funerary ornament
used by the Lombard aristocracy, protected
the soul of the deceased during his
otherworldly journey. This cross presents
an unusual decoration with vines and birds,
a Christian subject of Byzantine derivation.

Collana scaramantica in perle a
occhi, perle provenienti dall'Africa
Occidentale
XII secolo (infilatura moderna),
Egitto o Siria
Vetro
150 x 370 mm
Collezione Augusto Panini

Good luck-charm necklace with
eye-beads, beads from West Africa
12th century (modern threading),
Egypt or Syria
Glass
150 x 370 mm
Augusto Panini collection

Collana scaramantica in perle a
occhi, perle provenienti dall'Africa
Occidentale
XII secolo (infilatura moderna), Iran
Vetro
150 x 270 mm
Collezione Augusto Panini

Good luck-charm necklace with
eye-beads, beads from West Africa
12th century (modern threading), Iran
Glass
150 x 270 mm
Augusto Panini collection

Collana scaramantica in perle a occhi,
perle provenienti dall'Africa Occidentale
XVI, XVIII e (grande perla centrale)
XIX secolo (infilatura moderna), Venezia
Vetro
150 x 380 mm
Collezione Augusto Panini

Le perle a occhi, che ricordano la forma
dell'occhio umano, sono di antichissima
tradizione e venivano ritenute capaci
di respingere il malocchio e difendere
dagli influssi negativi.

Good luck-charm necklace with
eye-beads, beads from West Africa
16th, 18th and 19th (large central bead)
century (modern threading), Venice
Glass
150 x 380 mm
Augusto Panini collection

The eye beads, which recall the shape
of the human eye, are of ancient
tradition and were considered capable
of repelling bad luck and defending
against negative influences.

Collana
ca. 1850, Isole Salomone
Perle discoidali in conchiglia bianche,
in parte dipinte di rosso, semi, piccole
perle in vetro blu olandesi o boeme
L. 1200 mm
Museo di Antropologia,
Università di Padova

I gioielli tradizionali delle Isole Salomone
sono tipicamente realizzati in materiali
naturali. Le piccole perle di vetro blu
di questa collana, che si accostano in
perfetta armonia formale ai semi, sono
un prodotto arrivato coi commerci
coloniali.

Necklace
c. 1850, Solomon Islands
Discoidal beads in white shell, partly
painted in red, seeds, small Dutch
or Bohemian blue glass beads
L. 1200 mm
Museum of Anthropology,
University of Padua

The traditional jewels of the Solomon
Islands are typically made of natural
materials. The small blue glass beads of
this necklace, which are combined to the
seeds in perfect formal harmony, are a
product of the colonial trades.

eccellenza. Per i cristiani, indossare una croce esprime appartenenza, è simbolo di santità e conferisce protezione. Il popolo Longobardo, di origine germanica e, originariamente, di religione pagana, si stabilisce in Italia in seguito alle migrazioni iniziate nel II secolo d.C. e concluse nel corso dalla seconda metà del VI secolo. Molto presto si osservano chiari segni della conversione al cristianesimo e le croci diventano frequentissime nelle oreficerie. Le croci in lamina d'oro acquistano una tale diffusione, da diventare uno dei tratti distintivi della produzione orafa longobarda. Si tratta di gioielli a carattere funerario, cioè realizzati per essere posti all'interno delle sepolture: i piccoli fori praticati alle estremità dei bracci permettevano di cucirle sul sudario – il tessuto, che copriva il volto del defunto. La superficie delle croci viene talvolta lavorata a sbalzo, come nell'esempio qui esposto, per essere caricata da decorazioni, che uniscono temi tipicamente cristiani agli elementi del patrimonio figurativo tradizionale longobardo, come gli intrecci geometrici e vegetali e le figure di animali. La scelta dell'oro, metallo incorruttibile, enfatizza il valore salvifico del gioiello.

For Christians, wearing a cross, which is a symbol of sanctity and bears protection, is a sign of inclusion in the community. The Lombard people, originating from the Germanic regions and formerly pagans, settled in Italy following the migrations begun in the 2nd century CE and concluded during the second half of the 6th century. The signs of the Christian conversion appear quickly and crosses become a popular subject in jewellery art. Gold sheet crosses reach such a widespread diffusion that they become one of the distinctive products of the Lombard jewellery art. These are jewels made for funerary purpose, specifically produced for being deposited in the burials. The tiny perforations, visible at the ends of the arms allowed to sew them on the shroud – the fabric covering the face of the deceased. The surface of the crosses is sometimes embossed, as in the example shown here, to be loaded with decorations, which combine typically Christian themes with elements of the Lombard tradition, including geometrical and vegetal interwoven patterns and figures of animals. The choice of gold, an incorruptible metal, emphasizes the salvific value of the jewel.

La perla di vetro: magia in viaggio e fascinazione

Le perle di vetro, semplici ornamenti tondeggianti, che richiamano la forma dei semi vegetali, sono oggetto di commercio sulla lunga distanza, fino dalle origini dell'industria vetraria, nel XIV secolo a.C. I colori brillanti del vetro contribuiscono a fare entrare molto presto le perle tra gli oggetti ai quali si attribuisce valore magico e protettivo, ma anche economico, acquistando il valore di moneta nelle transazioni commerciali.

Le cosiddette perle a occhi, cioè decorate con punti colorati, che evocano la forma della pupilla, sono popolarissimi amuleti e costituiscono uno dei più antichi prodotti dell'industria vetraria. La fortuna di queste perle è tale che ancora oggi sono oggetti scaramantici di grande diffusione nel mondo islamico. Il rapporto vetro-occhio-malocchio è presente già nelle fonti latine, che parlano del vetro come di un materiale in grado di produrre, proprio come l'occhio umano, fascinazione, mandando influssi, anche negativi (il malocchio) a chi lo guarda. La perla a occhio protegge quindi dalla fascinazione, respingendo il maleficio.

Glass Beads: Traveling Magic and Fascination

Glass beads, simple roundish ornaments which recall the shape of plant seeds, are the object of long-distance trade since the origins of the glass industry, during the 14th century BC. Very soon, the bright colours of glass contribute to include glass beads charged by a magical and protective value. At the same time, beads acquire a significant economic value and are used as currency, in commercial transactions.

The so-called eye beads, i.e. decorated with coloured dots evoking the shape of the pupil, are very popular amulets and are one of the oldest products of glass industry. The long-time fortune of eye beads reaches the present days, where they are common good-luck charms in all the Islamic world. The relationship between eye, glass and curse is already attested by the Latin sources, which describe glass as a material with qualities comparable to the human eye, capable of producing fascination, sending influences, even negative, to the onlooker. Eye beads act as protection from fascination, rejecting the curse.

Collana
ca. 1850, Isole Salomone
Perle di vetro blu olandesi o boeme,
vertebre di pesce
L. 240 mm
Museo di Antropologia,
Università di Padova

Le perle di vetro blu importate
ricorrono anche in questa collana.
Non abbiamo documenti che ce lo
dimostrino, ma possiamo immaginare
l'impatto che ebbe l'arrivo di perle
del colore dell'acqua marina, in una
società che viveva in simbiosi con il
mare e che precedentemente non
aveva mai avuto accesso a materiali
di questo colore.

Necklace
c. 1850, Solomon Islands
Dutch or Bohemian blue glass beads,
fish vertebrae
L. 240 mm
Museum of Anthropology,
University of Padua

The trade blue glass beads are
attested in this necklace too. We
have no documents for prove this
hypothesis, but we can imagine the
impact of the arrival of beads of the
colour of sea water in a society that
lived in symbiosis with the sea and
that previously had never had access
to materials of this colour.

Collana rituale "gris gris"
Ante 1972, Repubblica Democratica
del Congo
Fibra vegetale e argilla, denti animali
(cane selvatico?), perle in vetro
veneziane di tipo "rosetta" (XIX secolo)
140 x 300 mm
Collezione Augusto Panini

La collana rituale accosta agli
elementi tradizionali africani, perle di
vetro veneziane del tipo noto come
"rosetta". Queste perle, prodotte a
Venezia dal XV secolo e legate alla
figura della vetraia Marietta Barovier,
venivano fabbricate in fornace
pressando in successione prese di
vetro di diversi colori in stampi dalla
forma stellata e successivamente
tagliate e rifinite con molatura a
freddo.

Ritual necklace "gris gris"magic
pendant
Prior 1972, Democratic Republic
of Congo
Vegetable and clay fiber, animal teeth
(wild dog?), "rosetta"
Venetian glass beads (19th century)
140 x 300 mm
Augusto Panini collection

The ritual necklace combines
traditional African elements with
Venetian glass beads of the type
known as "rosetta." These beads,
produced in Venice since the 15th
century and linked to the figure of
glassmaker Marietta Barovier, were
made in a furnace by pressing in
star-shaped moulds a succession
of glass gathers of different colours,
subsequently cold cut and polished.

Il colonialismo ottocentesco fa da tramite per la diffusione delle perle veneziane, boeme e olandesi in Oceania, Africa e America. Grazie a questi scambi, nelle collane delle Isole Salomone le perle di vetro vanno ad affiancare i materiali tradizionali, quali le perle di conchiglia, le vertebre di pesce e i semi. Questo nuovo materiale introduce anche il blu all'interno della palette tradizionale, dominata dal bianco e dai toni del bruno e del rosso. I materiali blu sono rari in natura e, per questo motivo, il vetro blu, che ha il colore del mare e del cielo ha sempre avuto un forte impatto simbolico. La credenza che le perle di vetro blu avessero un valore magico si protrae in Europa fino ai tempi moderni, tanto che nell'Inghilterra Vittoriana si riteneva che indossare collane di vetro azzurro potesse prevenire i malanni respiratori.
Sulla scia del forte valore simbolico attribuito alle perle di vetro, Venezia, soprattutto a partire dalla seconda metà del XIX secolo, fa del commercio delle perle un baluardo, con linee di produzione destinate specificamente al commercio per l'Africa e le Americhe. In questo caso, l'oggetto non è magico per chi lo realizza, ma viene caricato di potere sopranna-

Nineteenth-century colonialism is the medium for the diffusion of Venetian, Bohemian and Dutch beads in Oceania, Africa and the Americas. Thanks to these trades, in the necklaces from the Solomon Islands glass beads are introduced, flanking traditional materials, like shell beads, fish vertebrae and seeds. This new material is also responsible of introducing blue in the traditional colour palette, dominated by white and the shades of brown and red. Blue materials are rare in nature and, for this reason, blue glass, which has the colour of the sea and the sky has always had a strong symbolic impact. The belief that blue glass beads had magical value continued in Europe until modern times. We know that in Victorian England wearing blue glass necklaces was believed to prevent respiratory illnesses.
In the wake of the strong symbolic value attributed to glass beads, Venice, especially since the second half of the nineteenth century, makes the beads trade one of its leading business, with production lines specifically designed for being traded to Africa and

Fibula longobarda a staffa con
terminazione inferiore a testa di
animale stilizzata
VII secolo, Leno (BS),
necropoli di Campo Marchione
Argento dorato e ferro
61 x 30 mm
Soprintendenza Archeologica,
Belle Arti e Paesaggio per le Province
di Bergamo e Brescia

La fibula a staffa è un tipico
ornamento delle donne longobarde.
L'immagine stilizzata della testa di
animale, nella parte terminale della
fibula, si inserisce perfettamente
nella tradizione figurativa dei popoli
di origine germanica, che vivono e
si spostano per l'Europa tra la Tarda
Antichità e l'Alto Medioevo.

Lombard radiate-headed brooch
with stylized animal head terminal
7th century, Leno (BS), necropolis
of Campo Marchione
Gilded silver and iron
61 x 30 mm
Archaeological Superintendence, Fine
Arts and Landscape for the Provinces
of Bergamo and Brescia

The radiate-headed brooch is a typical
ornament of Lombard women.
The stylized image of the animal head,
on the terminal part of the brooch,
fits perfectly into the figurative tradition
of the peoples of Germanic origin,
who lived and moved through Europe,
between Late Antiquity and the Early
Middle Ages.

Amuleto a forma di cicala
I secolo d.C., Brescia,
necropoli di via Spalti San Marco
Cristallo di rocca intagliato
37 x 20 mm
Soprintendenza Archeologica,
Belle Arti e Paesaggio per le
Province di Bergamo e Brescia

La cicala, portata come ciondolo,
doveva essere l'amuleto appartenuto
ad un bambino. L'immagine
propiziatoria della cicala è qui unita
al potere del cristallo di rocca, pietra
capace di attirare la benevolenza
degli dei.

Cicada shaped amulet
1st century CE, Brescia, necropolis
of via Spalti San Marco
Carved rock crystal
37 x 20 mm
Archaeological Superintendence, Fine
Arts and Landscape for the Provinces
of Bergamo and Brescia

The cicada, worn as a pendant, was
likely an amulet belonging to a child.
The propitiatory image of the cicada is
here combined with the power of rock
crystal, a stone capable of attracting
the benevolence of the gods.

Amuleto a forma di serpente (*scorzuni*)
XVII secolo, Trapani
Corallo intagliato, oro
95 x 25 x 15 mm
Museo Regionale "Agostino Pepoli",
Trapani

La scuola trapanese si distingue per
l'altissimo livello tecnico raggiunto
nella lavorazione del corallo. In questo
pendente, la forma del ramo viene
sapientemente sfruttata per creare un
serpente, amuleto per la protezione
contro i fulmini. Questa credenza ha
radici antiche, in quanto già l'autore
latino Plinio il Vecchio attribuiva al
corallo la proprietà di respingere
fulmini e tifoni.

Snake-shaped amulet (*scorzuni*)
17th century, Trapani
Carved coral, gold
95 x 25 x 15 mm
Regional Museum "Agostino Pepoli,"
Trapani

The Trapani school stands out for the
high technical level reached in working
coral. In this pendant, the shape of
the branch is cleverly exploited to
create a snake, making amulet against
lightning. This belief has ancient roots,
as already the Latin author Pliny the
Elder attributed to coral the property
of rejecting lightning and typhoons.

Pendente porta-reliquie a forma
di croce
Seconda metà del XVII secolo, Trapani
Oro, smeraldi incastonati (recto),
decorazione a smalto dipinto (verso)
35 x 60 mm
Museo Regionale "Agostino Pepoli",
Trapani

La croce reliquiario di manifattura
trapanese contrappone al fronte
rivestito da smeraldi incastonati, il retro
dipinto a figure di tulipani in smalti
policromi. I gioielli a soggetto floreale
sono una nuova moda, che nasce nella
Francia dei primi decenni del 1600 e si
diffonde in tutta Europa, sulla scia della
passione per le particolarità botaniche.
I tulipani, in particolare, sono al centro
di una vera e propria mania collettiva.
Questo prestigioso gioiello era stato
donato al Tesoro della Madonna
di Trapani.

Cross reliquary pendant
Second half of the 17th century, Trapani
Gold, set emeralds (recto), painted
enamel decoration (verso)
35 x 60 mm
Regional Museum "Agostino Pepoli,"
Trapani

The reliquary cross manufactured in
Trapani combines the front covered
with set emeralds, to the polychrome
enamel tulips, pained on the back.
Floral jewellery represents a new trend
born in France during the first decades
of the 1600s and spread throughout
Europe, in the wake of the passion
for the botanical peculiarities. Tulips,
in particular, are at the centre of a real
collective mania. This prestigious jewel
was donated to the Treasure of the
Madonna of Trapani.

turale dall'acquirente. La cosiddetta "rosetta", perla veneziana per eccellenza, prodotta dalle fornaci muranesi a partire dal XV secolo e commerciata in tutto il mondo, acquista un elevatissimo valore monetale e viene rivestita di potere taumaturgico, tanto da entrare sistematicamente nei riti di guarigione della medicina tradizionale africana. In Africa le perle vengono conservate e tramandate per generazioni, per essere montate all'interno di gioielli magici in materiali compositi, dove vengono mescolate ad elementi locali, legati alla tradizione animista e voodoo. La collana qui presentata, realizzata negli anni Sessanta presso la Repubblica Democratica del Congo, esprime appieno questa tendenza: al centro troviamo un "gris gris", cioè un pendente-contenitore in fibre vegetali e argilla, che racchiude al suo interno erbe magiche o piccoli oggetti rituali, affiancato da denti animali. I denti, in questo caso di cane selvatico, sono legati ai riti di passaggio propri di una società nella quale la partecipazione alla caccia marca l'ingresso nell'età adulta. La collana è completata da grandi perle "rosetta" veneziane della fine del XIX secolo, che fanno da cornice ai

the Americas. In this case, the object is not magical from the point of view of the producer, but is loaded with supernatural power by the buyer. The so-called "rosetta," the most iconic Venetian bead, produced by the Muranese furnaces from the 15th century and traded around the world, acquires a very high monetary value and is invested with thaumaturgic power, entering systematically in the healing rituals of African traditional medicine. In Africa glass beads are preserved and handed down for generations, to be mounted in magical jewels, created assembling different materials.The beads are mixed with local elements, connected to the animist and voodoo tradition. The necklace presented here, made in the 60s in the Democratic Republic of the Congo, fully expresses this trend. At the centre we can see a "gris gris," i.e. a vegetable fibres and clay pendant-container, enclosing magical herbs or small rituals objects, flanked by animal teeth. The teeth, in this case of wild dogs, are linked to the rites of passage of a society in which joining hunting marks the entry into adulthood. The necklace is completed by

già citati elementi tipicamente africani. Questo gioiello, apparentemente molto semplice, ma complesso dal punto di vista del significato, rappresenta un perfetto esempio di sincretismo ed introduce due temi estremamente ricorrenti nei gioielli magici: gli animali e i pendenti-contenitore.

Amuleti ed animali

Le immagini di animali parlano dell'antico passato animista dei popoli. L'amuleto a forma di animale è infatti onnipresente nelle culture più lontane nello spazio e nel tempo.

Poco sappiamo del significato attribuito agli animali dai popoli, che non hanno lasciato testimonianze scritte, ma possiamo costatare come presso i nomadi di discendenza germanica, come i Longobardi, i soggetti animali siano un soggetto molto popolare nei gioielli tradizionali, dove troviamo immagini di uccelli e animali, forse identificabili con cani o lupi.

Gli amuleti a forma di animale non mancano nella cultura Romana, dove sono talvolta

large Venetian "rosetta" beads of the late 19th century, acting as a frame for the African elements. This jewel, apparently very simple, but complex from the point of view of the meaning, while representing a perfect example of syncretism, introduces two extremely recurring themes in magical jewels: animals and container-pendants.

Amulets and Animals

Images of animals represent the people's ancient animist past. Animal-shaped amulets are indeed ubiquitous in cultures very distant in space and time.

Little is known of the meaning given to animals by ancient people, which did not leave any written document, but animal subjects are very popular among the nomadic tribes of Germanic descent, like the Lombards, in whose jewellery we find animals possibly identifiable with dogs or wolves.

Animal-shaped amulets are not lacking in Roman culture where they are meant to the

Amuleto Agnus Dei,
con scena dell'Annunciazione
seconda metà del XVII secolo, Trapani
Oro, smalti policromi, vetro dipinto su
foglia d'oro (*verre églomisé*)
35 x 40 mm
Museo Regionale "Agostino Pepoli",
Trapani

Il pendente amuleto di manifattura
Trapanese è un esempio di gioiello di
gusto spagnolo, con decorazione a
verre églomisé. Questa tecnica, che
prevede l'applicazione della foglia
d'oro su vetro, prende il nome da
Jean-Baptiste Glomy, che la porta in
auge al tempo di Luigi XV. Come la
croce-reliquiario, anche l'Agnus Dei
faceva parte del tesoro della Madonna
di Trapani.

Agnus Dei Amulet,
with the Annunciation
Second half of the 17th century,
Trapani
Gold, polychrome enamels, painted
gilded glass (*verre églomisé*)
35 x 40 mm
Regional Museum "Agostino Pepoli,"
Trapani

The Trapanese amulet-pendant is an
example of of Spanish taste jewel,
with a *verre églomisé* decoration.
This technique, which involves the
application of gold leaf on glass takes
its name from Jean-Baptiste Glomy,
who brought it into vogue at the time
of Louis XV. Like the cross-reliquary,
the Agnus Dei was also part of the
treasure of the Madonna of Trapani.

Gemma magica con il dio Arpocrate
e iscrizione magica in lettere greche
Età romana imperiale, Aquileia
Diaspro rosso lavorato a intaglio
13 x 11 mm
Museo Archeologico Nazionale
di Aquileia

Arpocrate, dio egizio bambino,
qui seduto su un fiore di loto, viene
rappresentato nel mondo greco e
romano nel gesto infantile di portarsi
il dito alla bocca. Il significato di
questo gesto spontaneo diviene
fortemente simbolico, trasformandosi
nell'esortazione, rivolta agli
iniziati, a mantenere il silenzio sui
misteri. L'iscrizione è di dubbia
interpretazione.

Magic gem with the god Harpocrates
and magic inscription in Greek letters
Roman Imperial Age, Aquileia
Red jasper intaglio
13 x 11 mm
National Archaeological Museum
of Aquileia

Harpocrates, an Egyptian god child,
here seated on a lotus flower, is
represented in the Greek and Roman
world in the childish gesture of
bringing his finger to the mouth. The
meaning of this spontaneous gesture
becomes strongly symbolic, turning
into the exhortation, addressed
to the initiates, to keep silence on
the mysteries. The inscription is of
doubtful interpretation.

Gemma magica con il dio Thoth
Età romana imperiale, Aquileia
Diaspro verde lavorato a intaglio
13 x 11 mm
Museo Archeologico Nazionale
di Aquileia

Thoth, il dio egizio dalla testa di Ibis è
il dio della scrittura e colui che regola
e custodisce le formule magiche,
qui rappresentato con lo scettro in
una mano e l'ankh, il segno egizio
della vita, nell'altra. Si deve ai greci
l'identificazione di Thoth con Ermes,
il dio che dà il nome al *Corpus
Hermeticum*, una raccolta di testi
magici datata tra II e III secolo d.C.

Magic gem with the god Thoth
Roman Imperial Age, Aquileia
Green jasper intaglio
13 x 11 mm
National Archaeological
Museum of Aquileia

Thoth, the Egyptian god with head
of Ibis is the god of writing and the
deity who regulates and guards magic
spells. Here he is represented with the
sceptre in one hand and the ankh, the
Egyptian sign of life, in the other. The
Greeks identified Thoth with Hermes,
the god who gives the name to the
Corpus Hermeticum, a collection of
magical texts, dated between the 2nd
and the 3rd century CE.

Gemma magica con gallo anguipede
Età romana imperiale, Aquileia
Diaspro verde lavorato a intaglio
21 x 16 mm
Museo Archeologico Nazionale
di Aquileia

La misteriosa figura maschile, con
testa di gallo, gambe di serpente e
abbigliamento militare è il soggetto
rappresentato più comunemente sule
gemme magiche romane. L'assenza di
riferimenti a questa divinità all'interno
dei testi latini non ci permette di
attribuirvi un chiaro significato.

Magic gem with anguiped rooster
Roman Imperial Age, Aquileia
Green jasper intaglio
21 x 16 mm
National Archaeological Museum
of Aquileia

The mysterious male figure, with a
rooster's head, snake legs and military
clothing is the subject most commonly
represented on Roman magic gems.
The absence of references to this
god in Latin sources does not allow
us to attribute to this image a clear
meaning.

destinati alla protezione dei bambini. La cicala, insetto legato alla luce dell'estate e quindi portatore di prosperità, è un soggetto ricorrente tra i cosiddetti *crepundia*, cioè piccoli pendenti amuleto, che venivano infilati in serie su collane e bandoliere, con un effetto estetico del tutto simile a quello dei charms moderni e che, assecondando i movimenti del corpo di chi li indossava, producevano un suono, il *crepundium*, urtando gli uni contro gli altri. Il cristallo di rocca, molto apprezzato presso i Romani, viene frequentemente scelto per realizzare gli amuleti e possiamo comprendere il motivo di questa predilezione, leggendo un passo dell'*Orphei Lithica*, un trattato del II secolo d.C. sulle proprietà delle pietre: "[Il cristallo di rocca], con il suo ardore, rallegrerà il cuore degli dei immortali. Se ti rechi a un tempio tenendolo tra le mani, nessuno dei beati ti negherà il suo favore". In questo caso, quindi, il valore magico del materiale costitutivo sottolinea ulteriormente il potere magico della forma.

Il rapporto tra valore magico della forma e del materiale torna in un pendente trapanese

protection of children. The cicada, insect linked to the light of summer and therefore bearer of prosperity, is a recurrent subject among the so-called *crepundia*, small amulet pendants, strung in series in necklaces and bandoliers with an aesthetic effect very close to modern charms. Following the movements of the wearer's body they produce a rattling sound, the *crepundium*, hitting each other. Rock crystal, much appreciated by the Romans, is frequently chosen to make amulets and we can understand the reason for this preference, reading a passage from the *Orphei Lithica*, a treatise of the 2nd century CE on the properties of stones: "[The rock crystal], with its ardor, will cheer the heart of the immortal gods. If you go to a temple holding it in your hands, none of the blessed will deny you their favor." In this case, therefore, the magical value of the constituent material further emphasizes the magical power of the form.

The relationship between the magical value conferred by shape and by the material is displayed by a 17th century Trapanese pendant, carved in form of a snake. The blood-red colour

del XVII secolo, in corallo intagliato a forma di serpente. Il colore rosso sangue del corallo riveste un forte valore simbolico nelle molte culture che lo utilizzano per i preziosi. Nel mondo classico si legava l'origine del corallo al mito di Medusa, raccontato nelle *Metamorfosi* di Ovidio: quando Perseo la sconfisse decapitandola con il suo falcetto di diamante, il sangue zampillò in mare, pietrificandosi e generando il corallo, un materiale così singolare che la trattatistica latina non sapeva se collocare nel regno animale, vegetale o minerale. L'indiscutibile natura marina del corallo, che ricorre tra le offerte ai santuari del mondo greco, fa sì che lo si ritenesse un'efficace protezione per i naviganti.

Nella religione cristiana, invece, il corallo è legato simbolicamente al sangue di Cristo, tanto che il ramo di corallo è un attributo ricorrente nella rappresentazione di Gesù bambino, prefigurandone la Passione. La tradizione di far indossare al collo dei neonati un rametto di corallo a scopo protettivo è pero molto più antica, poiché viene citata già dall'autore latino Plinio il Vecchio. Nel caso del pendente siciliano, la naturale forma del ramo di co-

of coral has a strong symbolic value in the many cultures that use it for precious ornaments. In the classical world, the origin of coral was linked to the myth of Medusa, told in Ovid's *Metamorphoses*. When Perseus defeated the monster by decapitating her with his diamond sickle, the blood gushed into the sea, petrifying and generating coral, a material so unique that the Latin treatises did not know whether to place it in the animal, vegetal or mineral kingdom. The unquestionable marine nature of coral, which is a recurrent offering in the sanctuaries of the ancient Greek world, made considered it as an effective protection for sailors.

In the Christian religion, however, coral is symbolically linked to the blood of Christ, so that the coral branch is a recurring attribute in the representation of the Jesus as a child, prefiguring the Passion. The tradition of adoring the neck of newborns with a branch of coral for protective purposes is rooted in older time, since it is already mentioned by the Latin author Pliny the Elder. In the case of the Sicilian pendant, the natural shape of the coral branch is exploited to carve it in the form of a snake. The snake, intrinsically magi-

Gemma magica con divinità dalla
testa di leone (recto) e iscrizione
portafortuna (verso)
Età romana imperiale, Aquileia
Eliotropio lavorato a intaglio
19 x 13 mm
Museo Archeologico Nazionale
di Aquileia

La divinità maschile con testa di leone,
in abbigliamento militare, tiene nella
mano sinistra un ramo
di palma e un fulmine nella destra.
Si tratta probabilmente di una divinità
solare, di valore analogo a quello
del dio dal corpo anguipede e testa
di gallo, frequentissimo sulle gemme.
L'iscrizione greca sul retro recita la
frase "incita il favore".

Magic gem with lion's head deity
(recto) and good-lucky inscription
(verso)
Roman Imperial Age, Aquileia
Heliotrope intaglio
19 x 13 mm
National Archaeological Museum
of Aquileia

The male deity with a lion's head in
military clothing holds a palm branch
in his right hand and a thunderbolt in
his left hand. He is probably a solar
deity, equivalent to the god with the
anguiped-body and rooster's head,
very frequent on gems. The Greek
inscription on the back reads the
phrase "bring good luck."

Gemma magica con Chnubis-
Agathodaimon (recto)
e tre S barrate (verso)
Età romana imperiale, Aquileia
Calcedonio lavorato a intaglio
13 x 11 mm
Museo Archeologico Nazionale
di Aquileia

La gemma raffigura Chnubis-
Agathodaimon, il Serpente
Benevolo, divinità solare dalla testa
umana e corpo di serpente, che
unisce le tradizioni egizia ed ebraica.
Il retro della gemma porta il segno
magico di Chnubis, costituito da tre
S barrate. I testi antichi attribuiscono
alle gemme di Chnubis poteri
medicamentosi.

Magic gem with Chnubis-
Agathodaimon (recto)
and three crossed S (verso)
Roman Imperial Age, Aquileia
Chalcedony intaglio
13 x 11 mm
National Archaeological Museum
of Aquileia

The gem depicts Chnubis-
Agathodaimon, the Benevolent Serpent,
solar deity with human head and snake
body, which unites the Egyptian and
Jewish traditions. The back of the gem
bears the magical sign of Chnubis,
consisting of three crossed S. The
ancient texts attribute medicinal powers
to the gems of Chnubis.

Gemma magica con Afrodite, il Sole
e la Luna (recto) ed Helios (verso)
Età romana imperiale, Aquileia
Corniola lavorata a intaglio
16,5 x 11 mm
Museo Archeologico Nazionale
di Aquileia

L'immagine di Afrodite, raffigurata
tra i segni del Sole e della Luna,
acquista in questa gemma significati
di carattere cosmico. Sul retro Helios,
il Sole, è rappresentato alla maniera
egiziana, con il disco solare sul capo.
Le iscrizioni in lettere greche sono di
interpretazione non chiara.

Magic gem with Aphrodite, the Sun
and the Moon (recto) and Helios (verso)
Roman Imperial Age, Aquileia
Carnelian intaglio
16,5 x 11 mm
National Archaeological Museum
of Aquileia

The image of Aphrodite, depicted
between the signs of the Sun and the
Moon, gives to this gem a cosmic
meaning. On the back, Helios, the
Sun, is represented in the Egyptian
way, with the sun disk on his head.
The inscriptions in Greek letters are
of unclear interpretation.

Gemma magica con Hecate-Selene
ed iscrizione in lettere greche (recto),
Gallo anguipede (verso)
Età romana imperiale, Aquileia
Diaspro verde, lavorato a intaglio
14 x 11 mm
Museo Archeologico Nazionale
di Aquileia

Hekate-Selene, la personificazione
della Luna è raffigurata come una
figura femminile, con due torce nelle
mani e crescente lunare sul capo.
L'iscrizione incisa sul retro è di
significato ambiguo, ma l'indubbia
connotazione solare del gallo fa da
contrappunto all'immagine lunare
rappresentata sul fronte della
gemma.

Magical gem with Hecate-Selene
and inscription in Greek letters (recto)
Roman Imperial Age, Aquileia
Anguiped cock (verso)
Green jasper intaglio
14 x 11 mm
National Archaeological Museum
of Aquileia

Hekate-Selene, the personification
of the Moon is depicted as a female
figure, with two torches in her hands
and the lunar crescent above her
head. The inscription engraved on
the back is of ambiguous meaning,
but the undoubted solar connotation
of the rooster is a counterpoint to the
lunar image, represented on the front
of the gem.

rallo viene sfruttata, per intagliarlo in forma di serpente. Animale magico per eccellenza, il serpente vive a metà tra il mondo sotterraneo e la superficie ed ha il privilegio, negato agli uomini, di oltrepassare continuamente il confine tra le tenebre del regno dei morti e la luce del mondo dei vivi. Per questa sua capacità di entrare nella terra, il serpente è frequentemente associato al fulmine: nella Sicilia del XVII secolo indossare uno *scorzuni*, un serpente, era considerato una protezione dal pericolo della caduta dei fulmini.

La magia racchiusa: i pendenti contenitore

I gioielli magici che abbiamo incontrato fino ad ora esprimono la loro proprietà attraverso caratteristiche tangibili e visibili: forme, colori e materiali, che vengono pubblicamente esibiti indossando il gioiello. Esistono però anche preziosi che esprimono il carattere magico in maniera più riservata. Si tratta, in particolare, dei ciondoli contenitore, noti già dall'età romana ed attestati nella tradizione cristiana, araba, ebraica e buddista. Tali pendenti

cal animal, lives halfway between the underworld and the surface and has the privilege, denied to men, of easily crossing the border between the darkness of the kingdom of the dead and the light of the world of the living. Because of its ability to enter the earth, the snake is frequently associated with lightning: in 17th century Sicily, wearing a *scorzuni*, a snake, was considered a protection against the dangers of lightning.

The Magic Enclosed: Container-Pendants

The magical jewels we encountered so far express their properties through tangible and visible features: shapes, colours and materials which are publicly exhibited by wearing the jewel. However, there are also jewels which express the magical character in a more subtle way. In particular, they take the form of container-pendants. Such pendants have been known since Roman times and can be found in the Christian, Arab, Jewish and Buddhist traditions. They enclose small amulets, relics, herbs, perfumed essences, or

racchiudono al loro interno piccoli amuleti, reliquie, erbe, essenze profumate, oppure fo-glietti con disegni o iscrizioni. Nella maggior parte dei casi, il contenitore è chiuso, ma non mancano esempi con piccole finestre, che permettono di scorgere ciò che è custodito all'interno. Il valore protettivo del gioiello viene enfatizzato dalla forma del contenitore e ricoprendone la superficie con decorazioni e pietre dal valore simbolico.
Il pendente reliquiario trapanese della seconda metà XVII secolo unisce al simbolismo della croce la funzione di contenitore porta reliquie. Le raffinate scelte di stile e la preziosità dei materiali fanno di questo oggetto devozionale, un lussuoso gioiello alla moda.
Ritroviamo questa commistione di lusso e devozione anche nei cosiddetti Agnus Dei, amuleti molto diffusi nella Spagna e nella Sicilia barocca. Si tratta di pendenti costruiti montando, entro una preziosa cornice, coppie di vetri convessi, che racchiudono una miniatura su carta o pergamena, che raffigura da un lato l'immagine protettiva dell'Agnus Dei e dall'altro una seconda immagine religiosa.

sheets with drawings or inscriptions. In most cases, the container is closed, but there are examples presenting small openings, which allow a glimpse of what is stored inside. The protective value of the jewel is emphasized by the shape of the container and by covering its surface with decorations and stones with a symbolic value.
The Trapani reliquary-pendant from the second half of the 17th century combines the symbolism of the cross to the function of container for relics. The refined stylistic choices and the preciousness of the materials transform this devotional object into a luxury and fashionable jewel.
We find this mixture of luxury and devotion also in the so-called Agnus Dei, very popular amulets in Spain and in Baroque Sicily. The Agnus Dei are pendants made by assem-bling, within a precious frame, a couple of convex glasses, which usually enclose a min-iature on paper or parchment. The parchment bears on one side the protective image of the Agnus Dei and on the other a second religious image.

La magia misteriosa: le gemme magiche del mondo romano

Come i pendenti contenitore tengono l'amuleto lontano degli sguardi diretti, così i soggetti a carattere magico non sono fatti, talvolta, per essere compresi da tutti. La potenza della magia sta anche nel suo carattere misterioso, nel senso originario del termine.

La pratica della magia, poco attestata nel mondo romano delle origini, deriva dalla circolazione di culti e riti nati nell'ambito culturale della Grecia Ellenistica, che mescola alla tradizione greca credenze e culti orientali e dell'Egitto Faraonico. Si tratta di pratiche religiose riservate ai cosiddetti iniziati, cioè ad una cerchia ristretta di fedeli, che vengono accolti nel gruppo, solo dopo aver compiuto un difficile percorso spirituale, che comprende il superamento di vere e proprie prove, al termine delle quali l'iniziato è reso partecipe del contenuto dei misteri, verità che solo gli iniziati conoscono.

La popolarità, presso i romani, di gemme incise a soggetto magico, indossate a scopo protettivo, coincide proprio con il crescente successo di questi culti. Queste gemme

Mysterious Magic: Magical Gems of the Roman World

As the container-pendants keep the amulet away from direct glances, so magical subjects are occasionally designed for not being understood by everyone. The power of magic lies also in its mysterious character, intended as in the original sense of the term.

The practice of magic, seldom attested in the Roman world of the origins, gains popularity thanks to the circulation of cults and rites originating in the cultural sphere of Hellenistic Greece, combining the Greek tradition to Oriental and Egyptian-Pharaonic beliefs and cults. These religious practices were reserved for so-called initiates, a restricted circle of faithfuls, admitted into the group, only after making a difficult spiritual journey. Such journeys include the overcome of proper trials, at the end of which the initiate is allowed to the mysteries – truths that only the initiates are allowed to know.

The popularity, among the Romans, of gems engraved with a magical subject, designated to be worn for protective purposes, corresponds precisely with the growing success of

Gemma magica con Cerbero,
iscrizioni in lettere greche (recto)
e iscrizione (verso)
Età romana imperiale, Aquileia
Ematite lavorata a intaglio
12 x 14 mm
Museo Archeologico Nazionale di Aquileia

La gemma raffigura Kerberos,
il cane a tre teste, custode della porta
dell'Ade, il regno dei morti. Le iscrizioni
sono di difficile interpretazione, ma
paiono essere invocazioni volte a
blandire il feroce cane infernale.

Magic gem with Cerberus, inscriptions in
Greek letters (recto) and inscription (verso)
Roman Imperial Age, Aquileia
Hematite intaglio
12 x 14 mm
National Archaeological Museum
of Aquileia

The gem depicts Cerberus, the three-
headed dog, keeper of the door of
Hades, the kingdom of the dead. The
inscriptions are difficult to interpret, but
they seem to be invocations designed
to tame the ferocious infernal dog.

Pettorale con pendenti sonori e
amuleti a forma di mano *hamsa*
XX secolo, manifattura di comunità
beduina, Yemen
Argento filigranato, corallo, agata
90 x 190 mm
Collezione Cristina Del Mare

Il pettorale yemenita, ornamento
femminile, unisce il valore simbolico
dell'argento, della corniola e dei coralli
al potere protettivo dei sonagli, che qui
includono anche piccoli *hamsa* (cinque,
in arabo), popolari portafortuna islamici,
che rappresentano una mano stilizzata.

Breastplate with sound and hand-shaped
hamsa pendants
20th century, Bedouin community
manufacture, Yemen
Filigree silver, coral, agate
90 x 190 mm
Cristina Del Mare collection

The Yemeni pectoral, feminine ornament,
combines the symbolic value of silver,
carnelian and corals to the protective
power of rattles, here including small
hamsa (five, in Arabic) pendants
representing a stylized hand. The *hamsa*
are popular Islamic good-luck charms.

sono decorate da motivi simbolici criptici e, al tempo stesso, esotici. Le pietre scelte per queste gemme non sono mai casuali, ma corrispondono a specifici significati simbolici e sono sovente ritenute portatrici di specifiche proprietà terapeutiche.

Magia, suono e parola: gioielli sonanti e testi sacri

Se forme, segni e colori costituiscono l'aspetto più tangibile e concreto dei gioielli magici, esiste però anche una qualità più astratta e immateriale, che è rappresentata dal potere del suono, inteso come puro effetto sonoro o come parola.

I gioielli con valore amuletico sono spesso corredati da piccoli pendenti, che tintinnano grazie al movimento di chi li indossa. Il tintinnio prodotto dall'oro e dall'argento, metalli nobili, legati all'elemento solare e lunare tiene lontano gli spiriti maligni. In molte culture vengono realizzati ciondoli a campanella, spesso legati alla protezione dei bambini, i più vulnerabili ed esposti alle insidie del maligno. I campanelli amuleto sono diffusissimi già in

these cults. These gems are decorated with cryptic and, at the same time, exotic, symbolic motifs. The stones selected for these gems are never casual, but correspond to specific symbolic meanings and are often considered to bear specific therapeutic properties.

Magic, Sound and Word: Sound Jewels and Sacred Texts

If forms, signs and colours constitute the most tangible and concrete aspect of magical jewels, there is also a more abstract and immaterial quality, which is represented by the power of sound, as pure sound effect or as a word.

Amuletic jewellery is often accompanied by small pendants, which tinkle thanks to the movement of the wearer. The tinkling produced by gold and silver, noble metals, linked to the solar and lunar element keeps away evil spirits. In many cultures bell-shaped pendants are produced, often linked to the protection of children, the most vulnerable and exposed to the dangers of the Evil. Amulet-bells are widespread already in Roman times

età romana ed incontrano grande fortuna, tanto che, nel corso del XVII secolo, preziose campanelle d'oro venivano indossate dai bambini dell'aristocrazia spagnola e siciliana. I gioielli sonori, comuni presso i popoli nomadi di religione islamica, sono molto legati anche alla figura della donna, perché producendo un suono ne sottolineano la presenza garantendone, al tempo stesso, la protezione.

Alla semplicità del suono prodotto dai sonagli, si affianca il valore magico e protettivo della parola sacra, che è tale di per sé, tanto da non avere necessariamente bisogno di essere esibita, ad esempio come decorazione sulla superficie del gioiello e, tanto meno, pronunciata. Come abbiamo visto per la croce, che assume valore di segno protettivo per i gioielli, anche i testi sacri diventano amuleti. Foglietti con passi tratti dalle sacre scritture vengono custoditi all'interno di una particolare categoria di pendenti contenitore, molto popolari in tutto il Medio Oriente, dove sono presenti sia nella tradizione islamica, che in quella ebraica.

and they have such a long fortune that, during the 17th century, precious golden bells were still worn by children of the Spanish and Sicilian aristocracy.

Sound jewels, common to nomadic peoples of Islamic religion, are also linked to women. The sound produced mark their presence, guaranteeing at the same time their protection.

The simplicity of the sound produced by rattles is accompanied by the magical and protective value of the sacred word, which is itself magic, and does not necessarily need to be exhibited (for example as a decoration on the surface of the jewel) or, even less, pronounced. As we have seen for the cross, holding the value of a protective sign for jewels, even sacred texts become amulets. Sheets with passages taken from the scriptures are kept inside a particular category of container pendants, very popular throughout the Middle East, where they are attested both in the Islamic and in the Jewish tradition.

Amuleto per bambini a forma
di campanello
Metà del XVII secolo, Trapani
Oro, smalto
35 x 40 mm
Museo Regionale "Agostino Pepoli",
Trapani

La campanella, di manifattura trapanese
alla maniera spagnola, è decorata
in smalti neri, che formano motivi
geometrici e floreali. Come la croce
porta-reliquie e l'Agnus Dei, anche
questo gioiello fa parte del Tesoro
della Madonna di Trapani.

Amulet for children in the shape of a bell
Half of the 17th century, Trapani
Gold, enamel
35 x 40 mm
Regional Museum "Agostino Pepoli,"
Trapani

The Spanish style bell, made in Trapani,
is decorated by applying black enamels,
forming geometric and floral motifs. Like
the reliquary cross and the Agnus Dei,
this jewel belongs to the Treasure of the
Madonna di Trapani.

Pendente porta Corano, *herz*
(protezione) o *kitâb* (libro)
Inizi del XX secolo, Yemen
Argento lavorato a filigrana
L. 630 mm
Collezione Cristina Del Mare

L'*herz* yemenita in filigrana d'argento, era
destinato a contenere un cartiglio con i
versetti del Corano, ma ricordiamo che
gioielli identici per forma e funzione sono
presenti anche nella tradizione ebraica di
tutto il Medio Oriente, che sostituisce ai
versetti del Corano passi della Bibbia.

Pendant Quran, *herz* (protection)
or *kitâb* (book)
Early 20th century, Yemen
Filigree silver
L. 630 mm
Cristina Del Mare collection

The Yemeni silver filigree herz was
destined to contain a scroll with the
verses of the Quran. Jewels identical in
form and function are also attested in
the Jewish tradition of the whole Middle
East, replacing the verses of the Quran
with passage of the Torah.

Bibliografia di riferimento
Bresc Bautier G., Abbate V., Di Natale M.C., Giglio R. (a cura di), *Trapani. Museo Pepoli*, Palermo 1991.
Brogiolo G.P., Marazzi F., Giostra C. (a cura di), *Longobardi. Un popolo che cambia la storia* (catalogo della mostra, Pavia, Castello Visconteo 1 settembre-3 dicembre 2017; Napoli, Museo Archeologico Nazionale, 15 dicembre 2017-26 marzo 2018; San Pietroburgo, Museo Statale Ermitage, aprile-luglio 2018), Milano.
Diamanti J., Liu R. K., Benson E.N., Ransom M. (a cura di), *Silver Speaks: Traditional Jewelry of the Middle East* (catalogo della mostra, 27 ottobre, 2002-31 maggio, 2003, Bead Museum, Washington, D.C.), Washington 2002.
I Musei dello Splendore. Il Portale dell'Oreficeria siciliana dal XV al XIX secolo (risorsa digitale http://www1.unipa.it/oadi/digitalia/dellutri/index.php).
Mastrocinque A. (a cura di), *Sylloge gemmarum gnosticarum* (Bollettino di Numismatica), I-II, Roma 2004.
Morel J.P., Rondi-Costanzo C., Ugolini D. (a cura di), *Corallo di ieri, corallo di oggi*, atti del convegno, Ravello Villa Rufolo, 13-15 dicembre 1996 (Travaux du Centre Camille Jullian, 25), Bari 2000.
Oceania: collezione dell'Oceania del Museo di antropologia ed etnografia dell'Università di Padova, catalogo della mostra, Padova, Museo civico al Santo, 6 ottobre 1991-2 febbraio 1992, Padova.
Panini A., con la collaborazione di M. Di Salvo, *Perle di vetro mediorientali e veneziane: VIII-XX secolo*, Milano 2007.

Bibliography
Bresc Bautier G., Abbate V., Di Natale M.C., Giglio R. (edited by), *Trapani. Museo Pepoli*, Palermo 1991.
Brogiolo G.P., Marazzi F., Giostra C. (edited by), *Longobardi. Un popolo che cambia la storia* (catalogue of the exhibition, Pavia, Castello Visconteo September 1-December 3, 2017; Naples, Museo Archeologico Nazionale, December 15, 2017-March 26, 2018; Saint Petersburg, National Museum Ermitage, April-July 2018), Milan.
Diamanti J., Liu R. K., Benson E.N., Ransom M. (edited by), *Silver Speaks: Traditional Jewelry of the Middle East* (catalogue of the exhibition, October 27, 2002-May 31, 2003, Bead Museum, Washington, D.C.), Washington 2002.
I Musei dello Splendore. Il Portale dell'Oreficeria siciliana dal XV al XIX secolo (digital reference source http://www1.unipa.it/oadi/digitalia/dellutri/index.php).
Mastrocinque A. (edited by), *Sylloge gemmarum gnosticarum* (Numismatics Bulletin), I-II, Rome 2004.
Morel J.P., Rondi-Costanzo C., Ugolini D. (edited by), *Corallo di ieri, corallo di oggi*, conference proceedings, Ravello Villa Rufolo, 13-15 December 1996 (Travaux du Centre Camille Jullian, 25), Bari 2000.
Oceania: collezione dell'Oceania del Museo di antropologia ed etnografia dell'Università di Padova, catalogue of the exhibition, Padova, Museo civico al Santo, October 6, 1991-February 2, 1992, Padova.
Panini A., with the collaboration of M. Di Salvo, *Perle di vetro mediorientali e veneziane: VIII-XX secolo*, Milan 2007.

Simbolo & Symbol

a cura di curated by
Pascale Lepeu

Sin dall'alba dei tempi, il simbolismo è stato parte integrante dell'interazione umana, veicolando informazioni, idee ed emozioni e giocando così un ruolo dominante in tutti i rituali. In quanto emblema di questi rituali espressivi, nel corso della storia la gioielleria ha funto da fregio simbolico universale. Sebbene il ruolo e il contesto di questa forma di ornamento corporale si siano spostati ed evoluti nel corso di decenni, secoli e millenni, l'uso dei gioielli per animare e racchiudere gli elementi portanti dell'esperienza umana non ha mai conosciuto un vero declino.

Gli artigli d'aquila decorativi rinvenuti di recente in un sito preistorico croato risalente a oltre 130.000 anni fa rappresentano, per quanto ne sappiamo al momento, l'esemplare di monile più antico del mondo. Indossati, si pensa, con intento apotropaico o come segno di uno status o di un grado gerarchico, sono la probabile prova che gli uomini preistorici hanno pensato di adornare il corpo ancor prima di inventare i più ru-

Since the dawn of time symbolism has been an integral part of human interaction, conveying information, ideas, and emotions, and thus playing a powerful role in all rituals. Jewellery, then, as an emblem of these very rituals, has throughout history served as a universal form of symbolic adornment. Although the context and role of this ornamentation has shifted and evolved over decades, centuries, and millennia, use of jewellery to animate and encapsulate the most important elements of the human experience has not once waned.

Recent discoveries of decorative eagle claws at a prehistoric site in Croatia dating from over 130,000 years ago, constitute, as far as we know today, the oldest form of jewellery to exist. Worn as we might imagine for protection from the dangers of life or as a mark of status or rank, it is likely that prehistoric humans thought to adorn the body long before

dimentali prototipi di abbigliamento. Partita dalle più semplici intenzioni ornamentali ed espressive, la gioielleria ha subito l'evoluzione che oggi ben conosciamo, diventando sinonimo di gusto, benessere, status sociale e personalità. In ogni epoca storica, si è fatta specchio del suo tempo e delle convenzioni sociali del momento.

I temi delle opere esposte in questa sala – religione, aristocrazia, patriottismo, fortuna, protezione, amicizia e famiglia, amore e lussuria, autodeterminazione – sono stati appositamente selezionati per riflettere il caleidoscopio di esperienze ed emozioni proprie e costituenti della vita umana, come raccontano con garbo e magnificenza Cartier (fondata nel 1847) e Van Cleef & Arpels (fondata nel 1906). Oltre a fornire una sorprendente interpretazione del simbolismo nella gioielleria, questa sezione dimostra la capacità di queste prestigiose Maison di riflettere e interpretare le influenze sociali e culturali, forgiando finemente la vita in forma di oggetto.

they ever made use of anything that could resemble clothing. From the simplest form of adornment and expression, then, came an evolution to the type of jewellery familiar to us today, revealing of taste, wealth, social status, and personality, with the jewellery of each historical period and development in societal norms, reflecting the context of the time.

The themes of the showcases that constitute this room, of religion, royalty, patriotism, luck, protection, friendship and family, love and lust, and empowerment, have been chosen to reflect a rainbow of the most important experiences and emotions that make up and are unique to human life, as articulated by Cartier (founded in 1847) and by Van Cleef & Arpels (founded in 1906) subtly and magnificently. This selection therefore, as well as providing a striking interpretation of symbolism in jewellery, demonstrates these prestigious Maisons' ability to reflect and interpret social and cultural influences, whilst delicately casting life into the object.

Dagli artigli di rapaci preistorici alle iconiche fauci della superba pantera Cartier, non è azzardato affermare che la gioielleria, è davvero diventata simbolo di un linguaggio espressivo comune in modo diverso dall'arte e dalla moda, proprio per la sua natura indossabile e intramontabile. Il felino più iconico della Maison francese si è trasformato in una metafora di emancipazione e orgoglio femminile, applicabile alle donne più carismatiche dell'ultimo secolo, di qualsiasi età. Nella gioielleria le vicende delle comunità e dei singoli si intrecciano, gli ornamenti personali diventano impronte esistenziali delle nostre storie individuali e collettive.

It would be fair to say that jewellery has indeed come to symbolise in a way unlike art and fashion, thanks to its wearability and timeless nature, from prehistoric avian claws, to the iconic jaws of the audacious Cartier panther, a common language of expression. For Cartier, the Maison's most iconic feline has come to express a sense of female empowerment and pride, applicable to formidable women of all ages for nearly a century. In jewellery then, stories of individuals and communities intertwine, with these personal adornments acting as existential markers of our personal as well as collective histories.

Religione

Fin dagli albori della storia umana, i gioielli sono utilizzati come rappresentazione della spiritualità e, nel corso dei decenni, l'importanza della religione nella vita quotidiana ha trovato varia espressione nella tradizione orafa europea. I simboli a sfondo marcatamente religioso sono spesso indossati come segno di spiritualità, e in alcuni casi hanno portato alla creazione di capolavori di natura molto personale.

Religion

Jewellery has been used as a representation of human spirituality as long as history can recall, and the importance of religion in daily life has been reflected over the decades in European jewellery tradition. Strong religious symbols have often been used as a testament to the wearer's spirituality sometimes resulting in the creation of pieces of the most personal nature.

Cartier Paris

Medaglia, *Virgin of Virgins*
1925
Oro, madreperla (Maria Vergine),
perle piccole, smalti policromi e
semitrasparenti
Ø 12 mm
Collezione Cartier

Questa medaglia rappresenta la
Vergine delle Vergini, o Maria Vergine,
un'icona fondamentale sia per la
chiesa cattolica sia per la chiesa
ortodossa. La Vergine è venerata
come figura di purezza, santità
e gloria.

Cartier Paris

Medal, *Virgin of Virgins*
1925
Gold, mother-of-pearl (Virgin Mary),
small pearls, translucent and
varicoloured enamels
Ø 12 mm
Cartier Collection

This piece depicts the Virgin of Virgins
or the Virgin Mary, a central icon for
both Catholic and Orthodox churches.
She is revered as a figure of purity,
holiness, and glory.

Cartier Paris

Pendente, *Saint Anthony of Padua*
1906
Oro, argento, platino, smalto blu
semitrasparente su fondo ghiglioscé,
zaffiri e diamanti taglio rosetta
36,2 x 13,7 mm
Collezione Cartier

Sant'Antonio da Padova (1195-
1231) era un sacerdote cattolico
portoghese. Grande predicatore, è
noto per la profonda conoscenza delle
scritture e la dedizione ai poveri e agli
ammalati. È anche il santo patrono
delle cose perdute.

Cartier Paris

Pendant, *Saint Anthony of Padua*
1906
Gold, silver, platinum, translucent blue
enamel over guilloché ground, rose-
cut sapphires, rose-cut diamonds
36.2 x 13.7 mm
Cartier Collection

Saint Anthony of Padua (1195-1231)
was a Portuguese Catholic priest
known for his powerful preaching,
expert knowledge of scripture, and
devotion to the poor and the sick. He
is also the patron saint of lost things.

Cartier Paris

Portachiavi con due charm
e due fedi in oro
1907 (statuetta di S. Antonio), 1930
(charm)
Oro, argento, rubini, diamanti, cuoio
36,7 mm (statuetta), 10 mm (charm)
Fondazione Pierre Cartier

Cartier Paris

Key ring with two charms and two
gold wedding rings
1907 (statuette of St Anthony), 1930
(charm)
Gold, silver, rubies, diamonds, leather
36.7 mm (statuette), 10 mm (charm)
Pierre Cartier Foundation

Cartier Paris

Gioiello religioso
ca. 1880
Oro, argento, diamanti taglio rosetta
L. 165 mm
Collezione Cartier

Cartier Paris

Religious jewel
c. 1880
Gold, silver, rose-cut diamonds
L. 165 mm
Cartier Collection

Cartier

Rosario
1960
Oro, platino, lapislazzuli, diamanti
38 x 32,5 mm
Fondazione Pierre Cartier

Questo rosario ricorda le successioni
di nodi o grani impiegate dai fedeli
cattolici per contare e recitare le
preghiere ("misteri") nella giusta
sequenza. I rosari sono presenti nelle
tradizioni religiose di tutto il mondo.

Cartier

Rosary
c. 1960
Gold, platinum, lapis lazuli, diamonds
38 x 32.5 mm
Pierre Cartier Foundation

The rosary refers to a string of knots
or beads used to count and recite
prayers in proper sequence by
members of the Catholic faith. Prayer
beads are used by members of
religious traditions all over the world.

Cartier Londres

Pendente, *Crucifix*, ordine speciale
1934
Oro, argento, diamanti taglio ancienne
a rosetta, 8/8 e tondo, diamanti a
losanga e carré, cabochon di zaffiri,
uno zaffiro stellato, zaffiri sfaccettati
e calibrati, rubini rotondi sfaccettati,
perle a bottone, un opale vero e due
imitazioni, topazi rotondi sfaccettati

Dove of the Holy Spirit, ordine speciale
1949
Oro, diamanti rotondi taglio ancienne,
8/8 e rosetta, un diamante a goccia,
uno zaffiro stellato da 17,20 carati,
zaffiri ovali sfaccettati, un cabochon
di zaffiro, uno zaffiro squadrato, uno
smeraldo taglio smeraldo, rubini
sfaccettati e calibrati, una perla,
pietre di luna, un opale
253 x 72 x 14,5 mm
Collezione Cartier

Cartier London

Pendant, *Crucifix,* special order
1934
Gold, silver, rose-, single- and round
old-cut diamonds, lozenge-shaped
and square diamonds, sapphire
cabochons, one star sapphire,
faceted and calibré-cut sapphires,
round faceted rubies, button pearls,
one opal and two imitation ones,
round faceted topazes

Dove of the Holy Spirit, special order
1949
Gold, round old-, single- and rose-cut
diamonds, one pear-shaped diamond,
one 17.20-carat star sapphire, oval
faceted sapphires, one sapphire
cabochon, one square sapphire,
one emerald-cut emerald, faceted
and calibré-cut rubies, one pearl,
moonstones, one opal
253 x 72 x 14.5 mm
Cartier Collection

Cartier Paris

Pendente, *Croix de Rouen*
ca. 1865
Oro rosa, pasta di vetro
140 x 77,5 mm
Nella custodia marrone originale, con
scritta stampigliata: "CARTIER Joaillier
– Orfèvre 9 BD DES ITALIENS"
Collezione Cartier

La *Croix de Rouen*, o Croce di
Rouen, è uno stilema della gioielleria
tradizionale, prodotta in Normandia tra
il XVIII e il XIX secolo. Era un autentico
status symbol indossato dalle donne
della borghesia.

Cartier Paris

Pendant, *Croix de Rouen*
c. 1865
Pink gold, glassy paste
140 x 77.5 mm
In the original brown case, stamped:
"CARTIER Joaillier – Orfèvre 9 BD
DES ITALIENS"
Cartier Collection

The *Croix de Rouen*, or the Rouen
Cross is a traditional jewellery piece
produced in Normandy during the
18th and 19th centuries. It was a true
status symbol worn by women of the
bourgeoisie.

Cartier Paris

Anello episcopale, ordine speciale,
1928
Oro cesellato, una ametista
sfaccettata da 10,44 carati
30 x 28,5 mm
Incisione sull'anello "VERITATEM
PATERNAE LEGIS BONITAS"
(La virtù delle leggi dei padri
in accordo con la verità)
Collezione Cartier

I vescovi indossano frequentemente
anelli episcopali con ametiste
incastonate, un'allusione al passo
degli Atti degli Apostoli 2:15 dove
si spiega che gli Apostoli non erano
ubriachi durante la Pentecoste.
Fin dall'antichità, infatti, si ritiene che
l'ametista protegga chi la indossa
dall'ebbrezza.

Cartier Paris

Episcopal ring, special order
1928
Chased gold, one faceted 10.44 carat
amethyst
30 x 28.5 mm
Engraved on the ring: "VERITATEM
PATERNAE LEGIS BONITAS" (The
virtue of ancestral law in accordance
with the truth)
Cartier Collection

Bishops often wear an episcopal ring
set with an amethyst, an allusion to
the description of the Apostles as
"not drunk" at Pentecost in Acts 2:15.
Amethyst has long been believed to
protect the wearer from inebriation.

Replica del bracciale a nove croci
latine della Duchessa di Windsor
Argento rodiato, imitazioni in vetro
di pietre preziose
L. 170 mm
Collezione Cartier

Il bracciale originale di proprietà della
Duchessa è stato disegnato da Cartier
nel 1935 circa.

Tra i numerosi gioielli commissionati
dal Duca e dalla Duchessa di Windsor
nel corso della loro esistenza, questo
in particolare offre una visione più
intimista della vita e della relazione
della coppia. Sul retro di ogni
croce è riportata un'iscrizione che
commemora momenti di valore.
La replica è stata realizzata da Cartier nel
2010 per il film *W.E. – Wallis e Edward*.

Duchess of Windsor's Latin Cross
Bracelet Replica
Rhodium silver, glass imitations
of precious stones
L. 170 mm
Cartier Collection

The original bracelet owned by the
Duchess was designed by Cartier
around 1935.

Of the many Cartier pieces
commissioned by the Duke and
Duchess of Windsor over their
lives, this particular jewel offers
an intimate view into the couple's
lives and relationship. Inscriptions
commemorating important moments
can be found on the back of each
cross.
This replica was made by Cartier in
2010 to be worn in the film *W.E. –
Wallis and Edward*.

Aristocrazia

La tiara (dal latino tiara, a volte detta "diadema"), uno dei simboli di ricchezza e gerarchia più forti e universali della gioielleria mondiale, è stata per secoli appannaggio delle famiglie regnanti e reali. Solo nel periodo della Prima Guerra Mondiale ha iniziato a essere adottata dalle classi abbienti, ma non necessariamente aristocratiche, della società europea e norda-mericana. Tesoro leggendario della dinastia dei Romanov, questa particolare tiara in origine montava cabochon di smeraldi della collezione dello Zar Alessandro II e si ritiene sia stata forgiata nella prima metà del XIX secolo dal gioiellerie della corte imperiale russa, Bolin. È stata donata alla nuora di Maria Alexandrovna (nata Principessa Maria d'Assia, Imperatrice di Russia e moglie dello Zar Alessandro II), la Granduchessa Elisabetta Feodorovna, (moglie del quinto figlio di Alessandro II, il Granduca Sergei Alexandrovich). Alla morte del Granduca, Elisabetta consegnò parte della sua collezione di gioielli al Granduca Pavel Alexandrovich (fratello del defunto marito nonché sesto figlio di Alessandro II).

Royalty

The tiara (from Latin: *tiara*) one of the jewellery world's strongest and most universal symbols of wealth and rank, was for centuries reserved for reigning and royal families, until around the First World War when the tiara was adopted by the wealthiest, which no longer meant noble, in European and North American society.

This particular tiara, a legendary treasure of the Romanov dynasty, originally set with emerald cabochons from the collection of Tsar Alexander II, is believed to have been created in the first half of the 19th century by Russian imperial court jeweller Bolin. It was passed down to the daughter-in-law of Maria Alexandrovna (formerly Princess Marie of Hesse, Empress of Russia and wife of Tsar Alexander II), Grand Duchess Elizabeth Feodorovna, (wife of Alexander II's fifth son, Grand Duke Sergei Alexandrovich). Upon the death of the Grand Duke, Elizabeth entrusted a part of her jewellery collection to Grand Duke Paul Alexandrovich (her late husband's brother and sixth son of Alexander II).

La figlia di Pavel, la Granduchessa Maria Pavlovna (prima cugina da parte di padre dell'ultimo zar di Russia, Nicola II, e prima cugina da parte di madre del Principe Filippo, Duca di Edimburgo, marito della Regina d'Inghilterra Elisabetta II) si sposò nel 1908. Si pensa che la tiara assunse la forma attuale proprio in quell'occasione. Era abbinata a un collier di smeraldi e diamanti, anch'esso di produzione russa originale.

Successivamente la Granduchessa Maria Pavlovna vendette il prezioso oggetto a Re Alessandro I di Jugoslavia per la moglie, Maria di Romania (Regina di Serbi, Croati e Sloveni e, dopo il matrimonio, anche della Jugoslavia). Maria stessa era per altro pronipote dello Zar Alessandro II e di Maria d'Assia da parte di madre.

Nell'immagine in basso, Maria di Romania indossa la tiara. Nel 1949 il gioiello fu acquistato da Van Cleef & Arpels, che rimosse i cabochon di smeraldi e li sostituì con imitazioni in vetro verde, definendo l'immagine della tiara così come la vediamo oggi. La tiara è ancora parte della collezione Van Cleef & Arpels.

His daughter, Grand Duchess Maria Pavlovna (paternal first cousin of Nicholas II – Russia's last Tsar – and maternal first cousin of Prince Philip, the Duke of Edinburgh, husband of the Queen of England, Elizabeth II) was married in 1908. It is for this occasion that it is speculated that the tiara took its present form. It was accompanied by an emerald and diamond necklace, which was, along with the tiara, originally of Russian manufacture.

Grand Duchess Maria Pavlovna later sold the piece to King Alexander I of Yugoslavia for his bride, Maria of Romania (Queen of the Serbs, Croats, and Slovenes, and upon her marriage, Queen of Yugoslavia). It is worth noting that Maria herself was great-granddaughter of Tsar Alexander II and Marie of Hesse, from her mother's side.

In the picture below, Maria of Romania wears the tiara. In 1949 the tiara was bought by Van Cleef & Arpels, who removed the emerald cabochons and replaced them with green glass to form the tiara that is here today. The tiara remains a part of the Van Cleef & Arpels collection.

Tiara della regina Maria di Serbia
Oro bianco, argento, diamanti,
imitazioni di smeraldi in vetro verde
Collezione Van Cleef & Arpels
85 x 180 x 145 mm

Queen Maria of Serbia's tiara
White gold, silver, diamonds,
green glass imitations of emeralds
Van Cleef & Arpels collection
85 x 180 x 145 mm

Patriottismo

Le origini dei gioielli in ghisa Fonte de Berlin risalgono ai primi dell'Ottocento. Nel 1804 viene aperta la Reale Fonderia di Berlino che due anni dopo inizia a produrre gioielli, proprio quando Napoleone invade la città. Nel 1813, la Principessa Marianna chiede alle donne prussiane di devolvere i propri gioielli e monili in oro al paese per partecipare agli sforzi bellici. In cambio di questo atto patriottico, le benefattrici ricevono gioielli di ferro, che in alcuni casi riportano la scritta *Gold gab ich für Eisen* (Ho donato l'oro per il ferro) o *Eingetauscht zum Wohle of Vaterlandes* (Scambiato per il bene della patria). In questo momento storico, la gioielleria diventa il più alto simbolo di patriottismo, di cui questo diadema è un magnifico esempio.

Patriotism

The roots of Fonte de Berlin cast iron jewellery can be traced back to the very beginning of the 19th century. The Royal Foundry of Berlin was created in 1804 and started to produce jewels two years later, when Napoleon invaded the city. In 1813, Princess Marianne asked Prussian women to give their gold jewels and ornaments to the country to take part in the war effort. In return for this act of patriotic fervour, iron jewels were given to them, sometimes engraved the mention *Gold gab ich für Eisen* (I gave gold for iron) or *Eingetauscht zum Wohle of Vaterlandes* (exchanged for the welfare of the Fatherland). At this time, iron jewellery became the ultimate symbol of patriotism, of which this tiara is a stunning example.

Diadema, *Antique Fonte de Berlin*
ca. 1820, Berlino
Ghisa, acciaio lucidato
L. 225 mm
Collezione Faerber

Diadema in ghisa in stile neoclassico
con sette cammei disposti in ordine di
grandezza. Ogni cammeo è composto
dal classico busto di profilo montato
su una struttura à jour in ghisa.

Headpiece, *Antique Fonte de Berlin*
Berlin, c. 1820
Cast-iron, polished steel
L. 225 mm
Faerber collection

Iron tiara of neo-classical design and
featuring seven graduated cameos
each mounted with a classic bust
in profile with cast-iron openwork
surround.

La rivoluzione sociale provocata dai due conflitti mondiali nella prima metà del XX secolo ha senza dubbio influito sui gioielli dell'epoca. Orafi prestigiosi come Cartier e Van Cleef & Arpels iniziano a produrre nuove forme di ornamenti patriottici che, per la prima volta, integrano anche motivi militari. Vale la pena ricordare che, durante la Grande Guerra, i dipendenti di Cartier e i tre fratelli Cartier stessi combatterono al fronte. Mossi da un intenso sentimento patriottico sia durante che dopo le ostilità, i laboratori di Cartier e Van Cleef & Arpels realizzarono pendenti, spille e altri gioielli completati da chiari simboli di guerra e liberazione.

The upheaval in society caused by two World Wars during the first half of the 20th century was undoubtedly reflected in the jewellery of the era. Jewellery houses such as Cartier and Van Cleef & Arpels began producing a new form of patriotic jewellery incorporating military motifs for the first time. It is worth noting that during the First World War, Cartier employees as well as the three Cartier brothers themselves were fighting at the front. Moved by patriotic sentiment during and after both wars, Cartier and Van Cleef & Arpels workshops produced jewels such as pendants and pins incorporating powerful symbols of both wartime and liberation.

Cartier Paris

Spilla, *Arc de Triomphe*
1919
Oro, platino, diamanti rotondi taglio
ancienne e rosetta, cabochon di zaffiri,
smeraldi e rubini sfaccettati taglio
fantasia, topazi sfaccettati e calibrati,
onice (ombra)
46 x 39 mm
Collezione Cartier

I cabochon di zaffiri rappresentano gli
elmetti dei soldati che hanno sfilato sugli
Champs-Elysées per celebrare la vittoria
della Prima Guerra Mondiale il giorno
della presa della Bastiglia
(14 luglio) 1919.

Nel periodo di festa successivo alla
vittoria degli alleati nella Prima Guerra
Mondiale, il dilagante senso di orgoglio
nazionale ha ispirato Cartier ed è spesso
stato raccontato con il motivo dell'*Arc
de Triomphe*.

Cartier Paris

Brooch, *Arc de Triomphe*
1919
Gold, platinum, round old- and rose-cut
diamonds, sapphire cabochons, fancy-
cut faceted rubies and emeralds, faceted
and calibré-cut topazes, onyx (shade)
46 x 39 mm
Cartier Collection

The sapphire cabochons represent the
helmets of soldiers who paraded down
the Champs-Elysées to celebrate victory
in the First World War on Bastille Day
(July 14) 1919.

In the joyful period that followed the Allied
victory in the First World War, Cartier was
inspired by a prevailing sense of national
pride. The *Arc de Triomphe* was
a much-employed motif in this respect.

Cartier

Charm, *V*
1943
Platino, un diamante taglio baguette,
diamanti rotondi taglio ancienne, due
rubini calibrati, uno zaffiro triangolare
15 x 13,7 mm
Collezione Cartier

La sequenza "OOO —" corrisponde
alla lettera V in codice Morse.

Il segno delle dita a V (*V for Victory*)
è stato suggerito per la prima volta
da una trasmissione radiofonica
della BBC durante la Seconda
Guerra Mondiale come simbolo
di comunanza. Quasi subito le V
hanno iniziato a comparire sui muri
dell'Europa alleata. Questo gesto
era notoriamente utilizzato anche da
Winston Churchill durante i discorsi in
tempo di guerra. La versione sonora
della V, scandita dal ritmo
del codice Morse (punto punto punto
linea) e riprodotta sul charm, era
un altro simbolo per eccellenza del
patriottismo degli alleati.

Cartier

Charm, *V*
1943
Platinum, one baguette-cut diamond,
round old-cut diamonds, two calibré-
cut rubies, one triangular sapphire
15 x 13.7 mm
Cartier Collection

"OOO —" corresponds to the letter V
in Morse code.

The sign "V for Victory" was first
suggested in a BBC radio broadcast
as a rallying emblem during World
War II. Almost immediately, Vs began
appearing on walls throughout Allied
Europe. The sign was famously
used by Winston Churchill during his
wartime speeches. The audible V
using morse code rhythm (dot dot dot
dash), found too on this charm, was
also widely used as a symbol of Allied
patriotism.

Cartier Paris

Spilla con stemma
ca. 1945
Metallo dorato, smalto blu
33,6 x 27,9 x 1,6 mm
Stemma della Division Leclerc sotto
forma di scudo.
Collezione Cartier

La Croce di Lorena è l'emblema
dell'omonima ex regione della Francia
orientale. Tra il 1871 e il 1918, e
poi di nuovo tra il 1940 e il 1944, il
quadrante nord-orientale della Lorena
fu annesso alla Germania insieme
all'Alsazia. In quel periodo, la Croce
sintetizzava le ambizioni del popolo
francese, deciso a riconquistare il
territorio sottratto. In virtù della forte
valenza storica, è stata scelta più
volte come simbolo del patriottismo
francese nel XX secolo, in particolare
del movimento France libre guidato
dal Generale Charles de Gaulle.

Cartier Paris

Insignia pin
c. 1945
Gilded metal, blue enamel
33.6 x 27.9 x 1.6 mm
Insignia of the Division Leclerc,
in the form of an escutcheon.
Cartier Collection

The Cross of Lorraine is the emblem
of Lorraine, a former region of eastern
France. Between 1871 and 1918,
and again between 1940 and 1944,
the north-eastern quarter of Lorraine
was annexed to Germany, along with
Alsace. During that period the Cross
served as a rallying point for French
ambitions to recover its lost territory.
This strong historical significance
meant that it was chosen again as
a symbol of French patriotism in the
20th century, most notably of the Free
French Forces led by General Charles
de Gaulle.

Cartier Paris

Spilla, *Oiseau libéré*
1947
Oro, platino, diamanti taglio rosetta,
corallo, lapislazzuli, un cabochon
di zaffiro
35,5 x 22,6 x 16,6 mm
Collezione Cartier

Durante l'occupazione di Parigi nella
Seconda Guerra Mondiale, Jeanne
Toussaint (1887-1978) chiese ai
designer di Cartier di creare una serie
di spille a forma di uccello in gabbia
da esporre nelle vetrine della boutique
in Rue de la Paix, a rappresentare
la condizione di Parigi e della sua
popolazione. Nel 1944, con la
liberazione della città, commissionò
una serie di spille analoghe, ma
questa volta con lo sportello della
gabbia aperto e l'uccello pronto a
spiccare il volo, di nuovo libero.

Cartier Paris

Brooch, *Oiseau libéré*
1947
Gold, platinum, rose-cut diamonds,
coral, lapis lazuli, one sapphire
cabochon
35.5 x 22.6 x 16.6 mm
Cartier Collection

During the Occupation of Paris in
World War II, Jeanne Toussaint
(1887-1978) asked Cartier designers
to create brooches featuring a caged
bird representing Paris and its people
to be displayed in the windows of
the Rue de la Paix boutique. Upon
the liberation of Paris in 1944, she
commissioned a series of the same
brooch, but this time with the door to
the cage opened, and the bird, about
to take flight, free once more.

Cartier Paris

Charm
ca. 1950
Oro 14 carati, smalto blu,
bianco e rosso
21 x 19,5 x 1,2 mm
Scritta: "VIVE LA FRANCE"
Collezione Cartier

Il galletto è uno dei simboli non
ufficiali della Francia. L'associazione
con questo stato risale al Medioevo
e riprende il gioco di parole latino
tra *Gallus* (abitante della Gallia) e
gallus (l'animale). Dopo la Seconda
Guerra Mondiale, il gallo è stato
raffigurato su innumerevoli monumenti
commemorativi come emblema
di orgoglio nazionale.

Cartier Paris

Charm
c. 1950
14-karat gold, blue, white and
red enamel
21 x 19,5 x 1,2 mm
Inscription: "VIVE LA FRANCE"
Cartier Collection

The Gallic rooster is an unofficial
national symbol of France. Its
association with France dates back to
the Middle Ages from the Latin play
on words between *Gallus* (inhabitant
of Gaul), and *gallus* (rooster). The
Gallic rooster was depicted on
countless war memorials after World
War I, as an emblem of national pride.

Van Cleef & Arpels

Fermaglio, *Fourragère*
1942
Oro giallo, rubini, diamanti
132 x 53 x 11 mm
Collezione Van Cleef & Arpels

La *fourragère* è un'onorificenza
militare formata da un cordone
intrecciato da portare sulla spalla.
Questa particolare medaglia ha fatto
la sua comparsa in Francia durante
la Grande Guerra e veniva conferita
alle unità che si erano distinte in più
operazioni militari.

Van Cleef & Arpels

Clip, *Fourragère*
1942
Yellow gold, rubies, diamonds
132 x 53 x 11 mm
Van Cleef & Arpels collection

The *fourragère* is a military award
in the form of a braided cord that
should be worn on the shoulder. The
award was first adopted by France
during the First World War and given
to units which had been recorded as
distinguishing themselves more than
once in military operations.

Van Cleef & Arpels

Fermaglio, *Torch of Liberty*
1944
Platino, oro giallo, zaffiri, rubini,
diamanti
58 x 14 x 8 mm
Collezione Van Cleef & Arpels

Nella tradizione europea la torcia,
puntata orgogliosamente verso l'alto
per rischiarare la via del tedoforo
verso la libertà, è un simbolo
universale di illuminazione, progresso
e speranza.

Van Cleef & Arpels

Clip, *Torch of Liberty*
1944
Platinum, yellow gold, sapphires,
rubies, diamonds
58 x 14 x 8 mm
Van Cleef & Arpels collection

According to European tradition, the
torch, proudly held aloft and lighting
the bearer's way to freedom, is a
common symbol of enlightenment,
progress and hope.

Van Cleef & Arpels

Fermaglio, *Pax*
1944
Platino, oro giallo, smalto, rubino,
diamanti
35 x 25 mm
Collezione Van Cleef & Arpels

Van Cleef & Arpels

Clip, *Pax*
1944
Platinum, yellow gold, enamel, ruby,
diamonds
35 x 25 mm
Van Cleef & Arpels collection

Pettorale
1900, Vicenza,
Oro, argento, diamanti, ametiste,
zaffiro, perle, paste vitree
320 x 370 mm
Comunità dei Frati dei Servi
di Maria di Monte Berico

Il pettorale è composto da nove
orecchini, sei spille, cinque croci,
quattro anelli, quattro coppie di punta
petto e una coppia di bottoni scelti
tra migliaia di doni di famiglie nobili
vicentine offerte al tesoro
del santuario.

Pectoral
Vicenza, 1900
gold, silver, diamonds, amethyst,
sapphire, pearls, glass paste
320 x 370 mm
Comunità dei Frati dei Servi
di Maria
di Monte Berico

The pectoral comprises 9 earrings,
6 brooches, 5 crosses, 4 rings,
4 pairs of breast pins and a pair of
buttons chosen from the thousands
of donations made by aristocratic
families of Vicenza to the sanctuary.

Corona
1900, Vicenza
Oro, oro bianco (metà oro, metà
argento), diamanti, peridoto, ametista,
rubini, zaffiri, perle, pietre colorate
Ø 260 mm, h 340 mm
Comunità dei Frati dei Servi di Maria
di Monte Berico

La Corona della Madonna di Monte
Berico esalta l'artigianalità orafa.
L'esecuzione materiale fu affidata
alla ditta Angelo Marangoni, la più
antica gioielleria veneta per continuità
generazionale (dal 1770), con la
collaborazione del cesellatore Attilio
Tosetti e degli incastonatori Michelon
e figli con negozio nelle logge inferiori
della Basilica. Essi diedero forma
compiuta a una serie di tante singole
donazioni ed ex voto in onore di
Maria nel corso dei secoli. A sancire
l'importanza dell'incoronazione, papa
Leone XIII donò espressamente un
prezioso anello, con la sua imponente
ametista incastonata proprio al centro
della Corona. Un aneddoto del tempo
racconta che il Santo Padre, a chi
lo sollecitava a offrire un dono per
la corona, rispose levandosi l'anello
dal dito: "Questo è il mio dono per la
Madonna di Monte Berico".

Crown
1900, Vicenza
Gold, peridot, diamonds, rubies,
pearls, sapphires, amethyst,
white gold (half gold, half silver),
colored stones
Ø 260 mm, h 340 mm
Comunità dei Frati dei Servi di Maria
di Monte Berico

The Crown of Our Lady of Monte
Berico highlights the craftsman's art
applied to jewellery. The material
execution was entrusted to the firm
of Angelo Marangoni, the oldest
Venetian jewel maker in terms of
generational continuity (since 1770),
with the collaboration of engraver
Attilio Tosetti and setters Michelon e
figli which has its shop in the lower
loggias of the Basilica. They have
given a final form to a series of many
individual donations and votive
offerings made in honour of Mary
over the centuries. Confirming
the importance of the coronation,
Pope Leo XIII specifically donated a
precious ring which, with its imposing
amethyst, has been set in the centre
of the crown. An anecdote of the time
states that the Holy Father replied to
those urging him to offer a gift for the
crown by removing the ring from his
finger: "This is my gift to the Madonna
of Monte Berico."

Fortuna

Nel corso della storia, la natura e il regno animale sono stati una prodiga fonte d'ispirazione per l'arte. Gli animali, a cui da sempre si attribuiscono determinati tratti, diventano simboli eloquenti nel design dei gioielli, in particolare le creature che si ritiene portino fortuna o forza.

Good Luck

Throughout history, nature and the animal kingdom have served as a rich source of inspiration for humans in the Arts. Animals, regularly characterised as representing certain traits, often act as strong symbols in jewellery design, particularly those creatures that are believed to inspire good luck or strength.

Cartier

Bracciale, *Rhinoceros*
1989
Platino
L. 180 mm
Collezione Cartier

Cartier

Bracelet, *Rhinoceros*
1989
Platinum
L. 180 mm
Cartier Collection

Cartier

Spilla, *Rhinoceros*
1988
Platino
14 x 27 x 9 mm
Collezione Cartier

Cartier

Brooch, *Rhinoceros*
Platinum
14 x 27 x 9 mm
Cartier Collection

Sinonimo di rarità e ricercatezza, il platino occupa un posto d'elezione nella storia di Cartier. Anzi, si può affermare che Cartier sia stato il vero fautore della fortuna del platino nel settore orafo, grazie alla predilezione di Louis Cartier per questo metallo e all'innovativo uso che ne fece nelle creazioni in stile ghirlanda di inizio Novecento. Questa collezione di rinoceronti in platino, simboli di grande vigore il cui aspetto affascinante e simil-preistorico ha ispirato varie opere d'arte nella storia, è frutto di una collaborazione stretta con il World Wildlife Fund nel 1988 per sensibilizzare il pubblico sul tema dell'estinzione di questa specie. I rinoceronti in platino quindi non solo esemplificano una delle costanti fonti d'ispirazione artistica di Cartier – il regno animale –, ma ne dimostrano anche la profonda coscienza sociale.

Platinum, synonymous with the rare and exquisite, holds a special place in Cartier history. Indeed, it can be argued that Cartier played a crucial role in the fortunes of platinum in jewellery thanks to Louis Cartier's special affection for the metal, and its innovative use in Garland style pieces at the very beginning of the 20th century. This collection of platinum rhinoceroses, symbols of strength long chosen as inspiration for works of art due to their fascinating and quasi-prehistoric form, was the fruit of a collaboration with the World Wildlife Fund in 1988 to raise awareness for these animals who were being poached to near-extinction. Cartier's platinum rhinoceroses thus represent Cartier's constant source of artistic inspiration – the animal kingdom – as well as demonstrating the importance of the jeweller's social conscience.

Cartier Paris

Spilla-fermaglio, *Tortoise*, ordine
speciale
1969
Oro cesellato e ritorto, diamanti giallo
intenso fantasia taglio brillante, due
cabochon di zaffiri
38,6 x 26,8 mm
Collezione Cartier

Nella cultura popolare, le tartarughe
sono sovente raffigurate come
creature sagge e pazienti e, per la
loro lunga aspettativa di vita, sono
sinonimo di longevità e stabilità in
molte parti del mondo. Per i cinesi, gli
indiani e i nativi americani incarnano
l'universo. Indossare una tartaruga
dorata è considerato di buon auspicio.

Cartier Paris

Clip brooch, *Tortoise*, special order
1969
Chased and twisted gold, brilliant-cut
fancy intense yellow diamonds, two
sapphire cabochons
38.6 x 26.8 mm
Cartier Collection

Tortoises are frequently depicted
in popular culture as patient, wise
creatures, and due to their long
lifespan, they are an emblem of
longevity and stability in many cultures
around the world. In Chinese, Indian,
and Native American culture, the
tortoise symbolises the universe.
The wearing of a gold tortoise is
considered to be a good luck charm.

Cartier

Spilla, *Tortoise*
2002
Oro bianco, diamanti taglio brillante,
un cabochon di calcedonio blu,
smeraldi sfaccettati rotondi (occhi)
42,1 x 29 x 16,3 mm
Collezione Cartier

Questa spilla fa parte della collezione
La Création lanciata nel 1999.

Cartier

Brooch, *Tortoise*
2002
White gold, brilliant-cut diamonds,
one blue chalcedony cabochon,
round faceted emeralds (eyes)
42.1 x 29 x 16.3 mm
Cartier Collection

This brooch is part of the *La Création*
collection launched in 1999.

Cartier Paris

Spilla-fermaglio, *Ladybird*
1969
Oro bianco, platino, un diamante
taglio baguette, un diamante taglio
mezzaluna, diamanti taglio brillante,
corallo con diamanti montati a
castone, smalto nero
30 x 20 x 10 mm
Collezione Cartier

Per varie culture del mondo le
coccinelle attirano la buona sorte,
come confermano le numerose
filastrocche per bambini dedicate a
questi insetti. In alcuni paesi, tra cui
anche l'Italia, vedere una coccinella
è segno che è il momento giusto
esprimere un desiderio, oppure che
un desiderio si avvererà presto.

Cartier Paris

Clip brooch, *Ladybird*
1969
White gold, platinum, one baguette-
cut diamond, one half-moon
diamond, brilliant-cut diamonds, coral
studded with collet-set diamonds,
black lacquer
30 x 20 x 10 mm
Cartier Collection

Various cultures around the world
consider ladybirds to be lucky, and
the number of children's nursery
rhymes about this creature reflects
this tradition. In some countries,
including Italy, the sight of a ladybird is
considered to be either a call to make
a wish, or a sign that a wish will soon
be granted.

Cartier

Spilla-fermaglio e orecchini a clip
ca. 1970
Oro, legno
Spilla-fermaglio: 52 x 46,5 x 16,5 mm
Orecchini: 34 x 35 x 15 mm
Collezione Cartier

Cartier

Clip brooch and pair of ear clips
c. 1970
Gold, wood
Clip brooch: 52 x 46.5 x 16.5 mm
Ear clips 34 x 35 x 15 mm
Cartier Collection

Cartier

Pendente
1993
Oro giallo, bianco, rosa, legno di rosa
35,5 x 10 mm
Collezione Cartier

Questo pendente è noto anche come
Touch Wood (l'equivalente di "toccare
ferro" in italiano).

Cartier

Pendant
1993
Yellow, white and pink gold, rosewood
35.5 x 10 mm
Cartier Collection

This pendant is often referred
to as the *Touch Wood* pendant.

Nelle culture anglosassoni, l'espressione knocking on wood rimanda alla superstizione folkloristica di toccare o, letteralmente, bussare sul legno per allontanare la cattiva sorte. L'idea che il legno porti fortuna è comune a tante lingue e culture del mondo. L'universalità di questa credenza spiega i ripetuti tentativi della gioielleria di reinterpretarla.

"Knocking on wood" is the superstitious tradition of touching or tapping on wood in order to avoid "tempting fate." The idea of touching wood for good luck is to be found in more or less every culture and language in the world. The universality of this belief explains its persistant adaptation in jewellery.

Collana, *Vintage Alhambra*
Oro rosa, legno serpente (letterwood)

Bracciale, *Vintage Alhambra*
Oro rosa, legno serpente (letterwood)
Collezione Van Cleef & Arpels

Ideata nel 1968, la collezione
Alhambra di Van Cleef & Arpels è
una delle icone di fortuna, eleganza e
armonia più note del panorama orafo
internazionale. Il simbolismo sottinteso
da questo disegno è ulteriormente
valorizzato dall'impiego del legno
di *Brosimum guianense* (detto
anche legno serpente o *letterwood*),
materiale raro e pregiato originario
dell'America Latina e sacro per i nativi
americani.

Necklace, *Vintage Alhambra*
Pink gold, letterwood

Bracelet, *Vintage Alhambra*
Pink gold, letterwood
Van Cleef & Arpels collection

Created in 1968, the Van Cleef &
Arpels' Alhambra collection is one of
the jewellery world's best-known icons
of luck, elegance and harmony. The
symbolism behind the design is further
highlighted by the use of letterwood
in these particular pieces, a rare and
precious material indigenous to South
America, which is considered sacred
by Native Americans.

Cartier

Anello, *Dragon*
ca. 2003
Oro, un rubino a goccia (occhio)
20,5 x 19,4 mm
Collezione Cartier

Il simbolismo del drago, considerato
uno degli amuleti più efficaci in
assoluto, affonda le radici nell'antica
cultura cinese, che associava il
dragone alla figura dell'Imperatore.
Ancora oggi queste creature
mitologiche sono segno di successo
e vengono spesso associati alle
personalità eccellenti. Il concetto
ritorna anche in vari proverbi e modi
di dire cinesi.

Cartier

Ring, *Dragon*
c. 2003
Gold, one pear-shaped ruby (eye)
20.5 x 19.4 mm
Cartier Collection

The symbolism of the dragon as
the most powerful of all symbols
of good fortune is deep-rooted in
Ancient Chinese culture, where the
dragon was used as the symbol of
the Emperor. The dragon continues
to this day to be symbolic of success,
with outstanding people often being
compared to the dragon, a concept
that features in a number of Chinese
proverbs and idioms.

Protezione

La tendenza dell'uomo a cercare protezione dalle entità spirituali si riflette e incarna in diverse tipologie di monili. Diffusi nelle culture di tutto il mondo, i manufatti con valenza apotropaica assumono le forme più svariate e si inscrivono in una delle tradizioni simboliche più consolidate della gioielleria.

Protection

The human preoccupation with the search for protection from a spiritual entity is reflected through the numerous forms of jewellery that symbolise just that. Pieces believed to protect the wearer from evil or misfortune appear in various forms, throughout cultures all over the world, as part of an unwavering symbolic jewellery tradition.

Cartier Paris

Spilla-fermaglio, *Hand of Fatma*
1940
Oro rosa, oro giallo, platino, diamanti
rotondi taglio ancienne e rosetta,
cabochon di rubini e smeraldi
46,6 x 26,2 x 6,2 mm
Collezione Cartier

Provenienza: Claude François,
cantante pop francese (1939-1978).

La Mano di Fatma, o *Khamsa*, è un
simbolo a forma di palmo di mano
molto diffuso tra il Medio Oriente e
il Nord Africa, oltre che in gioielleria.
Rappresenta una mano destra aperta,
che secondo i fedeli musulmani, ebrei
e cristiani protegge chi la porta dal
"malocchio", cioè uno sguardo rivolto
a qualcuno per portare sfortuna.

Cartier Paris

Clip brooch, *Hand of Fatma*
1940
Pink gold, yellow gold, platinum,
round old- and rose-cut diamonds,
ruby and emerald cabochons
46.6 x 26.2 x 6.2 mm
Cartier Collection

Provenance: Claude François,
French pop singer (1939-1978).

The Hand of Fatma or the *Khamsa*,
is a palm-shaped symbol popular
throughout the Middle East and North
Africa and a symbol commonly used
in jewellery. It depicts the open right
hand and is believed by Muslims,
Jews, and Christians to protect the
wearer from the "evil eye," a stare
believed to cause misfortune.

Cartier

Collana
2011
Oro rosa, diamanti taglio brillante,
onice, due cabochon di crisoprasi,
perline di prehnite, un cabochon
di calcedonio
L. collana: 800 mm
Ø pendente: 46 mm
Collezione Cartier

Questa particolare collana ha ispirato
la collezione contemporanea di Cartier
Amulette, formata da anelli, collane
e bracciali con varie pietre preziose e
semi-preziose incastonate, ciascuna
portatrice di un dono diverso – tra gli
altri, coraggio, protezione, vitalità e
buona sorte.
Presente in tutte le società del mondo,
l'amuleto è uno fra i simboli più antichi
mai indossati dall'uomo, che gli
attribuisce il presunto potere magico
di proteggere chi lo possiede.

Cartier

Necklace
2011
Pink gold, brilliant-cut diamonds,
onyx, two chrysoprase cabochons,
prehnite beads, one chalcedony
cabochon
L. of string: 800 mm
Ø of pendant: 46 mm
Cartier Collection

This particular necklace provided
inspiration for the contemporary
Cartier Collection *Amulette*, a
collection comprised of rings,
necklaces and bracelets, set with
various precious and semi-precious
stones, each carrying their own
symbolism: courage, protection,
vitality and luck, amongst others.
Appearing in cultures all over the
world, the amulet is one of the most
ancient symbols to be worn on one's
person with the alleged magical
power of protecting its holder.

Amicizia, fedeltà, famiglia

Tra tutte le esperienze umane, l'amicizia, la fedeltà e la famiglia sono sicuramente le più pregnanti e non a caso occupano un posto di rilievo nella tradizione orafa. Nel corso del tempo e in tutti gli angoli della terra, sono state rappresentate con molteplici simboli, dai più stravaganti ai più semplici.

Friendship, Fidelity and Family

As some of the most powerful forces to exist in the human experience, friendship, fidelity and family hold an important place in jewellery tradition. Multiple symbols, from the extravagant to the most humble, can be traced throughout time, to all four corners of the globe.

Fede, *Chester*
Primo Novecento
Oro 18 kt
Collezione Soprana

Ritenute simboli di forza, protezione,
lealtà ed eternità, la cintura e la fibbia
ritornano in gioielli di vario formato.
Giunto all'apice della popolarità nel
Regno Unito in età vittoriana ed
edoardiana, questo anello eterno è
tipicamente offerto in dono come
segno d'amore o amicizia.

Wedding ring, *Chester*
Early 1900
Gold 18 ct
Soprana collection

Considered to be a symbol of
strength, protection, loyalty and
eternity, the belt or buckle can be
found in most forms of jewellery.
Reaching its peak in popularity
throughout the Victorian and
Edwardian eras in England, this
eternal loop has been traditionally
given as a token of love or friendship.

Cartier

Ornamento per scatola, *Handshake*
ca. 1913
Platino, zaffiri, diamanti
27,6 x 21,2 mm
Fondazione Pierre Cartier

L'usanza di stringersi la mano varia
di cultura in cultura. Il motivo delle
mani che si toccano non è però
storia recente e negli anni è arrivato a
simboleggiare pace e amicizia, oltre
che fiducia e rispetto.

Cartier

Box ornament, *Handshake*
c. 1913
Platinum, sapphires, diamonds
27.6 x 21.2 mm
Pierre Cartier Foundation

Although customs surrounding
handshakes are specific to different
cultures around the world, the motif of
clasped hands has existed throughout
history. This motif has come to
symbolise peace and friendship, as
well as trust and respect.

Cartier Paris

Bracciale
1913
Platino, oro, diamanti taglio rosetta,
cabochon di zaffiri e zaffiri suiffé,
topazi rotondi sfaccettati
L. 172 mm
Collezione Cartier

Questo bracciale fa parte di un ordine
di dieci articoli identici sul tema della
stretta di mano.
Venduto a un membro della famiglia
Rothschild.

Cartier Paris

Bracelet
1913s
Platinum, gold, rose-cut diamonds,
sapphire cabochons and buff-top
sapphires, round faceted topazes
L. 172 mm
Cartier Collection

This bracelet was part of an order of
ten identical "handshake" bracelets.
Sold to a member of the Rothschild
family.

Cartier

Gemelli
ca. 1920
Platino, zaffiri
Ø 13 mm
Fondazione Pierre Cartier

Gli zaffiri portano incisi i profili di Elma
e Marion Cartier, rispettivamente
moglie e figlia di Pierre Cartier
(1878-1964), nipote del fondatore
della Maison Louis-François Cartier
nonché a sua volta fondatore di
Cartier New York.

Cartier

Cufflinks
c. 1920
Platinum, sapphires
Ø 13 mm
Pierre Cartier Foundation

The sapphires are carved with the
profiles of Elma and Marion Cartier,
wife and daughter of Pierre Cartier
(1878-1964), grandson of Maison-
founder Louis-François Cartier
and founder of Cartier New York.

Cartier Paris

Bracciale, *Trinity*
1962
Oro giallo, oro rosa, oro bianco
Ø 72 mm
Collezione Cartier

Venduto a Claude Cartier, figlio di
Louis Cartier.

Apparsi per la prima volta nella
Collezione Cartier nel 1924, i gioielli
formati da tre fasce intrecciate di
oro giallo, bianco e rosa oggi noti
come *Trinity* sono diventati una delle
creazioni più rappresentative della
Maison, acquistando una popolarità
senza confini. Sono stati indossati da
alcune delle maggiori icone del XX
secolo, tra cui il poeta francese Jean
Cocteau, l'interior designer americana
Elsie de Wolfe, il Duca di Windsor e
Grace Kelly, per citarne solo alcune.

Cartier Paris

Bracelet, *Trinity*
1962
Yellow gold, pink gold, white gold
Ø 72 mm
Cartier Collection

Sold to Claude Cartier,
Louis Cartier's son.

First appearing at Cartier in 1924,
jewellery composed of three
interlinked bands in yellow, white,
and pink gold, now referred to as
Trinity, became one of Cartier's most
symbolic creations, wildly popular the
world over. It was adopted by icons
of the 20th century such as French
poet Jean Cocteau, American interior
designer Elsie de Wolfe, the Duke of
Windsor and Grace Kelly, to name
but a few.

Cartier

Anello, *Trinity*
2004
Oro giallo, oro bianco, oro rosa,
diamanti bianchi, rosa e gialli
Ø 22,6 mm
Collezione Cartier

A tutt'oggi uno dei motivi più
riconoscibili al mondo, questo
gioiello assume un diverso significato
a seconda di chi lo indossa e
viene ereditato di generazione in
generazione come cimelio di famiglia,
pegno d'affetto o dichiarazione
d'amore.

Cartier

Ring, *Trinity*
2004
Yellow gold, white gold, pink gold,
white, pink and yellow diamonds
Ø 22.6 mm
Cartier Collection

Still available as one of the most
recognisable motifs in the world
today, the significance of the piece
is open to interpretation by every
wearer and is now passed on
through generations as a family
heirloom, a token of affection,
or a profession of love.

Amore

Analogamente all'amicizia, l'amore, forse una delle emozioni più intense dell'esperienza umana, è da tempi immemori una perenne fonte d'ispirazione per l'arte, la letteratura, la musica e i film di qualsiasi nazione e ha stimolato un'infinità di rappresentazioni anche nel mondo dei gioielli. Segni tangibili del sentimento provato nei confronti della persona amata, i gioielli sono indissolubilmente legati alle emozioni più inebrianti della vita.

Love

Much in the same vein as friendship, love, perhaps the strongest emotion to be identified in the human experience, and unending source of inspiration in art, literature, music, and film worldwide, has for as long as it can be remembered inspired infinite representations in the jewellery world. Acting most often as a testament to one person's love for another, jewellery in itself has an inextricable link to life's most intoxicating of emotions.

Cartier Paris

Charm girevole, *Te Quiero*
1930
Oro, diamanti, smalto blu
Ø 17,8 mm
Collezione Cartier

Le parole "TE QUIERO" compaiono
facendo ruotare il charm.

Venduto a Jean-Charles Worth
(1881-1962), cugino di Andrée
Caroline Worth, prima moglie di Louis
Cartier (1875-1942). A partire dagli
anni Venti, ha diretto la famosa casa
di moda Worth con il fratello Jacques.

Cartier Paris

Spinning charm, *Te Quiero*
1930
Gold, diamonds, blue enamel
Ø 17.8 mm
Cartier Collection

The words "TE QUIERO" appear
when the charm is spun.

Sold to Jean-Charles Worth.
Jean Charles Worth (1881-1962) was
the cousin of Andrée Caroline Worth,
first wife of Louis Cartier (1875-1942).
From the 1920s, he ran the famous
Worth fashion house with his brother
Jacques.

Cartier Londres

Charm girevole, *I Love You*
1935
Oro, un diamante, due smeraldi,
una ametista, un rubino, uno zaffiro,
un turchese
Ø 17,8 mm
Collezione Cartier

Le prime lettere delle pietre
compongono la parola "DEAREST",
mentre le parole "I LOVE YOU"
compaiono ruotando il charm.

Cartier Londres

Spinning charm, *I Love You*
1935
Gold, one diamond, two emeralds,
one amethyst, one ruby, one sapphire,
one turquoise
Ø 17.8 mm
Cartier Collection

The first letters of the stones spell out
"DEAREST," while the words
"I LOVE YOU" appear when the
charm is spun.

Cartier Paris

Charm, *Heart*, ordine speciale
1929
Platino, un cabochon di rubino,
diamanti
10 mm
Collezione Cartier

Venduto a Jean-Charles Worth.

Cartier Paris

Charm, *Heart*, special order
1929
Platinum, one ruby cabochon,
diamonds
10 mm
Cartier Collection

Sold to Jean-Charles Worth.

Cartier New York

Spilla
1972
Oro giallo, oro rosa, un cabochon
di corallo a cuore
19 x 23,4 mm
Collezione Cartier

Disegnata da Aldo Cipullo per Cartier
Il designer di gioielli italo-americano
Aldo Cipullo (1935-1984) amava
sovvertire gli oggetti quotidiani con
umorismo e sentimento. Iniziò a
collaborare con Cartier New York nel
1969.

Il cuore, ritenuto sede delle emozioni
e fulcro della spiritualità, è diventato
insieme alla sua silhouette un
sinonimo di affetto e il simbolo per
antonomasia dell'amore. Il cuore ferito
da un oggetto appuntito o una freccia
di Cupido rappresenta il mal d'amore.

Cartier New York

Brooch
1972
Yellow gold, pink gold, one heart-
shaped coral cabochon
19 x 23.4 mm
Cartier Collection

Designed by Aldo Cipullo for Cartier
Italian-American jewellery designer
Aldo Cipullo (1935-1984) liked to
subvert everyday objects with humour
and affection. He began working with
Cartier New York in 1969.

The heart, often considered to be
the seat of emotions and thus the
centre of the spiritual being, has come
to be, along with the heart shape,
synonymous with affection and the
ultimate symbol of love. A wounded
heart depicted as being pierced by a
sharp object or one of Cupid's arrows,
represents love sickness.

Cartier Paris

Spilla-fermaglio, *Rose*
1938
Oro giallo, oro rosa, argento, platino,
un diamante rotondo taglio ancienne,
diamanti taglio rosetta, smalto rosso
e nero
45 x 26 x 12 mm
Collezione Cartier

La rosa è uno dei simboli d'amore più
diffusi e imperituri che conosciamo. La
floriografia, o linguaggio dei fiori, serve
a comunicare "in codice" attraverso le
composizioni di fiori ed è praticata in
Europa, Asia e Medio Oriente. Questa
simbologia è stata poi tradotta anche
sotto forma di gioielli che hanno
attraversato tutto il XX secolo.

Cartier Paris

Clip brooch, *Rose*
1938
Yellow gold, pink gold, silver, platinum,
one round old-cut diamond, rose-cut
diamonds, black and red lacquer
45 x 26 x 12 mm
Cartier Collection

The rose is one of the most prevalent
and enduring symbols of love that
exists. The language of flowers,
sometimes known as floriography, is
a means of cryptical communication
through the arrangement of flowers,
and has been practiced throughout
Europe, Asia, and the Middle East.
This symbolism was later translated
into jewellery, a concept which
survived well into the 20th century.

Cartier Paris

Spilla-fermaglio, *Quiver*
1949
Oro giallo, oro rosa, onice bianco,
rubini calibrati, un diamante taglio
baguette, diamanti taglio rosetta
48,5 x 27,5 mm
Collezione Cartier

Venduto a M.lle Jeanne Toussaint.

Nella mitologia classica Eros, o
Cupido, era il dio del desiderio,
dell'amore erotico e dell'attrazione.
In genere è ritratto con arco e frecce,
che rappresentano la fonte dei suoi
poteri: le persone, o persino le divinità,
colpite dalla freccia dorata di Cupido
vengono pervase da un desiderio
incontrollabile.

Cartier Paris

Pin-brooch, *Quiver*
1949
Yellow gold, pink gold, white onyx,
calibré-cut rubies, one baguette-cut
diamond, rose-cut diamonds
48.5 x 27.5 mm
Cartier Collection

Sold to M.lle Jeanne Toussaint.

In classical mythology, Cupid or Eros
was the god of desire, erotic love, and
attraction. Often portrayed with a bow
and arrow that represent his source of
power, a person, or even a deity, who
is shot by Cupid's golden arrow is
filled with uncontrollable desire.

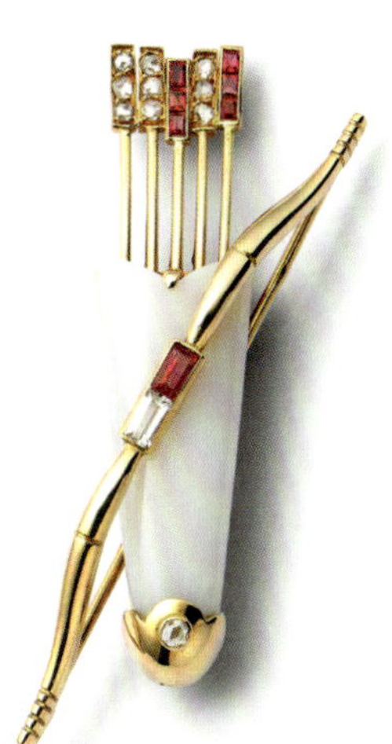

Cartier Paris

Spilla, *Target*
1960
Oro, platino, diamanti taglio rosetta,
un cabochon di corallo a cuore
30,7 x 41 mm
Collezione Cartier

Cartier Paris

Brooch, *Target*
1960
Gold, platinum, rose-cut diamonds,
one heart-shaped coral cabochon
30.7 x 41 mm
Cartier Collection

Cartier New York

Bracciale, *Love*
1977
Oro
56,4 x 64,5 mm
Collezione Cartier

Questo esemplare è appartenuto a
Elizabeth Taylor (v. catalogo Christie's,
New York, 14 dicembre 2011, lotto 174).

Nel 1969, in reazione alla guerra del
Vietnam, nasce il movimento *Peace
and love* e Aldo Cipullo disegna un
bracciale per Cartier New York. La
creazione presenta una caratteristica
inedita: ha una chiusura a vite (e un
cacciavite placcato oro in dotazione),
quindi il possessore non può allacciarlo
o slacciarlo da solo. Questa sorta
di "manetta d'amore" riscuote un
successo planetario e ispira numerosi
revival e variazioni nel corso degli anni.
È in commercio ancora oggi.

Cartier New York

Bracelet, *Love*
1977
Gold
56.4 x 64.5 mm
Cartier Collection

This bracelet belonged to Elizabeth
Taylor (see Christie's catalog, New
York, 14 December 2011, lot 174).

In 1969, when the "peace and love"
spirit flourished in reaction to the war
in Vietnam, Aldo Cipullo designed
a bracelet for Cartier New York. It
had the innovative feature of being
fastened with screws (and came with
its own gold-plated screwdriver),
meaning that the owner could not
open or close the bracelet alone.
This "handcuff of love" became
a worldwide success, inspiring
numerous revivals and variations over
the years, and is still sold today.

Cartier

Spilla, *Parrot*
2006
Oro bianco, diamanti taglio brillante,
smeraldi sfaccettati rotondi (occhi),
due cabochon di quarzo citrino, onice
(becchi e ramo)
39 x 23,5 x 15 mm
Collezione Cartier

Socievoli e affettuosi, questi
pappagallini sono spesso chiamati
"inseparabili" per via dei forti legami
monogamici che stringono con il
partner e il tempo che trascorrono
insieme.

Cartier
Brooch, *Parrot*
2006
White gold, brilliant-cut diamonds,
round faceted emeralds (eyes), two
citrine cabochons, onyx (beaks and
branch)
39 x 23.5 x 15 mm
Cartier Collection

Social and affectionate, this small
parrot is often known as a Lovebird,
a concept which comes from the
parrots' strong, monogamous pair
bonding and the long periods which
paired birds spend together.

Van Cleef & Arpels

Fermaglio, *Juliet*
1951
Oro giallo, perla, rubini, smeraldo,
zaffiri
40 x 35 mm
Collezione Van Cleef & Arpels

Van Cleef & Arpels

Fermaglio, *Romeo*
1951
Oro giallo, perla, rubini, smeraldo
40 x 35 mm
Collezione Van Cleef & Arpels

Romeo e Giulietta, che danno il titolo
all'opera teatrale indiscutibilmente
più famosa di William Shakespeare
(1597), simboleggiano l'archetipo dei
giovani amanti nella cultura moderna.

Van Cleef & Arpels

Clip, *Juliet*
1951
Yellow gold, pearl, rubies, emerald,
sapphires
40 x 35 mm
Van Cleef & Arpels collection

Van Cleef & Arpels

Clip, *Romeo*
1951
Yellow gold, pearl, rubies, emerald
40 x 35 mm
Van Cleef & Arpels collection

Romeo and Juliet, title characters of
William Shakespaere's unquestionably
most popular play (1597), have come
to symbolise archetypal young lovers
in modern culture.

Potere: Antico Egitto e Pantera Cartier

Quella dell'Antico Egitto è stata una delle civiltà più floride e imponenti mai vissute sulla terra e ha lasciato un'eredità immortale nell'immaginario collettivo. Gli esaurienti studi scientifici condotti sui resti e sulla cultura degli antichi Egizi hanno influenzato profondamente l'estetica dell'arte, della letteratura e dell'architettura a livello globale. Un fascino a cui la produzione Cartier del XX secolo non ha saputo resistere, come testimoniano il reperimento e l'utilizzo di artefatti egiziani autentici collezionati dai fratelli Cartier negli anni Venti, o le linee fortemente strutturate di collari, bracciali alla schiava e anelli decorati con scarabei e animali simbolici. Metafora di potere, religione e status sociale, i monili in oro dell'Antico Egitto hanno ispirato verso la fine degli anni Ottanta una collezione tutta

Empowerment: Ancient Egypt and the Cartier Panther

Ancient Egypt, one of the most notable and successful civilisations the world has ever seen, left a lasting legacy on worldwide cultural imagination. The extensive scientific study of Ancient Egyptian remains and culture led to an important aesthetic impact in literature, art, and architecture the world over. This fascination can be identified in Cartier pieces throughout the 20th century, from the Maison's sourcing and use of real Ancient Egyptian artefacts collected by the Cartier brothers in the 1920s, to the design of heavily structured pieces such as collars, cuffs and rings designed with scarab beetles and symbolic animals. Ancient Egypt with its gold jewellery as a symbol of power, religion

egiziana, realizzata interamente in oro e caratterizzata da uno dei motivi più riconoscibili della Maison: la pantera.

Emblema di bellezza e dominazione, questo sussiegoso felino è intimamente legato alla storia di Cartier. La sua prima zampata sull'estetica del gioielliere francese risale al 1914. Jeanne Toussaint, direttrice creativa dell'attività dal 1933 al 1970 e soprannominata *la panthère* per la fierezza e la straordinaria eleganza, sublimò l'uso dell'ormai iconico motivo ferino. Da allora la pantera, di volta in volta predatrice, raffinata o languida, ha svelato le molteplici sfaccettature della sua indole selvaggia, imponendosi come intramontabile icona collezione dopo collezione. Ancora oggi è uno dei simboli per eccellenza di Cartier.

and status, inspired in the late 1980s a complete Egyptian collection, all in gold, and designed featuring the Maison's most recognisable motifs, the panther.

A symbol of beauty and power, the panther is intertwined with the story of Cartier. The Cartier panther first leapt into the Maison's aesthetic in 1914. Jeanne Toussaint, the Maison's Fine Jewellery Director (1933-1970), whose fierce confidence and striking elegance earned her the name *la panthère*, went on to make magnificent use of the now-iconic feline motif. Since then, the panther, by turns predatory, elegant or languid, has revealed different facets of its wild personality as a timeless icon from collection to collection and remains to this day one of the Maison Cartier's strongest symbols.

Cartier Londres

Spilla, *Scarab*
1924
Platino, oro bianco, faenza egiziana
blu, diamanti rotondi taglio ancienne
e 8/8, cabochon di smeraldo, zaffiro,
rubino e ametista, onice triangolare
50 x 43 x 5 mm
Collezione Cartier

Scritta dietro la spilla: "To Dorothy
X Mas 1926 Luxor Henry".

Lo scarabeo funerario egizio sembra
risalire alla seconda metà del primo
millennio a.C. ed è tratto dagli archivi
di *apprêt* di Cartier. Con il termine
apprêt si indicano parti di gioielli,
oggetti e orologi smontati, oltre che
antichi esemplari dell'arte persiana,
indiana, cinese ed egizia.

Gli scarabei, impiegati come amuleti,
erano un simbolo di resurrezione e
immortalità nella tradizione dell'Antico
Egitto. La scoperta della tomba di
Tutankhamon nel 1922 scatenò in
tutto il settore orafo una vera e propria
"egittomania".

Cartier London

Brooch, *Scarab*
1924
Platinum, white gold, blue Egyptian
faience, round old- and single-cut
diamonds, emerald, sapphire,
ruby and amethyst cabochons,
triangular onyx
50 x 43 x 5 mm
Cartier Collection

Inscribed on the back of the brooch:
"To Dorothy X Mas 1926 Luxor
Henry."

The Egyptian funerary scarab
apparently dates back to the second
half of the first millennium B.C. and
comes from Cartier's stock of *apprêts*.
The term *apprêts* at Cartier referred
to a stock of fragments taken from
disassembled jewellery, watches, and
other objects, including ancient items
from Persian, Indian, Chinese,
and Egyptian art.

Scarabs, used as amulets, are the
symbol of resurrection and immortality
according to ancient Egyptian
tradition. The discovery of the tomb
of King Tut in 1922 fuelled a return
of "Egyptomania" in jewellery.

Cartier

Spilla
2005
Oro bianco, diamanti taglio brillante,
quarzo fumé
Ali apribili in 3 posizioni
42 x 68,3 x 15 mm (ali aperte)
Collezione Cartier

La spilla rientra nella collezione
Millésimes 2000, lanciata nel
dicembre del 1999 per salutare il
nuovo millennio. Per l'occasione,
Cartier ha proposto una parure di 4
gioielli disponibile solo in 30 esemplari
e venduta in una confezione regalo
dedicata.

Cartier

Brooch
2005
White gold, brilliant-cut diamonds,
smoky quartz
42 x 68.3 x 15 mm (open wings)
Cartier Collection

The wings can be opened out into 3
different positions.

This brooch is part of the *Millésimes
2000* collection, launched in
December of 1999 in celebration of
the new millennium. For this occasion,
a set of four jewels, limited
to a series of 30, was sold in
a specially-designed gift box.

Cartier

Bracciale con motivo a pantere
1990
Oro giallo, oro bianco
43 x 55,8 x 63,5 mm
Collezione Cartier

Il bracciale, noto con il nome
di *Pharaon*, fa parte della linea
Egyptienne lanciata nel 1988. È in
coordinato con un ampio collier che
richiama fortemente l'estetica degli
antichi egizi.

Cartier

Panther-patterned bracelet
1990
Yellow gold, white gold
43 x 55.8 x 63.5 mm
Cartier Collection

This bracelet, often referred to as
the *Pharaon* bracelet, is part of the
Egyptienne line launched in 1988. It
was designed to match a large collar
necklace which strongly evokes the
Ancient Egyptian aesthetic.

Cartier

Collana
1988
Oro, acciaio
L. 445 mm
Collezione Cartier

Nota anche come collana *Cougar*.

Cartier

Necklace
1988
Gold, steel
L. 445 mm
Cartier Collection

This necklace is often referred to as
the *Cougar* necklace.

Cartier

Pendente
ca. 2002
Oro, diamanti gialli, marroni e bianchi
taglio brillante, cordoncino in seta
nera
L. complessiva: 630 mm; Ø pendente:
72 mm
Collezione Cartier

Cartier

Pendant
c. 2002
Gold, brilliant-cut yellow, brown,
and white diamonds, black silk cord
Total length 630 mm;
Ø pendant 72 mm
Cartier Collection

Cartier

Anello a testa di pantera
2004
Oro, due peridoti a goccia (occhi),
onice (naso), smalto nero
33,3 x 38,1 x 30 mm
Collezione Cartier

Questo anello fa parte della collezione
Panthère de Cartier lanciata nel 2005.

Questo anello dai profili scolpiti
dimostra alla perfezione la capacità
del gioielliere francese di reinventare
continuamente il suo motivo più
iconico: la pantera. La ferocia
dell'animale, rappresentata con
audacia e ironia, fa del gioiello
un'autentica icona del repertorio
Cartier.

Cartier

Panther head ring
2004
Gold, two pear-shaped peridots
(eyes), onyx (nose), black lacquer
33.3 x 38.1 x 30 mm
Cartier Collection

This ring is part of a *Panthère de
Cartier* collection launched in 2005.

This sculptured ring perfectly
demonstrates Cartier's ability to
constantly reinvent its most symbolic
motif, the panther. With the animal's
ferocity represented in an audacious
and humorous manner, this ring takes
its place as an icon of the Cartier
jewellery repertoire.

Funzione & Function

a cura di curated by
Massimo Vidale

In queste ultime decadi, la tecnologia che si sviluppa e innova a ritmo più serrato, e che muove le masse più ingenti di capitale è quella della comunicazione. Poiché ciò è parte di un inarrestabile processo di globalizzazione economica e culturale, i gioielli che la donna e l'uomo indossano continuano a veicolare, controcorrente, precise dimensioni di identità culturale, particolarmente quando queste identità sono conflittuali, o sembrano essere a rischio. I gioielli segnalando sul corpo e sul vestiario chi siamo, per chi vorremmo essere identificati, chi sono i nostri amici e nemici, il nostro modo di vita e a volte la nostra religione. La globalizzazione non è fatto recente: secondo gli archeologi, civiltà, navigli e carovane già 5000 anni fa tessevano un intricato reticolo di scambi e contatti che univa l'India al bacino del Mediterraneo. I gioielli esposti nella vetrina del "Gioiello funzionale" esemplificano cinque casi di "costruzioni di identità", processi antichi e attuali, nei quali il gioiello indossato ha ed ha avuto un ruolo imprescindibile.

In these last decades, the technology that developed faster, involving growing amounts of money, is communication. As this is a part of a relentless economic and cultural globalization process, jewels worn by women and men focus on a counter-going trend: to vehiculate cultural identities, even more intensively when and where such identities seem to be threatened, or come to conflictual confrontation. On our bodies and dress, jewels express what we are, what we would be identified for, who are our friends, our ways of life and in not a few cases, our religious creeds. Globalization is not a recent development: according to archaeological evidence, civilizations, ships and caravans joined India to the mediterranean basin in a tight network of exchanges already 5000 years ago. The jewels on exhibit in the showcase "Functional jewels" will present five cases of "identity construction," ancient and present, in which the worn jewels played and continue to play crucial roles.

Sigilli: i gioielli di burocrati e mercanti di 5000 anni fa

Nell'antica età del bronzo (terzo millennio a.C.), case, porte, scatole e confezioni di ogni genere erano chiuse con placche di argilla, sulle quali proprietari e responsabili imprimevano il proprio sigillo. Ogni civiltà aveva sigilli in pietra incisa di forme esclusive e ben riconoscibili. Il sigillo egiziano, ad esempio, era a forma di scarabeo in pietra semipreziosa o faience, mentre quello mesopotamico era un cilindro, solitamente in pietra dura, che si faceva ruotare sull'argilla. Poiché i sigilli si portavano al polso o appesi alla cintura (erano soprattutto le donne a farne uso), dalla forma del sigillo era possibile capire la terra di origine di uno sconosciuto, e che lingua parlasse.

La vetrina mostra un gruppo di sigilli provenienti dalla civiltà della valle dell'Indo (attuali Pakistan e India, ca. 2600-1900 a.C.). Sono intagliati nella steatite (una roccia a base di talco), poi scaldata ad alta temperatura. La steatite allo stato naturale può essere

Seals: Jewels of Bureaucrats and Traders, 5000 Years Old

In the ancient Bronze age (3rd millennium BC), houses, doors, boxes and packages were closed by clay tags, on which owners and persons in charge stamped their seals. Each civilization had its own, well recognizable seal forms and types. For example Egyptians seals were semiprecious stones or faience scarabs, while mesopotamian one were carved cylinders, usually in stone, that were rolled, rather than stamped, onto the clay. Because seals were usually worn at the wrist or hanged from the belt (and women, in most cases, owned them) from the visible shape of the seal people could understand each other's lands of origin, and eventually which language had to be spoken.

The showcase shows a group of stamp seals of the Indus valley civilization (now defined as the Indo-Pakistani Subcontinent), ca. 2600-1900 BC. The seals are carved in steatite (a soft rock rich in talc), later fired at high temperatures. Steatite, in its natural state,

verde, grigia, nera o giallastra, ma alcune varietà, tra i 900 e i 1000 gradi °C, diventano candide e durissime. Nei sigilli dell'Indo osserverete l'incredibile minuzia miniaturistica con cui furono intagliati degli animali (bisonte, bufalo, e un elegantissimo "unicorno"), e i caratteri di una scrittura ancora avvolta nel mistero: insieme alla scrittura detta "Lineare A" dell'antica Creta, quella dell'Indo rimane ancora non decifrata. L'archeologia indica che questi sigilli erano usati soprattutto nel commercio e nell'amministrazione urbana.

can be green, grey, black and even yellowish, but some varieties, when fired between 900 and 1000 °C, become shiny white and very hard. In Indus seals, one appreciates the almost unbelievable delicacy of the animals' miniatures (bison, buffalo and a very elegant "unicorn"), as well as the signs of a very mysterious ancient writing: together with the so-called "Linear A script" of ancient Crete, the Indus writing has never been deciphered. Archaeology demonstrates that these seals were mainly used in trade, and for administering the cities.

Civiltà dell'Indo

Sigillo a stampo con unicorno,
"stendardo" e quattro segni scritti
ca. 2600-2200 a.C., subcontinente
indo-pakistano
Steatite cotta ad alta temperatura
30 x 30 x 13 mm
Collezione privata

L'animale mitico raffigurato nel
sigillo, un unicorno, era considerato,
anche in epoche più tarde, nativo
dell'India, forse perché remotamente
confuso con il rinoceronte. L'oggetto
sul quale l'unicorno alza il muso,
spesso chiamato "stendardo" oppure
"braciere" o ancora "filtro" rimane
in realtà un mistero. La scrittura si
leggeva da destra verso sinistra; ma
l'iscrizione è rovesciata, perché veniva
letta nell'impronta, e non nel sigillo
stesso.

Indus Valley Civilization

Stamp seal with unicorn, "standard"
and symbols, four written signs
c. 2600-2200 BC, Indo-Pakistani
subcontinent
Soapstone fired at high temperature
30 x 30 x 13 mm
Private collection

The mythological unicorn set into
the seal was, even in later times,
thought to be native of India perhaps
because it was remotely mistaken for
a rhinoceros. The object on which the
unicorn raises its snout, often called
a "standard" or "brazier" or even
"filter," is still a mystery. The writing
is to be read from right to left but the
inscription is upside-down since it
was read in the imprint and not in the
seal itself.

Civiltà dell'Indo

Tavoletta o sigillo a stampo con bufalo
e due segni scritti
ca. 2600-2400 a.C., subcontinente
indo-pakistano
Steatite cotta ad alta temperatura
17 x 17 x 3 mm
Collezione privata

Non è certo se queste tavolette
miniaturistiche fossero usate come
sigilli, oppure come gettoni di scambio
nel corso di transazioni commerciali.
Questa microscopica tavoletta
rappresenta un bufalo d'acqua, un
altro animale di importanza essenziale
nell'economia rurale di India e Pakistan.

Indus Valley Civilization

Tablet or stamp seal with buffalo
and two written signs
c. 2600-2400 BC, Indo-Pakistani
subcontinent
Soapstone fired at high temperature
17 x 17 x 3 mm
Private collection

It is not certain if these miniaturist
tablets were used as seals or
as tokens during commercial
transactions. This microscopic tablet
represents a water buffalo, another
important animal, essential for the
rural economy of India and Pakistan.

Civiltà dell'Indo

Sigillo a stampo con bisonte indiano
o gaur, mangiatoia e sette segni scritti
ca. 2600-2400 a.C., subcontinente
indo-pakistano
Steatite cotta ad alta temperatura
30 x 31 x 12 mm
Collezione privata

L'animale raffigurato in questo sigillo
a stampo, il bisonte indiano o gaur
(*Bos gaurus*) è un possente bovide
semi-addomesticato che vive in varie
regioni del subcontinente indo-
pakistano e del Sud-est asiatico.
Viene qui raffigurato chino su una
specie di mangiatoia.

Indus Valley Civilization

Stamp seal with Indian bison or gaur,
manger and seven written signs
c. 2600-2400 BC, Indo-Pakistani
subcontinent
Soapstone fired at high temperature
30 x 31 x 12 mm
Private collection

The Indian bison or gaur (*Bos gaurus*),
the animal depicted in this stamp
seal, is a powerful semi-domesticated
bovine that lives in several regions
of the Indo-Pakistani subcontinent
and in South-East Asia.
It is shown here stooping over
a kind of manger.

Civiltà dell'Indo

Sigillo a stampo con unicorno,
"stendardo" e sette segni scritti
ca. 2600-2400 a.C., subcontinente
indo-pakistano
Steatite cotta ad alta temperatura
30 x 30 x 13 mm
Collezione privata

In questo sigillo, un unicorno
finemente intagliato protende la
testa su uno "stendardo" dal quale
sembrano colare delle gocce di
liquido, il che, secondo alcuni,
suggerirebbe che si trattasse invece di
una specie di filtro. Il secondo segno
da destra rappresenta un insetto,
probabilmente un'ape o una vespa.

Indus Valley Civilization

Stamp seal with unicorn, "standard"
and seven written signs
ca. 2600-2400 BC, Indo-Pakistani
subcontinent
Soapstone fired at high temperature
30 x 30 x 13 mm
Private collection

In this seal, a finely carved unicorn
extends its head over a "standard"
from which drops of liquid seem to
be emerging, which, according to
some, would suggest that it is a kind
of filter. The second mark from the
right represents an insect, probably a
bee or wasp.

Civiltà dell'Indo

Sigillo a stampo con unicorno,
"stendardo" e otto segni scritti
ca. 2600-2200 a.C., subcontinente
indo-pakistano
Steatite cotta
29 x 30 x 14 mm
Collezione privata

Molto simile al precedente, questo
sigillo mostra, sotto allo "stendardo",
le stesse sferule che potrebbero
indicare delle gocce di liquido. L'antica
scrittura dell'Indo, qui presente con
otto caratteri, rimane indecifrata, e
non si sa nemmeno che lingua essa
esprimesse.

Indus Valley Civilization

Stamp seal with unicorn, "standard"
and eight written signs
c. 2600-2200 BC, Indo-Pakistani
subcontinent
Fired soapstone
29 x 30 x 14 mm
Private collection

Very similar to the previous, this
seal displays the same tiny spheres
under the "standard" that could
indicate drops of liquid. The eight
ancient Indus markings have never
been deciphered and the language
in which they are written
is unknown.

Civiltà dell'Indo

Sigillo a stampo con unicorno,
"stendardo" e due segni scritti
ca. 2600-2200 a.C., subcontinente
indo-pakistano
Steatite cotta
30 x 31 x 13 mm
Collezione privata

Il lungo corno dell'unicorno, in questo
e negli altri sigilli dello stesso tipo,
si protende all'altezza dell'inizio
dell'iscrizione. In questo modo era
impossibile trarre un'impronta dei
segni scritti senza rivelare che essa
sovrastava questo tipo di animale
mitico.

Indus Valley Civilization

Stamp seal with unicorn, "standard"
and two written signs
c. 2600-2200 BC, Indo-Pakistani
subcontinent
Fired soapstone
30 x 31 x 13 mm
Private collection

The unicorn's long horn in this
and other seals of the same type,
extends towards the beginning of
the inscription. In this way it was
impossible to make an imprint of the
written signs without showing that it
dominated this type of mythological
animal.

Sigilli centroasiatici

Un altro gruppo di sigilli a stampo è fatto con la stessa pietra, e forse con simili tecniche; ma la forma dei gioielli, lo stile e i soggetti delle figurazioni sono del tutto diverse. In questo secondo gruppo, proveniente dall'Asia centrale dello stesso periodo, compaiono, quasi imprigionati in un vero intrigo di fitte incisioni, grifoni, serpenti, draghi, altre creature e segni astratti.

In due collane provenienti dalla stessa area, che contengono anche elementi di collana delle prime età storiche, se guarderete attentamente troverete una serie di perline-sigillo, ad indicare come collane e braccialetti, al di là dell'estetica, potessero essere usate nella gestione della casa o per la politica del palazzo.

Centro-Asiatic Seals

Another group of stamp seals, in the showcase, is made with similar stones, and probably treated with the same kind of techniques. However, the form of the stamps, the carving styles and the images are quite different. These second group comes from contemporaneous cultures of Central Asia: on the seals, almost trapped in intricated patterns, appear griffins, snakes, dragons, other creatures and abstract symbols.

The two necklaces come from the same cultural areas and period, but contain beads from later times. Some beads, in fact, show different symbols known in later historical times. Looking carefully, onlookers will discover, among the beads, many tiny beads that are also seals. Besides ornamentation and beauty, such ornaments might have had very practical administrative functions.

Civiltà dell'Asia centro-meridionale

Sigillo a stampo circolare, con serpente, carnivoro ed altri motivi (recto); capride alato (?) e tulipano (verso)
ca. 2200-1800 a.C.
Steatite cotta ad alta temperatura
25 x 9 mm
Collezione privata

Questo sigillo a due facce mostra immagini e simboli di perdute mitologie dell'Asia centrale di 4000 anni fa. La serpe, animali mitologici e il tulipano selvatico, un fiore tipico dell'Afghanistan e delle regioni montuose dell'Asia centrale interna, vi compaiono contornati da fitte incisioni, in un vero horror vacui.

Central-Southern Asian civilizations

Circular stamp seal with snake, carnivore and other patterns (front); winged goat (?) and tulip (back)
c. 2200-1800 BC
Soapstone fired at high temperature
25 x 9 mm
Private collection

This double-sided seal shows images and symbols of lost Central Asian mythologies from 4000 years ago. The snake, mythological animals and wild tulip, a common flower in Afghanistan and the mountainous regions of internal Central Asia, appear surrounded by numerous carvings, in an authentic *horror vacui*.

Civiltà dell'Asia centro-meridionale

Sigillo a stampo circolare, con dragone alato (recto); motivo geometrico e floreale (verso)
ca. 2200-1800 a.C.
Steatite cotta ad alta temperatura
25 x 6 mm
Collezione privata

Il drago alato con le fauci spalancate e il fiore sono associati, in forti stilizzazioni, anche sulle due facce di questo sigillo. L'opposizione simbolica insiste sul contrasto tra l'aggressività del mostro e la serenità del fiore; quest'ultimo forse allude alla sacralità degli spazi montani. Il dragone alato o grifone, in diverse civiltà del mondo antico, sono considerati mediatori tra il modo terreno e quello celeste degli antenati divinizzati.

Central-Southern Asian civilizations

Circular stamp seal with winged dragon (front); geometric and floral pattern (back)
ca. 2200-1800 BC
Soapstone fired at high temperature
25 x 6 mm
Private collection

The highly stylized winged dragon with its gaping jaws and the flower are shown on both sides of the seal. The symbolic opposition is shown by the aggressiveness of the monster and the calmness of the flower; perhaps the latter refers to the sacredness of the mountain areas. In other ancient civilizations, the winged dragon or griffin were seen as mediators between life on earth and that of deified ancestors in the heavens.

**Civiltà dell'Asia centro-
meridionale**

Sigillo a stampo rettangolare, con
grifone alato (recto) e animale alato
fantastico (verso)
ca. 2200-1800 a.C.
Steatite cotta ad alta temperatura
25 x 23 x 8 mm
Collezione privata

Questo sigillo a due facce è perforato
nel senso della lunghezza, in modo da
essere infilato come un elemento di
collana. perle-sigillo molto simili, ma
di dimensioni miniaturistiche, possono
essere riconosciute nelle due collane
visibili nello stesso gruppo di oggetti.

**Central-Southern Asian
civilizations**

Rectangular stamp seal with winged
griffon (front) and imaginary winged
animal (back)
c. 2200-1800 BC
Soapstone fired at high temperature
25 x 23 x 8 mm
Private collection

This two-sided seal is perforated
lengthways so that it could be
threaded onto a necklace. Very similar
miniaturist bead-seals can be seen on
the two necklaces in the same series
of items.

**Civiltà dell'Asia centro-
meridionale**

Sigillo a stampo quadrangolare
a margini dentellati, con dragone
alato (recto) e tulipano fortemente
schematizzato (verso)
ca. 2200-1800 a.C.
Steatite cotta ad alta temperatura
29 x 9 mm
Collezione privata

Questo sigillo e il seguente, pur recando
simili icone animali, sono di fattura e
stile diversi dai precedenti. Non vi sono
informazioni sulla provenienza e sulla
pertinenza culturale di questi oggetti,
comunque certamente usati in centri
palatini dell'Asia centro-meridionale
della fine del III millennio a.C.

**Central-Southern Asian
civilizations**

Quadrangular stamp seal with toothed
edges and a winged dragon (front)
and well-outlined tulip (back)
c. 2200-1800 BC
Soapstone fired at high temperature
29 x 9 mm
Private collection

This seal and the next, while depicting
similar iconic animals, are different
in make and style than the previous
ones. There is no information about their
origin and cultural belonging, however,
they were certainly used in Palatine
centres in Central-Southern Asia at the
end of the third millennium BC.

Civiltà dell'Asia centro-meridionale

Sigillo a stampo quadrangolare a margini dentellati, con dragone alato (recto) e gazzella (?) con corna sinuose (verso)
ca. 2200-1800 a.C.
Steatite cotta ad alta temperatura
39 x 7 mm
Collezione privata

Anche in questo caso, il mostro alato sembra opposto a un innocuo erbivoro, che vive nelle regioni semidesertiche alle pendici dei grandi rilievi montuosi dell'Asia centrale.

Central-Southern Asian civilizations

Quadrangular stamp seal with toothed edges and a winged dragon (front) and gazelle (?) with twisted horns (back)
ca. 2200-1800 BC
Soapstone fired at high temperature
39 x 7 mm
Private collection

In this case too, the winged monster seems to be in opposition with a harmless herbivore that lives in the semi-desert regions at the foot of the great Central Asian mountain ranges.

Civiltà dell'Asia centro-meridionale

Sigillo a stampo circolare in bronzo a margini lobati, con personaggio mitologico a due teste e artigli di uccello che afferra delle serpi
ca. 2200-1800 a.C.
Bronzo
41 x 9 mm
Collezione privata

Il personaggio alato qui rappresentato (eroe, divinità o demone?), con corpo umano ma con teste e artigli d'aquila, nell'iconografia protostorica dell'Asia centro-meridionale è sempre rappresentato in lotta con serpenti e draghi, suoi mortali nemici. L'impugnatura del sigillo, sul retro, mostra una innocua gazzella che riposa, col capo reclinato presso il ventre.

Central-Southern Asian civilizations

Circular stamp seal in bronze with lobed edges depicting a mythological figure with two heads and birds' talons holding snakes
ca. 2200-1800 BC
Bronze
41 x 9 mm
Private collection

The winged figure depicted here (hero, divinity or demon?), with a human body but eagle heads and talons, always appears in proto-historic Central-Southern Asian iconography in some kind of struggle with snakes and dragons, his mortal enemies. The seal's grip on the back shows a harmless gazelle resting with its head on its belly.

Civiltà dell'Asia centro-
meridionale

Due collane ricomposte da perle di
età preistorica e storica, in origine non
pertinenti
ca. 2200-1800 a.C., ed età storica (IV
secolo a.C.-III secolo d.C.?)
Steatite cotta ad alta temperatura,
turchese
Dimensioni varie
Collezione privata

Sulle superfici dei maggiori siti
archeologici è facile raccogliere
elementi di collane perduti secoli
e millenni fa, e lentamente esposti
dall'erosione. Queste due collane,
ricomposte in tempi odierni con
numerose perle fatte di steatite cotta
ad alte temperature, associano
elementi di collana dell'età del
Bronzo (tra i quali numerose perline-
sigillo miniaturistiche a due facce,
probabilmente indossate ed usate
come micro-sigilli) con altre che
potrebbero essere di età molto più
recenti.

Central-Southern Asian
civilizations

Two necklaces, restrung with beads
from the prehistoric and historic ages,
with indistinct origin
c. 2200-1800 BC, and historical era
(IV century BC-III century AD?)
Soapstone fired at high temperature,
turquoise
Different sizes
Private collection

It is easy to find necklace parts lost
hundreds and thousands of years
ago that erosion has gradually
brought to the surface at important
archaeological sites. These two
necklaces, restrung in the modern
age with numerous beads made of
soapstone fired at high temperature,
consist of elements from the Bronze
Age (including numerous miniaturist,
double-sided bead-seals, probably
worn and used as tiny seals) and
others that could come from much
more recent times.

Cornalina: i gioielli dei guerrieri

Nella vetrina potrete osservare un gruppo di collane e una grande perla fatte di una pietra traslucida di colore arancio-rosso vivo. Tutti gli ornamenti sono stati fatti a mano 30 anni fa dagli abilissimi tagliatori di agata e calcedonio della cittadina di Khambhat (Gujarat, India), non distante dalle miniere di agata di Ratanpur e Rajpipla. Proprio qui, il naturalista romano Plinio (23-79 d.C.) collocava le "montagne del calcedonio". La cornalina, così rossa, proprio come la steatite bianca, non è una pietra naturale: si ottiene scaldando ad alta temperatura, in apposite fornaci e a cicli ripetuti, dei ciottoli di agata che in natura sono verde oliva (in quanto saturi di ossidi di ferro). La cottura vira questa affascinante pietra da verde-bruno a rosso vivo. Le perle sono poi perforate a mano, con trapani ad archetto che azionano punte di acciaio con due piccoli diamanti all'estremità; per essere poi sagomate su ruote di smeriglio e infine levigate su ruote di durissimi legni tropicali.

Carnelian: Jewels for Warriors

In the showcase there are some necklaces and a single large bead made of a translucent, orange-red attractive stone, carnelian. All these ornaments were hand-manufactured more than 30 years ago by the skilled agate and chalcedony cutters of the town of Khambhat (Gujarat, India), not far from the agate fields of Ratanpur and Rajpipla. Here, the roman scientist Plinius (23-79 AD) located the "mountains of chalcedony." Like whitened steatite, the deep-red carnelian is often an artificial product: it is obtained by firing at high temperatures, in special kilns and through repeated cycles, pebbles of agate that are originally olive-green, being saturated with iron oxides. Firing, by oxidation, turns the green shadow into a deep red. Each bead is chipped in shape, than drilled, with traditional bow-drills whose points are made of steel, bearing two tiny diamonds on the end. Then, they are ground on emery wheels and finally polished on wheels made of hard tropical woods. The red colour explains the ancient name of the stone (from medieval latin *corneolus*, a

Il colore rosso spiega il nome della pietra (dal latino medievale *corneolus*, la rossa bacca del corniolo); ma lega anche simbolicamente la cornalina al sole e al sangue umano. Gli antichi lapidari le attribuiscono il potere di calmare e rassicurare il portatore, ma anche di donargli coraggio, forza e determinazione nella leadership e nell'andare in battaglia. Si riteneva anche che la cornalina avesse il potere di fluidificare il sangue, e di chiudere e guarire le ferite.

Per i richiami alla gloria del sole e al sangue, la cornalina, in India, è tradizionalmente associata all'ordine di casta dei guerrieri, o *kshatrya*. Il Gujarat, o *Saurashtra* (I cento regni), oltre ad essere il paese più ricco di cornalina, è insieme al vicino Rajasthan anche la patria dei clan militari Rajput, protagonisti di un'eroica resistenza contro i sovrani Moghul di Delhi (XVI-XVII secolo d.C.) e la successiva occupazione coloniale inglese.

small red fruit); but it also symbolically links carnelian to sun and human blood. Medieval manuals on the the magic power of stones state that carnelian can relax and mentally support the bearer, giving him courage, strength and will for leadership and on the battle field. People also believed that carnelian allowed blood to flow easier, but also to close and heal cutting wounds.

Because of the association to the glory of sun and the honour of blood, Carnelian in India is traditionally linked to the cast of of *kshatrya*, the warriors. Gujarat, or *Saurashtra* (The hundred kingdoms), besides being the main source of carnelian, with nearby Rajasthan is also the homeland of the Rajputs, powerful military clans that long resisted first the Moghul rulers of Delhi (16th-17th centuries AD) and then the British conquest. The links of

L'attribuzione della cornalina alla forza militare è anche riflessa nella Bibbia (Apocalisse, 21: 19-20) dove essa compare nelle fondamenta delle mura della città celeste; come nelle credenze magiche dell'Europa rinascimentale, quando sulle gemme in cornalina venivano tracciate immagini di guerrieri e armi.

Ma attenzione: solo la pietra perfettamente trasparente e pura era riservata agli *kshatrya* e alle persone di alto rango, segnalandone agli occhi di tutti la nobiltà di nascita e il rango militare. Nella vetrina infatti compaiono anche collane "di seconda scelta", per via delle venature biancastre che attraversano le perle.

Una delle collane esposte è una replica fedele di un tipo di collana (o cintura) che si indossava 5000 anni fa nella valle dell'Indo, fatta da artigiani moderni con tecniche simili a quelle preistoriche. Sapreste dire quale è?

carnelian to military strength is also reflected in the Bible (Apocalypse, 21: 19-20) where the stone appears on the walls of the celestial city; while on european jewels of the Renaissance times, on carnelian gems were carved images of knights, warriors and weapons.

But in India, only the perfect, completely transparent red beads were deemed worth of the *kshatrya* people and the nobles, making clear their high status and military bravery. In the showcase, in fact, appear also some "second quality" ornaments, distinguished by a cloudy red, or by grey-whitish veins.

One of the ornaments on exhibit is a unique, faithful replica of a necklace or belt worn 5000 years ago in the Indus valley, made by the modern Khambhat stone-cutters after prehistoric models. Can you guess which one is it?

**Laboratori contemporanei
dell'agata di Khambhat**
(Gujarat, India)

Elemento di collana rettangolare
1990
Cornalina (agata cotta in fornace)
74 x 31 x 27 mm
Collezione privata

**Modern agate workshops
in Khambhat**
(Gujarat, India)

Rectangular element of a necklace
1990
Carnelian (kiln-fired agate)
74 x 31 x 27 mm
Private collection

**Laboratori contemporanei
dell'agata di Khambhat**
(Gujarat, India)

Tre collane di perle ovali e rettangolari
in cornalina di elevata qualità
1990
Cornalina (agata cotta in fornace)
Perle lunghe da 20 a 25 mm,
spesse 10-12 mm
Collezione privata

**Modern agate workshops
in Khambhat**
(Gujarat, India)

Three oval and rectangular bead
necklaces in high quality carnelian
1990
Carnelian (kiln-fired agate)
Beads from 20 to 25 mm in length
and 10-12 mm thick
Private collection

**Laboratori contemporanei
dell'agata di Khambhat**
(Gujarat, India)

Collana di perle rettangolari
1990
Cornalina (agata cotta in fornace)
di qualità inferiore per il colore
e le impurità della pietra
Perle di ca. 24 x 10 x 10 mm
Collezione privata

**Modern agate workshops
in Khambhat**
(Gujarat, India)

Rectangular beads necklace
1990
Carnelian (kiln-fired agate) of poorer
quality due to the colour and impurity
of the stone
Beads of about 24 x 10 x 10 mm
Private collection

**Laboratori contemporanei
dell'agata di Khambhat**
(Gujarat, India)

Replica contemporanea di collana o
cintura della Civiltà della Valle dell'Indo
1990
Cornalina (agata cotta in fornace)
Perle allungate, fino a 80 x 9 mm;
perle biconiche discoidali, ca.
15 x 5 mm
Collezione privata

**Modern agate workshops
in Khambhat**
(Gujarat, India)

Modern copy of necklace or belt
from the Indus Valley Civilization
1990
Carnelian (kiln-fired agate)
Beads of up to 80 x 9 mm in length;
biconical disk-shaped beads of about
15 x 5 mm
Private collection

Laboratorio sconosciuto
(Afghanistan, Pakistan o India)

Collane con lunghe perle
sfaccettate, manifattura parzialmente
meccanizzata
Produzione odierna
Cornalina di seconda scelta
Perle lunghe, fino a 80 x 15 mm;
perle corte, ca. 35 x 13 mm
Collezione privata

Unknown workshop
(Afghanistan, Pakistan or India)

Necklaces with long multifaceted
beads, partially machine made
Modern production
Second quality carnelian
Beads of up to 80 x 15 mm in length;
short beads of about 35 x 13 mm
Private collection

**Laboratori contemporanei
dell'agata di Khambhat**
(Gujarat, India)

Replica contemporanea di perle di forma
allungata della Civiltà dell'Indo, scartate
a causa delle venature bianche
1990
Cornalina (agata cotta in fornace)
Perle allungate, fino a 80 x 9 mm;
perle biconiche discoidali,
ca. 15 x 5 mm
Collezione privata

**Modern agate workshops in
Khambhat**
(Gujarat, India)

Modern copy of beads from the Indus
Valley Civilization, rejected due to the
white veins
1990
Carnelian (kiln-fired agate)
Beads of up to 80 x 9 mm in length;
biconical disk-shaped beads of about
15 x 5 mm
Private collection

I gioielli di una dama turcomanna

La coppia di bracciali turcomanni, acquistata dai nomadi al bazar di Ashkabad, in Turkmenistan, risale forse agli inizi del secolo scorso. I bracciali si chiamano *qasli bilezik* e appartengono alla tribù Tekke, una delle cinque tribù nomadi turcomanne (i loro simboli compaiono nella bandiera nazionale e nei tappeti). Al più importante clan della tribù Tekke apparteneva non solo il precedente Saparmurat Niyazov, ma anche l'attuale presidente del Turkmenistan, Gurbanguly Berdimuhamedow. I simboli delle tribù ricorrono anche nelle vesti ricamate, nei gioielli, nelle selle, nelle borse e nelle bardature equine, e persino sui manici di armi e fruste.

I gioielli (bracciali, pendenti, orecchini) sono d'argento, dorato con la tecnica dell'amalgama a mercurio. I castoni, ricavati da antiche perle riciclate, sono in cornalina. I *qasli bilezik* vanno sempre portati in coppia, e tramite i polsi danno protezione magica e vigore alla donna che li indossa. Insieme al bracciale compare un pendente con tre monete

The Jewels of a Turkmen Lady

The couple of turkmen bangles, bought in the bazaar of Ashkabad, in Turkmenistan, from a family of nomads, was made in the late 19th or early 20th century. These bangles are called *qasli bilezik* and belong to the Tekke tribe, one of the five nomadic tribes of the Turkmen nation (their symbols appear on the national flag, as well as on their carpets). To the most important clan of the Tekke tribe belonged Saparmurat Niyazov, the former president of Turkmenistan, as well as Gurbanguly Berdimuhamedow, his successor. The symbols of the tribes are repeated on embroidered clothes, on jewels, on saddles, on bags and horse fittings, and even on the handles of whips and weaponry.

The two bangles are made of silver, gilded with the mercury amalgama technique. The carnelian inlays are made with reworked beads. *Qasli bilezik* are always worn in couples, and on the wrist protect and give power to the woman who wears them. The three coins on the pendant witness the years immediately following the Russian Revolution (the most

dell'età immediatamente successiva alla rivoluzione russa (la più recente è del 1934) e degli orecchini, tutti in argento dorato con la stessa tecnica dell'amalgama.

La gioielleria turcomanna è notoriamente fatta di ornamenti vistosi e pesanti, con placche che giungevano a coprire la schiena, pesanti pettorali metallici, cuffie di rame e argento come elmi sulla testa, bracciali ed anelli su braccia, polsi e dita. Alcuni vi hanno visto la sopravvivenza delle antiche armature che rivestivano, secoli e millenni prima, i temuti guerrieri delle steppe centroasiatiche; altri vi intravedono persino il ricordo delle feroci amazzoni, le donne-guerriere del mito greco.

recent dates to 1934); the use of coins for making ornaments obviously shows the disregard of the nomads for the central state. Pendant and earrings are made with the same materials and techniques of the bangles.

Turkmen jewellery is notorious for its weight and extensive body coverage. Large plaques covered breast, shoulders and the back, copper and silver cuffs with chains protected the head like helmets, while bangles and rings followed on the arms, wrists and fingers. Some scholars see in this style a remote reminder of the ancient armours that, centuries and millennia before, the feared nomad warriors of the steppes; some others have hypothesized a link with the amazons, the proud women warriors of ancient Greek mythology.

**Laboratorio tradizionale
sconosciuto**

Coppia di bracciali *qasli bilezik*
Inizi del XX secolo, città dell'Asia
centrale (Turkmenistan, Afghanistan
o Iran nord-orientale)
Argento dorato con amalgama a
mercurio, cornalina
Ciascun bracciale, 70 x 45 x 6 mm
Collezione privata

I bracciali *asli bilezik* rappresentano
un indispensabile componente del
corredo delle donne delle tribù nomadi
turcomanne. Le dorature sono motivi
astratti a voluta che ricordano, secondo
alcuni, fiamme e ali d'uccello – un
legame simbolico con gli spazi celesti.
Anche la terminazione dei bracciali,
a forma di cinque artigli affiancati,
richiama le zampe di un rapace.

Traditional unknown workshop

Pair of *qasli bilezik* bracelets
Early XX century, a city in Central Asia
(Turkmenistan, Afghanistan
or North-East Iran)
Gilded silver with mercury amalgam,
carnelian
Each bracelet 70 x 45 x 6 mm
Private collection

Qasli bilezik bracelets are an
indispensable part of a nomadic tribal
Turkmen woman's dowry. The gildings
are abstract spiral patterns that,
according to some, are reminiscent
of flames and bird wings – a symbolic
link with heavenly spaces. The ends
of the bracelets, in the shape of five
consecutive talons, look like the claws
of a bird of prey.

**Laboratorio tradizionale
sconosciuto**

Orecchini ricavati da un precedente
ornamento
Inizi del XX secolo, città dell'Asia
centrale (Turkmenistan, Afghanistan
o Iran nord-orientale)
Argento dorato con amalgama a
mercurio, cornalina
Ciascun orecchino ca. 30 x 25 mm
Collezione privata

I gioielli turcomanni hanno sempre
rappresentato una forma di capitale
circolante per le donne nomadi, che
in caso di necessità potevano essere
ceduti, convertiti in denaro o anche
rilavorati e trasformati. I due orecchini,
infatti, sono stati ottenuti ritagliando
precedenti ornamenti di dimensioni
maggiori.

Traditional unknown workshop

Earrings made from a previous
ornament
Early XX century, a city in Central Asia
(Turkmenistan, Afghanistan
or North-East Iran)
Gilded silver with mercury amalgam,
carnelian
Each earring is about 30 x 25 mm
Private collection

Turkmen jewellery has always
represented a form of circulating
capital for nomad women which,
when the necessity arose, could be
given up, converted into money or
even re-processed and transformed.
In fact, the two earrings were
obtained by re-cutting previous,
larger ornaments.

**Laboratorio tradizionale
sconosciuto**

Pendente con tre monete russe
Prima del 1934, città dell'Asia centrale
(Turkmenistan, Afghanistan
o Iran nord-orientale)
Argento dorato con amalgama a
mercurio, cornalina
40 x 40 x 5 mm
Collezione privata

Le parure di gioielleria, con effetto
magico, proteggevano dalla sfortuna,
e segnalavano vistosamente lo stato
della donna (celibe o sposata) nel ciclo
della sua vita. Le monete in questo
pendente sono pezzi da dieci copechi
russi, datati dal 1923 al 1934 (si noti
il simbolo della falce e martello). L'uso
di monete come ornamenti segnala
vistosamente l'indifferenza dei nomadi
nei confronti dello stato centrale e
delle sue vicende politiche.

Traditional unknown workshop

Pendant with three Russian coins
Prior to 1934, a city in Central Asia
(Turkmenistan, Afghanistan
or North-East Iran)
Gilded silver with mercury amalgam,
carnelian
40 x 40 x 5 mm
Private collection

With a magical effect, these jewellery
sets protected the wearer from
misfortune and clearly marked the
woman's life-cycle status (single or
married). The coins in this pendant are
pieces of ten Russian kopecks, dated
from 1923 to 1934 (note the hammer
and scythe symbol). Using coins as an
ornament clearly showed the nomads'
indifference to the central government
and its political affairs.

I gioielli-amuleto degli "zingari" afghani

Si chiamano Kuchi (da una parola persiana che significa "migrazione") e sono considerati un po' come gli zingari dell'Afghanistan. Appartengono a una popolazione di nomadi di lingua pashtu, sunniti (cioè di fede islamica ortodossa) e alla vasta federazione tribale Ghilji. Allevano pecore e capre, e vivono vendendo carne, burro, pelli e lana; si muovono annualmente dall'entroterra afghano in direzione nord verso le pianure del Tajikistan e dell'Uzbekistan, e verso sud-est, attraverso i valichi montani del Bolan e del Khyber, verso le pianure dell'Indo in Pakistan.

Comuni sono i gioielli fatti di leghe a ridotto tenore d'argento, con castoni di vetro a colori vivaci, e montati con monete russe, afghane, indiane e pakistane. Altri ornamenti sono fatti di metalli e leghe più nobili. Vi si trovano sonagli e campanelli, collari e collane, bracciali, pendenti, anelli, orecchini, cinture, il tutto sbalzato, ornato e incastonato a ripercorrere motivi vecchi di secoli. Nella gioielleria Kuchi è comune il *ta'wiz*, un penden-

The Amulet-Jewels of Afghan "Gypsies"

Their name is Kuchi (from a Persian root-world that means "migration") and are considered a kind of "gypsies" of Afghanistan. They are nomads, speak pashtu, and are sunni (orthodox muslims); they belong to a wider tribal federation called Ghilji. They live herding sheep and goats, and selling meat, butter, skins, wool and woven textiles; every year they move from the afghan hinterland northwards, towards the plains of Tajikistan and Uzbekistan, and towards south-east, though the passes of Bolan and Khyber, to the plains of the Indus and its affluents in Pakistan.

Kuchi jewels, quite different from the turkmen one, shows through its composite style the world of contacts and influence involved in a migrating lifestyle, and, through a materials value hierarchy, its own social ranks. The most common ornaments, in fact, are made with copper-silver alloys low in silver, with brightly coloured glass inlays, set with Russian, Afghan, Indian and Pakistani coins. Other jewels are made with more valuable metals.

te-scatoletta metallica che contiene un pezzetto di carta dove un *mullah* (religioso) ha trascritto un formula magica, o un passo del Corano (nel mondo rurale islamico il libro sacro è considerato l'antitesi del male e della pazzia, e panacea di tutti i mali). I gioielli più costosi sono oggi fabbricati nei laboratori di oreficeria dei centri urbani principali, tra Pakistan e Afghanistan.
Il confronto sociale tra i Kuchi e altre etnie afghane (Hazara, Tagiki, Uzbeki) si è inasprito in seguito all'appoggio recentemente dato dai nomadi, in contrasto con il governo centrale, ai gruppi talebani.

Usually, *ta'wiz* box-pendants (also called prayer boxes) contain a piece of paper where a *mullah* (a religious man) has copied a magic formula or copied a pass from the holy Quran (in the islamic rural world, the holy book is considered the opposite and remedy of any form of evil, disease and madness). The wealthiest jewels are nowadays made in the goldsmiths' workshops of the main urban centres of Afghanistan and northern Pakistan.
Social confrontation between the Kuchi and other afghan ethnic groups (such as the Hazara, Tagiks, Uzbeks) recently escalated after part of the nomads, in conflict with the central government, gave support to the taleban fighters.

Gioielleria dei nomadi Kuchi

Pendente di tipo *ta'wiz*,
lavorato a sbalzo e incastonato
ca. 1980, Afghanistan o Pakistan
settentrionale
Lega di argento e rame, ferro e vetro
verde e rosso traslucido
60 x 70 x 12 mm
Collezione privata

La gioielleria Kuchi, molto diversa
da quella turcomanna, esprime per
mezzo di un composito stile il mondo
di contatti e influenze che le migrazioni
comportano. In questo monile, e negli
altri due dello stesso tipo, compare il
pendente rettangolare metallico detto
con parola Urdu *ta'wiz* (dal verbo
arabo *'awwadha,* "rafforzare qualcuno
con un amuleto o incantesimo"),
destinato a contenere un versetto del
corano o una formula magica con
finalità protettive.

Kuchi nomad jewels

Ta'wiz pendant, embossed and set
c. 1980, Afghanistan or northern
Pakistan
Copper and silver alloy, iron
and green and red translucent glass
60 x 70 x 12 mm
Private collection

Kuchi jewellery, which is much
different to that of the Turkmen, uses
a compound to express the style of
a world of contacts and influences
that migration naturally implies. In
this example, and the other two of
the same type, a rectangular metal
pendant, known by the Urdu word of
ta'wiz (from the Arab verb *'awwadha*,
which means "to fortify someone with
an amulet or spell"), contains a verse
from the Quran or a magic formula
with protective properties.

Gioielleria dei nomadi Kuchi

Collana con tre pendenti di tipo
ta'wiz, lavorato a sbalzo e incastonato
ca. 1980, Afghanistan o Pakistan
settentrionale
Lega di argento e rame, ambra o
coppale, vetro rosso opaco
Ciascun *ta'wiz* ca. 50 x 50 x 7 mm
Collezione privata

La lavorazione a sbalzo dei *ta'wiz* si
basa sull'uso di punzoni e matrici in
bronzo o ottone, con i quali vengono
create le piccole applique che figurano
sui contenitori rettangolari. Completano
l'ornamento delle perle in ambra o più
probabilmente coppale, e delle vecchie
perle cilindriche in vetro rosso che
probabilmente imitano il più raro corallo.

Kuchi nomad jewels

Necklace with three *ta'wiz* pendants,
embossed and set
c. 1980, Afghanistan or northern
Pakistan
Silver and copper alloy, amber
or copal, red opaque glass
Each *ta'wiz* is c. 50 x 50 x 7 mm
Private collection

The embossing on the *ta'wiz* is
based on the use of bronze or brass
punches and matrixes that created
tiny appliques on the rectangular
containers. The ornament is
completed with amber or, more
probably, copal beads and old,
cylindrical red glass beads, probably
to imitate much rarer coral.

Gioielleria dei nomadi Kuchi

Collana con unico pendente di tipo
ta'wiz, lavorato a sbalzo e incastonato
ca. 2000, Afghanistan o Pakistan
settentrionale
Oro sbalzato
43 x 38 x 5 mm
Collezione privata

Questi gioielli esprimono, attraverso
i materiali usati, le gerarchie sociali
delle famiglie dei nomadi. Più prezioso
è l'amuleto (che sarà indossato
solo dalle donne non sposate, nella
festa Nikka del fidanzamento, e del
matrimonio) più alta sarà, agli occhi di
tutti, la condizione socio-economica
delle famiglie degli sposi.

Kuchi nomad jewels

Ta'wiz pendant, embossed and set
ca. 2000, Afghanistan or northern
Pakistan, embossed gold
43 x 38 x 5 mm
Private collection

According to the materials used,
these items express the nomad
families' social hierarchy. The more
valuable the amulet (which will be
worn only by unmarried women at the
Nikka engagement festivity and at the
matrimony), the higher the wedding
couples' socio-economic situation will
be in the eyes of all the others.

La gioielleria bling bling dei rapper delle metropoli americane

Il termine *bling bling* è diventato comune nella cultura hip hop e nel gergo dei rapper americani per indicare gioielli molto appariscenti (come pesanti catene d'oro) e accessori tempestati di ornamenti (in oro e diamanti) indossati sul corpo, oppure applicati su accessori e sui telefoni cellulari. Nel mondo del rap, si tratta dei simboli dei pochi arrivati, in un'estremizzazione di minoranza del sogno americano. Li porta chi è emerso dalla povertà e dalla disperazione per risorgere nella sfera del successo. Come si legge in un sito specializzato "Il rap ha sempre avuto a che fare con conflitti, in un modo o nell'altro, mentre i gioielli nel rap hanno sempre simboleggiato la via d'uscita da tali conflitti". Inoltre, i simboli esibiti sulla gioielleria più sgargiante indicano anche relazioni di affiliazione e simpatia tra gruppi di rapper di diverse fazioni.

Sull'onda di altre importanti modificazioni corporee (tatuaggi, piercing) la passione per i gioielli si è estesa alla dentizione. I rapper hanno cominciato a mostrare denti inte-

Bling Bling Jewels of North-American Urban Rappers

The term bling bling became common in the hip hop culture and in the jargon of north-american rappers to indicate quite showy jewels (like heavy gold chains) and variously studded with gold, diamonds and glitters, worn on the body or featuring on gadgets and mobiles. In the world of rap, these are the symbols of the few ones that succeeded, in an extreme minority view of the american dream. Bling bling jewels are worn by those who emerged from poverty and desperation to grasp the sphere of success. As one reads in a specialized site "Rap, one way or another, was always involved with conflicts, while its jewels always symbolized the way out from such conflicts." Moreover, the prominent symbols in the showy jewellery may indicate relationships of friendship and alliance between groups of rappers of different parties.

In the wake of other important body modifications (such as tattoos and piercings) the taste for jewels was extended to dentition. Rappers started to exhibit teeth entirely sub-

ramente sostituiti in oro e platino, con diamanti incapsulati, oppure (nelle versioni più economiche) i *grillz* (rivestimenti d'oro degli incisivi e dei canini). In questo, i musicisti fanno risorgere antichissime mode e pratiche di modificazione estetica della dentatura, già note nel mondo etrusco (appliques d'oro, al posto di denti intenzionalmente rimossi), presso i Maya (intarsi di turchese e giada in fori praticati sullo smalto), i Vichinghi (denti sagomati a lima e tinti a bande nere), e, in tempi più vicini a noi, presso popolazioni indigene delle Filippine (applicazioni dentali frontali, interamente d'oro). È dagli anni Settanta che, nelle metropoli americane, le star del momento con felpa e cappuccio e le ragazze che le imitano, trafficanti di droga e guardie del corpo, esibiscono smaglianti dentature posticce d'oro. La storia, si sa, tende a ripetersi. Come canta il rapper Nelly (al secolo, Cornell Haynes Jr.) "platinum and white rose, traditional gold / I'm changing grillz every day like Jay changes clothes" (platino e white rose, oro delle tradizioni, mi cambio i grillz ogni giorno, come Jay si cambia i pantaloni).

stituted with gold and platinum ones, with inlaid diamonds, or (in less expensive versions) grillz (golden wraps of the frontal teeth). Thus, rappers unconsciously resurrected antique fashions and aesthetic practices of teeth modification, well known among the Etruscans (removing real teeth to apply new ones in gold), among the Mayas (turquoise and jade inserts inlaid on the enamel), Vikings (who filed vertically their teeth and painted the grooves black), and, in less remote times, by indigenous groups of the Philippines (again, applying gold wraps to the frontal teeth).
History comes back again. Since the 70s, in the main american cities, the stars of the moment, dressed with sweatshirts and hoods, and their fans, drug dealers and bodyguards proudly show their fake gold dentition. As sings rapper Nelly (Cornell Haynes Jr.) "... platinum and white rose, traditional gold / I'm changing grillz every day like Jay changes clothes."

Gioielleria bling bling

King Ice
Grillz (applique per denti frontali)
con glitter
Produzione contemporanea
50 x 10 x 8 mm
Collezione privata

I rapper esibiscono spesso denti frontali in oro e platino, con diamanti incapsulati, oppure spesso *grillz* (rivestimenti d'oro degli incisivi e dei canini) come questo, in quanto simboli del nuovo status acquisito grazie all'industria discografica.

Bling bling jewels

King Ice
Grillz (applique for frontal teeth)
with *glitter*
Contemporary production
50 x 10 x 8 mm
Private collection

Rappers often flaunt gold and platinum frontal teeth with inlaid diamonds or grillz (gold coverings on incisors and canines) like this, symbolizing the new status acquired through the music industry.

Gioielleria bling bling

Tre pesanti anelli in acciaio dorato e glitter, uno con motivi egittizzanti (sfinge, piramidi), Fashion Jewellery
Produzione contemporanea
Il maggiore, 32 x 20 mm
Collezione privata

Il richiamo all'Africa è rafforzato da uno dei pesanti anelli da dito qui illustrati, che mostra una piramide.

Bling bling jewels

Three heavy rings in gilded steel and glitter, one with Egyptian motifs (sphinx, pyramids), Fashion Jewellery
Contemporary production
The largest, 32 x 20 mm
Private collection

Reference to Africa is further enhanced by the pyramid on one of the heavy finger rings shown here.

Gioielleria bling bling

Pesante catena dorata,
Fashion Jewellery
L. 860 mm, ogni anello ca. 25 x 20 mm
Collezione privata

Anche pesanti catene in metalli
preziosi o dorati di vario pregio,
indossate in serie, sono un
immancabile complemento
dell'abbigliamento "ufficiale"
dei rapper.

Bling bling jewels

Heavy gilded chain, Fashion Jewellery
L. 860 mm, each link is c. 25 x 20 mm
Private collection

Chains in heavy precious or gilded
metals of various value, worn one
over the other, are an indispensable
"official" clothing accessory for
rappers.

Gioielleria bling bling

King Ice
Jungle Julz collection
(designed by Snoopdogg)
Produzione contemporanea
Catena placcata in oro, testa di
elefante coronata
Testa dell'elefante, 60 x 30 x 43 mm
Collezione privata

La testa coronata di elefante che
figura come pendente in questa
catena placcata in oro è un ovvio
riferimento, esibito con orgoglio,
alle origini africane delle comunità
afroamericane degli Stati Uniti.

Bling bling jewels

King Ice
Jungle Julz collection
(designed by Snoopdogg)
Contemporary production
Gold-plated chain, crowned elephant
head
Wlephant head, 60 x 30 x 43 mm
Private collection

The crowned elephant head which acts
as a pendant on this gold-plated chain is
an obvious and proudly worn reference
to the African origins of Afro-American
communities in the United States.

Bellezza & Beauty

a cura di curated by
Patrizia di Carrobio

Il gioco suscita il sorriso e il sorriso abbellisce il volto. Questo lo so. E così ho scelto di dare alla "mia" Sala della Bellezza un'atmosfera ludica. Mi sono divertita a scegliere i gioielli da esporre e spero che i visitatori si divertiranno nel guardarli. L'ispirazione si trova ovunque se sai osservare il mondo e tutti questi raffinati manufatti lo testimoniano.

Il resto non lo so. M'interrogo e le risposte sono variopinte, come le pietre.

Per dire: che cos'è la Bellezza? È negli occhi di chi guarda, ovvio. Eppure qualche canone c'è, cangiante nel tempo e nelle situazioni. I filosofi speculano da secoli sull'argomento…

Per dire: prezioso o no?

C'è un aspetto che accomuna i gioielli preziosi e quelli non preziosi: la capacità di farci sentire più belle. Sennò perché li porteremmo? Sì, certo ci sono ragioni di prestigio, affermazione di potere, esibizione di ricchezza, desiderio di intimidazione (Caterina la

Play evokes a smile and a smile brightens the face. This I know. And so I chose to give "my" Beauty Room a playful air. I had great fun selecting the jewellery to be exhibited and I hope that the visitors will enjoy looking at it. Inspiration can be found everywhere if you know how to observe the world and all these refined hand-crafted items prove it.

As for the remainder, I don't know. I ask myself and the answers are multi-coloured, like the stones.

For example: what is Beauty? It's in the eye of the beholder, of course. And yet there are some standards that change in time and in situations. Philosophers have been speculating on the topic for centuries…

For example: precious or not?

There is an aspect that is common to both precious and non-precious jewellery: the ability to make us feel more beautiful. If it didn't, why would we wear it? Yes, sure, it could be for the sake of prestige, an affirmation of power, a display of wealth, a desire to intimidate

Grande, zarina di tutte le Russie, intimidiva, eccome, con la profusione di gemme, approfittandone pure però per distogliere l'attenzione dal proprio aspetto), ma di solito è la voglia di essere attraenti e luminose che ci spinge a indossare un gioiello.
E allora: non è detto che quello prezioso sia quello che ti fa sentire splendida. Però è anche vero che quel gioiello molto prezioso lo indossi con reverenza e dunque il tuo portamento diventa solenne. Non lo so. Un gioiello disegnato da un genio e realizzato da un artigiano pieno di talento in centinaia di ore di lavoro trasmette qualcosa di speciale, nel gioiello meno importante questo lato si trova poco, ma l'immaginazione di un designer può essere un fuoco d'artificio scaturito da un materiale fino ad allora impensato.
A volte dona luce al viso la consapevolezza di essere ricca o viceversa l'idea di indossare un ornamento di valore economico modesto eppure chic, talvolta irripetibile. Dipende dal modo di intendere la vita, ma il punto è che la bellezza intrinseca dell'oggetto non è automaticamente collegata a come ti senti avendolo addosso.

(Catherine the Great, the Empress of all the Russias, certainly intimidated with a profusion of gems, even taking advantage of them to divert attention from her own appearance), but usually it is the desire to be attractive and to shine that urges us to wear jewellery.
Of course, preciousness isn't what necessarily makes you feel splendid. It is true that an extremely valuable item is usually worn with reverence and therefore your bearing becomes more solemn. I don't know. A jewel designed by a genius and created by a highly talented craftsman in hundreds of hours of work transmits something special. In less important items, this aspect is hard to find, but the imagination of a designer can be like a firework bursting from something unheard of up until that moment.
The awareness of being rich or, on the contrary, the idea of wearing a chic and sometimes unique ornament of modest economic value, can sometimes light up the face. It depends on the way you look at life, but the point is that the intrinsic beauty of the object is not automatically connected to how you feel when you wear it.

David Webb

Orecchini, *Scimmietta dispettosa*
2012, Stati Uniti
Onice verde, oro giallo
70 x 35 mm
David Webb, New York

Gioielliere americano, David Webb è
famoso soprattutto per le creazioni
ispirate agli animali e all'utilizzo di oro
giallo. Questi orecchini ne sono
un esempio perfetto.

David Webb

Earrings, *Monkey Business*
2012, United States
Green onyx, yellow gold
70 x 35 mm
David Webb New York

David Webb, an American jeweller, is
most famous for his designs inspired
by animals and his use of yellow gold.
These earrings are a perfect example
of his style.

Laura Cadelo-Bertrand

Orecchini, *Tempo libero*
2018, Italia
Ottone
80 x 85 mm
Collezione Laura Cadelo-Bertrand

Laura Cadelo-Bertrand

Earrings, *Free Time*
2018, Italy
Brass
80 x 85 mm
Laura Cadelo-Bertrand collection

Cartier

Spilla, *Uovo che si schiude*
Anni Cinquanta, Stati Uniti
Rubino, oro giallo
28 x 20 mm
Collezione privata

Maison fondata nel XIX secolo, Cartier
deve il successo e la fama alla grande
varietà di gioielli e oggetti preziosi
creati nel corso delle diverse epoche.
Questo è un esempio di piccola
e divertente creazione, un gioiello
ad altissima portabilità.

Cartier

Brooch, *Hatching Egg*
1950s, United States
Ruby, yellow gold
28 x 20 mm
Private collection

Cartier, a household name, was
founded in the 19th century and owes
it success and fame to the wide range
of very fine jewellery and objects
created by this *maison* through many
eras. Here is a good example of a
small, fun piece; extremely easy to
wear.

Cartier

Spilla, *Uovo che si schiude*
Anni Cinquanta, Stati Uniti
Rubino, oro giallo, smalto
32 x 23 mm
Collezione privata

Cartier

Brooch, *Hatching Egg*
1950s, United States
Ruby, yellow gold, enamel
32 x 23 mm
Private collection

T. Kirkpatrick & Co.

Spilla, *Uccello che si pavoneggia*
Anni Venti, Stati Uniti
Rubini incisi, diamanti, platino, smalto
32 x 25 mm
Collezione privata

T. Kirkpatrick & Co.

Brooch, *Strutting bird*
1920s, United States
Carved rubies, diamonds, platinum,
enamel
32 x 25 mm
Private collection

Spilla, *Passero*
Anni Sessanta
Smeraldo inciso, rubini incisi,
diamante, oro giallo, platino
45 x 40 mm
Collezione privata

Brooch, *Sparrow*
1960s
Carved emerald, carved rubies,
diamond, yellow gold, platinum
45 x 40 mm
Private collection

I miei compagni di gioco in questa mostra, e mi auguro che saranno anche i vostri, sono gli orecchini e le spille. L'orecchino, insieme con l'anello, è il gioiello che oggi si porta di più, ma è raro che un anello sia divertente; magari ci emoziona, simboleggia tappe della vita, ci rallegra durante la giornata guardarlo sulle nostre mani, mentre l'orecchino si presta a infinite trovate. Quando poi è pendente e dondola, come un'altalena incorporata in chi lo sfoggia, già dichiara il suo spirito lieto.
Le spille, nelle quali io credo moltissimo, sono un po' fuori moda, ma hanno tutte le potenzialità per ritornare alla ribalta e possono essere estremamente giocose, piene di fantasia.
Inoltre l'accostamento orecchino e spilla mi piace tanto. Si possono portare più spille alla volta, anche di stile diverso fra loro, anzi, a maggior ragione di stile diverso fra loro. Appuntandole dove si vuole, al dil à del canonico bavero della giacca: su una manica, sul bordo dell'abito, in testa, su un nastro al polso, al collo. Una spilla ti cambia il vestito!

My playmates in this exhibition, and I hope they will also be yours, are earrings and brooches. An earring, as well as a ring, is the item of jewellery most worn today, but it is rare for a ring to be amusing. It may evoke emotions, symbolize moments in life, brighten our day when we look at it on our hands, but endless ideas can be transformed into an earring. When it is a drop or dangle earring, like a swing incorporated into the wearer, it is already the proclaimer of a cheerful spirit.
Brooches, in which I truly believe, are a little out of fashion, but they have all the potential for making a comeback and can be extremely playful, full of imagination.
What's more, I really like matching earrings and brooches. Several brooches, even of different styles, can be worn together. In fact, the more the style is different, the better. They can be pinned anywhere, not only on the standard jacket collar but also on a sleeve, on the hem of a dress, on the head, on a wrist ribbon, around the neck. A brooch changes your outfit!
I would wear all the jewellery items I have chosen for this display. Do they perhaps

Porterei tutti i gioielli che ho scelto per l'esposizione. Forse è una carrellata troppo a gusto personale? Non c'è una verità e io porgo la mia. D'altronde sono esperta nel valutare una pietra, nel capire il pregio di una fattura, ma non posso sapere come appare un gioiello allo sguardo di un'altra persona.

Fra i designer e gli artefici degli oggetti che vi propongo ci sono nomi dell'alta gioielleria internazionale, di quelli che brillano già a leggerli, che evocano leggende dello star system, della regalità e artigiane italiane con piccole produzioni basate su una filosofia personale e sul sogno, nelle quali mi sono imbattuta per caso. Non sempre cerchi, ma se sai quello che ti soddisfa, gli incroci avvengono.

Senza fare una lista, mi farebbe rabbrividire solo il pensiero di annoiare me stessa e il lettore, tiro fuori, a occhi chiusi, come da un sacchetto dei numeri della tombola, aneddoti, ricordi, supposizioni su alcuni pezzi in mostra. Questo non significa che i pezzi non citati siano meno meritevoli di menzione, meno sfolgoranti o mi siano meno simpatici.

over-summarize a personal taste? There is no real truth and I am just offering mine. On the other hand, I am an expert in stone assessment, in understanding the value of workmanship, but I cannot possibly know what a jewel looks like in the eyes of another person. Among the designers and makers of the items that I am presenting are names from international high jewellery, those that shine by merely reading them, that evoke legends from the star system, from royalty. But there are also Italian artisans who produce small quantities based on a personal philosophy and dream that I came across by chance. You are not always on the look-out, but, if you know what you like, paths just happen to cross. Without making a list – the mere thought of boring myself and the reader makes me shudder – I will close my eyes and pull out a few anecdotes, memories and guesses about some of the pieces in the exhibition, as if from a bag of bingo numbers. This does not mean that the items I miss out are any less deserving of a mention, less radiant or less pleasing to my eye. *Et voilà*: here are the swan earrings by JAR, which stands for Joel Arthur Rosenthal,

Spille, *Api e fiori*
Anni Novanta del XIX secolo
Oro, diamanti, smalto, metallo
20 x 25 mm
Collezione privata

JAR

Orecchini, *Cygnes*
2016, Francia
Topazi, zaffiri, diamanti, argento, oro
48 x 34 mm
Collezione privata

JAR

Earrings, *Cygnes*
2016, France
Topazes, sapphires, diamonds,
silver, gold
48 x 34 mm
Private collection

Spilla, *Risciò giapponese*
Anni Cinquanta del XIX secolo
Shakudo (lega di oro e rame)
45 x 25 mm
Collezione privata

Shakudo, il metallo utilizzato per
questa spilla, è una lega giapponese
composta da oro e rame,
tradizionalmente utilizzata per creare
o decorare gli accessori per spade
giapponesi o realizzare altri piccoli
ornamenti.

Brooch, *Japanese Rickshaw*
1850s
Shakudo (gold and copper alloy)
45 x 25 mm
Private collection

Shakudo, the metal used in this
brooch, is a Japanese gold and
copper alloy. Historically, it was used
to construct or decorate Japanese
sword fittings as well as for other
small ornaments.

Van Cleef & Arpels

Spilla, *Elefante*
Anni Settanta, Stati Uniti
Diamanti, rubino, oro giallo
35 x 37 mm
Collezione privata

Van Cleef & Arpels

Clip, *Elephant*
1970s, United States
Diamonds, ruby, yellow gold
35 x 37 mm
Private collection

Julius Cohen

Spilla, *Barboncino*
Anni Sessanta, Stati Uniti
Perle coltivate, oro giallo, oro annerito
45 x 45 mm
Collezione privata

Julius Cohen

Brooch, *Poodle*
1960s, United States
Cultured pearls, yellow gold,
blackened gold
45 x 45 mm
Private collection

Van Cleef & Arpels

Spilla, *Cane dal pelo folto
nella sua cuccia*
1960, Stati Uniti
Oro giallo, smalto
33 x 35 mm
Collezione Van Cleef & Arpels

Van Cleef & Arpels

Clip, *Bushy-Haired Dog in Kennel*
1960, United States
Yellow gold, enamel
33 x 35 mm
Van Cleef & Arpels collection

Van Cleef & Arpels

Spilla, *Orsacchiotto*
1963, Francia
Oro giallo, rubini, smalto, corallo
40 x 25 mm
Collezione Van Cleef & Arpels

Van Cleef & Arpels è famosa per
essere stata la prima maison ad aver
colto le esigenze di un nuovo tipo
di clientela femminile, lanciando, nel
1954, la collezione di gioielli easy
to wear presso la propria Boutique.
Composta da fantasiosi e divertenti
animali, e ispirata ai cartoni animati,
questa collezione di variopinti gioielli
riscosse un successo enorme in tutto il
mondo, specialmente in Giappone. La
collezione proponeva una serie di spille
spiritose e facili da indossare, prime
fra tutte le celebri *Lion ébouriffé* e
Chat malicieux, accanto a una schiera
di scoiattoli, elefanti, anatre, giraffe,
tartarughe, uccelli, tigri e barboncini. Le
spille erano realizzate in oro e pietre
dure e semipreziose incastonate, tra
cui corallo, turchese, agata, onice,
lapislazzuli, ametista e madreperla,
o in alcuni casi con pietre preziose.
All'epoca estremamente popolari e
alla moda, le clip furono acquistate
da numerose celebrità e personalità
delle famiglie reali, come la Principessa
Grace di Monaco e Jacqueline
Kennedy Onassis.

Van Cleef & Arpels

Clip, *Teddy Bear*
1963, France
Yellow gold, rubies, enamel, coral
40 x 25 mm
Van Cleef & Arpels collection

Van Cleef & Arpels is very famous for
being the first to understand the new
needs of women by launching the
collection of "easy to wear" Boutique
jewellery in 1954. Composed of
fanciful and humorous animals,
and inspired by cartoons, this
colourful collection of jewellery was
immensely successful worldwide and
particularly in Japan. Elephants, tigers
and lions reigned over a collection of
amusing and easy to wear clips such
as the famous *Lion ébouriffé* and
Chat malicieux as well as squirrels,
elephants, ducks, giraffes, tortoises,
birds, tigers, poodles. These clips
were made of gold and set with
semi-precious stones, hard stones
such as coral, turquoise, agate, onyx,
lapis lazuli, amethysts, mother of pearl
and sometimes precious stones.
These clips were very fashionable and
purchased by numerous celebrities
and members of royalty such as
Princess Grace of Monaco and
Jacqueline Kennedy Onassis.

Tiffany, Donald Claflin

Spilla, *Topo marinaio*
Anni Sessanta, Stati Uniti
Diamante, smalto, oro, platino
55 x 18 mm
Collezione privata

Tiffany, Donald Claflin

Brooch, *Sailor Mouse*
1960s, United States
Diamond, enamel, gold, platinum
55 x 18 mm
Private collection

Et voilà: ecco gli orecchini-cigno di JAR, che sta per Joel Arthur Rosenthal, definito il Fabergé dei nostri tempi, attentissimo – fatto ormai sempre più introvabile – anche al retro dei gioielli che sarebbero meravigliosi da indossare… perfino al contrario. JAR abita a Parigi perché ritiene straordinari gli artigiani orafi francesi. I cigni da lobo sono spuntati dal lago della sua immaginazione senza che la cliente che gli aveva affidato le pietre, due topazi piuttosto rari, ne sapesse niente. Quando lei glieli consegnò, lui mise via i topazi che in seguito ripescò dalla cassaforte, facendoli tagliare di nuovo e montandoli, come cullati dalle ali dei cigni. Quando la cliente li riconobbe, JAR le disse: "Figurati, non mi ricordavo neppure che le pietre fossero tue". Lei non fu scossa per niente. E anche questa reazione racconta di come la vita possa essere affrontata con un atteggiamento aperto.
Ah, la spilla a tre colori *Rickshaw* (1850) realizzata in Oriente con la tecnica dello shakudo ovvero molto rame e poco oro. Carina, no? E, soprattutto, è un oggetto che apre un mondo: fa sognare l'Asia e altri tempi.

defined as today's Fabergé. Even the back of the piece has been worked with extreme care – something which is becoming increasingly hard to find – so that they would also be beautiful worn the other way round. JAR lives in Paris because he believes that French gold and jewellery craftsmen are extraordinary. These swans emerged from the lake of his imagination without the client, who had entrusted him with the two rather rare topaz stones, without knowing anything about it. When she gave him the stones, he put them away only to take them out of the safe later and have them re-cut. He then mounted them as if cradled by the swans' wings. When the client recognized the topaz gems, JAR said: "Goodness, I had totally forgotten they were yours". The client was not perturbed at all. And this reaction also shows how life can be faced with an open attitude.
Ah, the tri-coloured *Rickshaw* brooch (1850) made in the East using the shakudo technique, or rather, a lot of copper and little gold. Pretty, right? And above all, it is an item that opens up a world: it makes you dream of Asia and times gone by.

Gli animaletti di Van Cleef & Arpels rappresentano veramente un'epoca, gli anni Cinquanta-Sessanta. Il gioielliere prese un soggetto comune, un animale domestico, trasformandolo in un manufatto singolare. C'era anche parecchio business in questa decisione: la serie spinge il cliente a comprare per formare una collezione, un po' con lo stesso criterio dei charms da aggiungere a un braccialetto. Il *Teddy bear* – lui non è domestico, specie nella versione in carne e ossa, ma rappresenta la dolcezza in sé – mi intenerisce: nel mio armadio conservo un orsetto che avevo da bambina piccolissima, ormai spelacchiato e identico a questo di Van Cleef & Arpels.
Ancora del mitico gioielliere parigino, presento un paio di orecchini degli anni Settanta, in oro giallo, davvero favolosi, intensamente femminili, ma con un pizzico di gioco: si chiamano *Castañuelas*, nacchere. La superficie di questi orecchini sensazionali imita quella lunare: irregolare, a piccoli crateri. Furono infatti creati per celebrare il primo uomo sulla Luna.
Le due spille a forma di gardenia Oscar Heyman. La particolarità di questa manifattura

Van Cleef & Arpels' tiny animals really represent an era, the Fifties and Sixties. The jeweller took an everyday subject, a domestic animal, and transformed it into a unique product. There was also a good deal of business in this decision: the series urges the customer to buy and collect, in a similar way to charms on a bracelet. The *Teddy Bear* – not a domestic animal, especially in the live version, represents cuteness incarnate – it softens my emotions: I keep the teddy bear I had when I was a little girl in my wardrobe, even if it is now threadbare, it looks just like this one by Van Cleef & Arpels.
I am also presenting a pair of earrings, again by the legendary Parisian jeweller, from the Seventies. Made in yellow gold, they are absolutely fabulous, intensely feminine but with a pinch of playfulness. They are named *Castañuelas*, castanets. The surface of these sensational earrings mimics a moonscape: uneven with tiny craters. In fact, they were made to celebrate the man's first landing on the moon.
The two brooches in the shape of a gardenia by Oscar Heyman. The particularity of this

Van Cleef & Arpels

Spilla, *Bulldog con monocolo*
1957, Francia
Oro giallo, smalto, topazio
35 x 29 mm
Collezione Van Cleef & Arpels

Van Cleef & Arpels

Clip, *Bulldog with Monocle*
1957, France
Yellow gold, enamel, topaz
35 x 29 mm
Van Cleef & Arpels collection

Verdura

Spille, *Croci di Malta*
Anni Cinquanta, Stati Uniti
Diamanti, oro giallo e bianco, platino
25 x 25 mm
Collezione privata

Il nobile siciliano Fulco, duca di
Verdura, iniziò la propria carriera
lavorando al fianco di Coco Chanel,
e fu presso questa maison che rese
popolare la croce maltese, sia nelle
creazioni di gioielleria che in quelle di
bigiotteria. Nel 1939 fondò una propria
attività a New York, incontrando ben
presto il favore di una potente fetta
dell'alta società newyorchese. Fulco
acquisì grande notorietà grazie alle
sue creazioni bizzarre ed estrose,
spesso ispirate alla natura.

Verdura

Brooches, *Maltese Crosses*
1950s, United States
Diamonds, yellow and white gold,
platinum
25 x 25 mm
Private collection

Fulco, duca di Verdura, a Sicilian
nobleman, began his career
working for Coco Chanel where he
popularized the use of the Maltese
cross in both costume and precious
jewellery. He founded his own
company in New York in 1939,
and quickly gained favour with a
powerful segment of New York's
high society. He is well known for
whimsical designs, often inspired
by nature.

Bulgari

Orecchini
Anni Settanta, Francia
Diamanti, onice, oro, platino
35 x 30 mm
Collezione privata

Bulgari

Earrings
1970s, France
Diamonds, onyx, gold, platinum
35 x 30 mm
Private collection

Bulgari

Spilla
Anni Settanta, Francia
Diamanti, onice, oro, platino
60 x 50 mm
Collezione privata

Bulgari è, a ragione, la firma di alta
gioielleria italiana più celebre al mondo.
Sebbene la maggior parte dei gioielli
Bulgari sia stata creata in Italia, è curioso
notare come la maison si sia rivolta a
un atelier francese per la realizzazione
di questa particolare creazione.

Bulgari

Brooch
1970s, France
Diamonds, onyx, gold, platinum
60 x 50 mm
Private collection

Bulgari is, with good reason, the most
famous Italian jewellery company.
Although most of Bulgari jewels
were beautifully made in Italy, it is
interesting to note that Bulgari sought
out a French atelier to produce this
particular set.

Taffin

Orecchini
2008, Stati Uniti
Diamanti, giada, oro, argento
65 x 53 mm
Collezione privata

Taffin

Earrings
2008, United States
Diamonds, jade, gold, silver
65 x 53 mm
Private collection

Taffin

Spilla
2008, Stati Uniti
Berillo verde, spinelli, rame,
oro, platino
60 mm
Collezione privata

Taffin

Brooch
2008, United States
Green beryl, spinels, copper, gold,
platinum
60 mm
Private collection

Angela Simone

Spilla, *Abbracciamoci*
2018, Italia
Cartoncino ondulato, metallo
70 x 50 mm
Collezione Angela Simone

Angela Simone

Brooch, *Let's Hug*
2018, Italy
Corrugated cardboard, metal
70 x 50 mm
Angela Simone collection

Van Cleef & Arpels

Orecchini, *Chapeau Chinois*
2003, Francia
Oro
Ø 30 mm
Collezione privata

L'ispirazione si può trovare ovunque,
ad esempio nei copricapi un tempo
molto diffusi e ancora oggi utilizzati dai
contadini nelle risaie dei paesi asiatici.

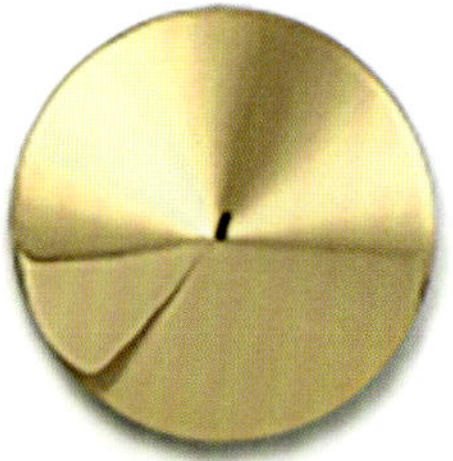
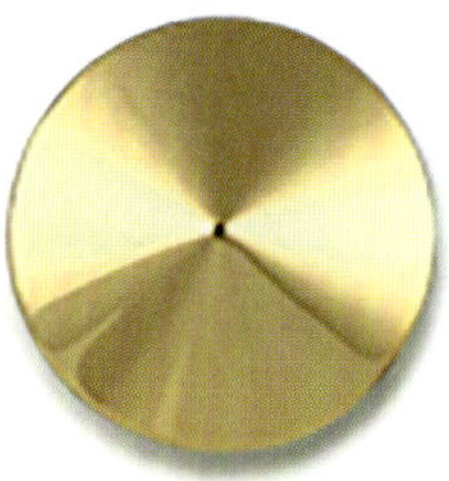

Van Cleef & Arpels

Earrings, *Chapeau Chinois*
2003, France
Gold
Ø 30 mm
Private collection

Inspiration can come from anywhere,
even the hats once common and
still worn by workers in the rice fields
across Asia.

JAR

Orecchini, *Dischi*
2008, Francia
Gemme, diamante, oro
Ø 38 mm
Collezione privata

JAR

Earrings, *Disks*
2008, France
Gemset, diamond, gold
Ø 38 mm
Private collection

McTeigue & McClelland

Spille, *Soffione in fiore e in seme*
2007, Stati Uniti
Diamante, oro giallo, smalto
115 mm
Collezione privata

McTeigue & McClelland

Brooches, *Dandelions Blooming
and Seeding*
2007, United States
Diamond, yellow gold, enamel
115 mm
Private collection

americana è che produceva soprattutto per altri gioiellieri. Ha realizzato le gardenie in innumerevoli versioni, più piccole, più grandi, di vari colori, può essere diverso anche il retro, magari cambia la clip. Queste sono degli anni Cinquanta, ma Oscar Heyman le fa ancora oggi. Sono decorative portate insieme, di diverse misure.

Un puzzle complicato di onice, anni Settanta-Ottanta di Bulgari. La parure di spilla e orecchini è stata realizzata in Francia il che avvalora la reputazione degli orefici francesi decantata da JAR. Non vuol certo dire che Bulgari non abbia una produzione italiana o che in Italia non ci sia una tradizione gloriosa e ottimi artigiani.

A proposito di Fabergé, impareggiabile creatore delle uova degli zar, nominato poco so- pra: ecco due esempi delle uova preziose di Cartier che produsse una vasta collezione di pulcini. Ispirata a Fabergé? Il punto interrogativo ci vuole. Perché tutto torna, sempre, e non si sa mai quando c'è un'influenza diretta o vaga. In ogni modo ci sono moltissime ovetti di Cartier degli anni Cinquanta che alcuni hanno collezionato per Pasqua e non solo.

American craftsman is that he mainly produced for other jewellers. He made innumerable versions of gardenias, small ones, large ones, in a variety of colours, some different on the back, maybe with another type of clip. These two were made in the 1950s, but Oscar Hey- man still makes them. They look very decorative when worn together in their different sizes.

A complicated onyx puzzle from the Seventies-Eighties by Bulgari. The brooch and earring set was made in France, which enhances the reputation of French goldsmiths that JAR sings the praises of. This certainly doesn't mean that Bulgari has no Italian production or that there is no glorious tradition and excellent craftsmen in Italy.

Speaking of Fabergé, that incomparable creator of eggs for the Tsars that I mentioned earlier: here are two examples of precious eggs by Cartier which produced a vast collection of chicks. Was it inspired by Fabergé? It's a relevant question. Because everything comes back round, always, and one never knows when the influence is direct or obscure. In any case, there are a great many Cartier eggs from the Fifties that people collected, and not only at Easter.

Incontro Taffin. La spilla con il berillo verde, spinelli, oro, platino e rame è stupenda e insolita. Dopo aver lavorato da Christie's, James Claude Taffin de Givenchy ha deciso di disegnare i suoi gioielli. È il nipote di Hubert de Givenchy, ma tengo a specificare che è il nipote geniale di un couturier geniale, non il debitore di un cognome-icona.
Fulco di Verdura. Il nobilissimo Fulco di Verdura. Poteva mancare? Il principe siciliano, vissuto tanti anni a Parigi, all'abbandono dell'isola natia, complice, con i suoi audaci e innovativi bijoux, della rivoluzione di stile compiuta da Coco Chanel, si trasferì poi negli Stati Uniti avviando la propria attività. Un artista completo, autore anche di acquarelli incantevoli, con la caratteristica di aver creato gioielli molto portabili. Socievole e mondano era amatissimo negli ambienti della High Society dai due lati dell'Oceano. La coppia di spille a forma in croce di Malta, in oro giallo e diamanti, è degli anni Cinquanta. La croce maltese ricorre nella carriera di Verdura: celeberrimi i bracciali disegnati per Chanel.
M'imbatto in Sabba, e no, non è un convegno di streghe, ma la firma di Alessandro

Now let's meet with Taffin. The green beryl, spinel, gold, platinum and copper brooch is astounding and unusual. After having worked at Christie's, James Claude Taffin de Givenchy decided to design his own jewellery. He is Hubert de Givenchy's nephew but I insist on specifying that he is the brilliant nephew of a genius couturier, not the heir of an iconic surname.
Fulco di Verdura. The extremely noble Fulco di Verdura. Could I have left him out? The Sicilian prince who lived for many years in Paris, deserting his native island, an accomplice, with his daring and innovative costume jewellery, of Coco Chanel's style revolution. He later moved to the United States where he set up his own business. An all-round artist, a painter of enchanting water colours, his fame came from creating highly wearable jewellery. Sociable and worldly, he moved in all the circles of high society on both sides of the Atlantic. This pair of yellow gold and diamond brooches in the shape of the Maltese Cross were made in the Fifties. The Maltese cross recurs in Vedura's career: the bangles designed for Chanel are very famous.
I bumped into Sabba, and no, it is not a witches' coven, but the name of Alessandro

Spilla, *Farfalla*
Inizi del XIX secolo
Diamanti, argento, oro
50 x 30 mm
Collezione privata

En tremblant è un termine francese
che significa "tremare". È stato
utilizzato per la prima volta in
riferimento a una particolare tecnica
del XVIII e XIX secolo, che consisteva
nel montare alcuni elementi su
un meccanismo mobile per dare
movimento al gioiello quando
indossato. Questa spilla a forma di
farfalla ne è un magnifico esempio.
Negli anni Sessanta Bulgari ha fatto
ampio uso di questa tecnica.

Brooch, *Butterfly*
1800s
Diamonds, silver, gold
50 x 30 mm
Private collection

En tremblant is a French term
meaning "to tremble". It was first
used to describe 18th and 19th century
jewellery where parts of the set pieces
were attached to a trembler to create
movement in the jewel when worn.
This butterfly brooch is an excellent
example. In the 1960s Bulgari used
this technique extensively.

Spilla, *Fiocco con nappina*
Anni Cinquanta del XIX secolo
Diamanti, argento, oro
80 x 60 mm
Collezione privata

Brooch, *Bow with Tassel*
1850s
Diamonds, silver, gold
80 x 60 mm
Private collection

JAR

Orecchini, *Ventagli*
2018, Francia
Zaffiri rosa, diamanti, argento, oro
85 x 35 mm
Collezione privata

JAR

Earrings, *Fans*
2018, France
Pink sapphires, diamonds, silver, gold
85 x 35 mm
Private collection

Spilla, *Foglia d'acero*
Inizi del XX secolo
Granati demantoidi, oro giallo
50 x 45 mm
Collezione privata

Brooch, *Maple Leaf*
1900s
Demantoid garnets, yellow gold
50 x 45 mm
Private collection

JAR

Orecchini, *Foglie di geranio*
2009, Francia
Alluminio, oro giallo
58 x 45 mm
Collezione privata

JAR

Earrings, *Geranium Leaves*
2009, France
Aluminium, yellow gold
58 x 45 mm
Private collection

Oscar Heyman

Spille, *Gardenie*
Anni Cinquanta, Stati Uniti
Diamanti, smalto, platino, oro
65 x 60 mm
Collezione privata

Oscar Heyman lavora a New York
ed è noto per l'eccellente qualità
artigianale delle sue creazioni. Oltre
alle collezioni vendute a firma Oscar
Heyman, il designer ha realizzato
molteplici pezzi anche per altre
maison. Queste gardenie, realizzate
ancora oggi, sono state prodotte in
passato in numerose varianti.

Oscar Heyman

Brooches, *Gardenias*
1950s, United States
Diamonds, enamel, platinum, gold
65 x 60 mm
Private collection

Oscar Heyman, based in New York,
is famous for its very high level
of craftsmanship. Its jewels are
sold under its own name and the
company has also created many
private label pieces for other houses.
These gardenias, produced in many
variations, are still made today.

Cartier

Spilla, *Cesto di frutta*
Anni Venti, Francia
Gemme, diamanti, cristallo di rocca,
platino
45 x 30 mm
Collezione privata

Cartier

Brooch, *Fruit Basket*
1920s, France
Gemset, diamonds, rock crystal,
platinum
45 x 30 mm
Private collection

Van Cleef & Arpels

Orecchini
Anni Venti, Stati Uniti
Sfere di smeraldo intagliate, diamanti,
platino, oro bianco
25 x 13 mm
Collezione privata

Van Cleef & Arpels

Earrings
1920s, United States
Sphere emerald beads, diamonds,
platinum, white gold
25 x 13 mm
Private collection

Sabbatini, autore soprattutto di orecchini e anelli, unici nel loro genere. Sabba si sbizzarrisce nell'impiego delle pietre, dalle semi-preziose più comuni alle preziosissime, e dei metalli, oro, platino, ma anche titanio, utilizzando una manifattura antica per gioielli squisitamente contemporanei.

Oh, dalla ruota del lotto, estraggo infine un paio di gioielli con una componente sentimentale: le clip di fine Ottocento con le api e gli orecchini di David Webb con le scimmie. Ho comprato le clip perché mi piacevano, ma di certo mi risuonava in mente e nel cuore che mio padre aveva il culto dell'operosità, trasmesso a noi figlie, e affidava il suo messaggio a gioielli con le api, perfino gemelli per i nostri mariti.

Chiamava me e le mie sorelle "le mie scimmie". Avrei potuto mai resistere al senso dell'umorismo che pervade questa creazione di David Webb, dal nome spassoso, *Monkey Business*, in onice verde e oro giallo? Li voglio!

Sabbatini's collection of unique, one-of-a-kind jewels – mainly earrings and rings. Sabba indulges in the use of stones, from the most common semi-precious gems to extremely valuable ones, and metals, gold, platinum, but also titanium, using ancient craftsmanship to produce exquisitely contemporary jewellery.

Oh, from the wheel of fortune, my last pick is a pair of items with a sentimental element: the late nineteenth century clips with bees and David Webb's monkey earrings. I bought these bee clips because I like them, but I must admit that my mind and heart recalled that my father subscribed to the cult of industriousness, subsequently handed down to us daughters, and he entrusted his message to jewellery with bees, even in cufflinks for our husbands.

He would call me and my sisters "my monkeys." Could I have ever resisted the sense of humour that pervades this David Webb green onyx and yellow gold creation with its so very amusing name, *Monkey Business*? I want them!

Cartier

Spille
Anni Quaranta, Stati Uniti
Rubini cabochon, diamanti, oro giallo,
platino
65 x 37 mm
Collezione privata

Cartier

Brooches
1940s, United States
Cabochon rubyies, diamonds,
yellow gold, platinum
65 x 37mm
Private collection

Spilla, *Piuma*
Anni Sessanta, Stati Uniti
Diamanti, oro giallo
165 x 25 mm
Collezione privata

Brooch, *Quill*
1960s, United States
Diamond, yellow gold
165 x 25 mm
Private collection

Flato

Spilla, *Ali*
Anni Quaranta, Stati Uniti
Gemme, diamanti, oro
72 x 50 mm
Collezione privata

Paul Flato creava gioielli capaci di
distinguersi per inventiva e originalità.
Noto per essere stato il primo
"gioielliere delle dive" di Hollywood,
Paul Flato amava creare pezzi da
conversazione – gioielli che attirassero
l'attenzione su di sé e su chi li
indossava e che rendessero fluide le
conversazioni.

Flato

Brooch, *Wings*
1940s, United States
Gemset, diamonds, gold
72 x 50 mm
Private collection

Paul Flato was well known for
making jewellery that stood out –
inventive and unusual. Known as
Hollywood's first "celebrity jeweller,"
he enjoyed making conversation
pieces – ensuring that the jewels and
their wearer were noticed – and that
conversation would be flowing.

Amlé

Orecchini, *Ex-voto da antichi stampi
originali napoletani*
2017, Italia
Argento
100 mm
Collezione Amlé

Amlé

Earrings, *Ex-Voto from Original
Antique Neapolitan Stamps*
2017, Italy
Silver
100 mm
Amlé collection

Van Cleef & Arpels

Spilla, *Cupido*
Anni Quaranta, Stati Uniti
Diamanti, rubini, smeraldi, oro giallo
48 x 32 mm
Collezione privata

Van Cleef & Arpels

Clip, *Cupid*
1940s, United States
Diamonds, rubies, emeralds,
yellow gold
48 x 32 mm
Private collection

Ruser

Spilla, *Sun Baby*
Anni Cinquanta, Stati Uniti
Perla d'acqua dolce, diamanti, zaffiri, oro
50 x 50 mm
Collezione privata

Ruser si riconosce immediatamente
per la giocosità e la fantasia di molti
dei suoi pezzi. I gioielli non hanno
forse come scopo anche quello di
farci sognare e di stimolare la nostra
immaginazione?

Ruser

Brooch, *Sun Baby*
1950s, United States
Fresh water pearl, diamonds,
sapphires, gold
50 x 50 mm
Private collection

Ruser is immediately recognizable due
to the playfulness and fantasy often
found in his pieces. Is not one of the
purposes of jewellery to make us dream
and give rein to our imagination?

Spilla, *Cuori su panchina*
Anni Sessanta
Gemme, diamanti, oro giallo
27 x 15 mm
Collezione privata

Brooch, *Hearts on Bench*
1960s
Gemset, diamonds, yellow gold
27 x 15 mm
Private collection

Laura Cadelo-Bertrand

Orecchini, *Sereno variabile* (Trittico)
2018, Italia
Alluminio, ottone
64 x 140 x 101 mm
Collezione Laura Cadelo-Bertrand

Laura Cadelo-Bertrand dimostra con queste creazioni che qualsiasi cosa può essere d'ispirazione. Grazie a questo trittico di orecchini, è possibile creare e indossare ogni giorno un look diverso. Le tecniche di scultura utilizzate da Laura si traducono in gioielli originali ispirati alle situazioni della vita e caratterizzati da un sottile senso dell'umorismo. I titoli delle creazioni sono importanti tanto quanto i gioielli stessi per comprendere l'arte di questa designer.

Laura Cadelo-Bertrand

Earrings, *Variable Weather* (Triptych)
2018, Italy
Aluminium, brass
64 x 140 x 101 mm
Laura Cadelo-Bertrand collection

Laura Cadelo-Bertrand demonstrates here that inspiration can come from anywhere. By creating a triptych set of earrings, the wearer can choose what best suits the day, creating a new look every time. Laura is a sculptor who uses her techniques to create unusual and slyly humorous jewellery commenting on life. The titles of the pieces are just as important for understanding Laura's art as the objects themselves.

LaCloche

Spille, *Stelle*
Anni Cinquanta, Francia
Rubini, zaffiri, oro giallo
40 x 40 x 35 mm
Collezione privata

LaCloche

Brooches, *Stars*
1950s, France
Rubies, sapphires, yellow gold
40 x 40 x 35 mm
Private collection

Spilla, *Mezzaluna*
Inizi del XIX secolo
Diamanti, argento, oro
55 x 45 mm
Collezione privata

Brooch, *Crescent*
1800s
Diamonds, silver, gold
55 x 45 mm
Private collection

SABBA

Orecchini, *Fiocchi di neve*
2015, Francia
Diamanti, turchese, platino
95 mm
SABBA Parigi

Alessandro Sabbatini, "SABBA", spicca nel panorama dei giovani designer per l'unicità dei suoi gioielli haute couture. In un mondo globalizzato, dove la maggior parte dei brand è di proprietà di grandi gruppi, il mio desiderio è che vi sia sempre spazio per avventure in solitaria come questa, animate da genialità, coraggio e determinazione.

SABBA

Earrings, *Snowflakes*
2015, France
Diamonds, turquoise, platinum
95 mm
SABBA Paris

Alessandro Sabbatini, "SABBA," stands out from the crowd of young designers for creating one-of-a-kind, haute couture jewels. In a globalised world where most brands are owned by large consortiums, my wish is that there will always be space left for solo ventures like this one, fuelled by genius, courage and determination.

Céleste Mogador

Spilla, *Asso di picche*
2017, Francia
Pasta vitrea, tessuto, metallo
40 x 30 mm
Collezione privata

Céleste Mogador

Brooch, *Ace of Spades*
2017, France
Glassy paste, fabric, metal
40 x 30 mm
Private collection

Van Cleef & Arpels

Orecchini, *Castañuelas*
1970, Francia
Oro giallo
38 x 70 mm
Collezione Van Cleef & Arpels

Questi orecchini *Castañuelas*, firmati
Van Cleef & Arpels, fanno parte di una
serie di gioielli in oro ispirata al primo
allunaggio del 1969. Caratterizzata da
finiture che ricordano la superficie lunare,
la serie propone orecchini, pendenti e i
celebri bracciali etruschi tanto amati da
Jacqueline Kennedy Onassis.

Van Cleef & Arpels

Earrings, *Castañuelas*
1970, France
Yellow gold
38 x 70 mm
Van Cleef & Arpels collection

These *Castañuelas* earrings by Van
Cleef & Arpels, are part of a series of
gold jewellery inspired by the first moon
landing in 1969. This series featured
lunar-like surfaces and included earrings,
pendants and Jacqueline Kennedy
Onassis' famous Etruscan bracelets.

Taffin

Orecchini
2018, Stati Uniti
Vetro veneziano antico, ceramica, oro rosa
61,3 x 59 mm
Collezione Taffin

Dietro la Maison Taffin si cela James de
Givenchy, a testimonianza – ancora una
volta – dell'immenso talento della famiglia
Givenchy. Questi pendenti sono realizzati
con perle in vetro di Murano, ritenute in
passato talmente preziose da essere
utilizzate come merce di scambio.

Taffin

Earrings
2018, United States
Antique Venetian glass, ceramic, rose gold
61.3 x 59 mm
Taffin collection

James de Givenchy is behind the house
of Taffin, showing the world, yet again,
the talent of the Givenchy family. These
pendants are made from Venetian Murano
beads, which were once considered
so precious they were actually used for
trading.

SABBA

Orecchini
2018, Francia
Spinelli grigi, corallo mediterraneo,
diamanti, platino, oro giallo
110 mm
SABBA Parigi

SABBA

Earrings
2018, France
Grey spinels, Mediterranean coral,
diamonds, platinum, yellow gold
110 mm
SABBA Paris

Angela Simone

Orecchini, *Riccioli rosso-oro*
2018, Italia
Cartoncino ondulato, metallo
50 x 60 mm
Collezione Angela Simone

Angela Simone ci ricorda che qualsiasi
materiale può servire a valorizzare la
nostra bellezza, persino il cartoncino.

Angela Simone

Earrings, *Golden-Red Curls*
2018, Italy
Corrugated cardboard, metal
50 x 60 mm
Angela Simone collection

Angela Simone reminds us that any
material can be used to enhance our
beauty, even cardboard.

JAR

Orecchini, *Carnevale*
2013, Francia
Vetro veneziano, titanio
70 x 40 mm
Collezione privata

JAR, acronimo di Joel Arthur
Rosenthal, è un designer americano
che ha scelto di vivere e lavorare a
Parigi, ritenendo che nessun altro
luogo al mondo possa eguagliare il
livello di maestria raggiungibile nella
capitale francese. Dicono di lui che
sia il più grande gioielliere vivente.
Pur essendo famoso in tutto il mondo
per le creazioni realizzate con pietre
e metalli preziosi, Rosenthal riesce a
trasformare in bellezza ed eleganza
anche materiali comuni come
l'alluminio, il vetro e il titanio.

JAR

Earrings, *Carnival*
2013, France
Venetian glass, titanium
70 x 40 mm
Private collection

JAR stands for Joel Arthur Rosenthal,
an American citizen who has chosen
to live and work in Paris as he believes
that there is no match for the level of
workmanship that can be attained in
France. He is said by many to be the
world's greatest living jeweller. Though
he is famous worldwide for his work
with precious stones and metals,
Rosenthal also creates beauty and
elegance from common materials like
aluminium, glass and titanium.

Amlé

Orecchini, *Tamburelli napoletani
dipinti a gouache*
2017, Italia
Legno, pelle di capra, corallo, metallo
150 mm
Collezione Amlé

Titolare e ideatrice di Amlé, Marisa
Angelucci lavora in Campania e
si ispira alla storia, al folclore e al
tradizionale artigianato del posto.
Questi orecchini si rifanno ai famosi
guazzi napoletani del XIX secolo.

Amlé

Earrings, *Neapolitan Gouache
Painted Tambourines*
2017, Italy
Wood, goat leather, coral, metal
150 mm
Amlé collection

Marisa Angelucci is the owner and
creator of Amlé. She is based in the
Campania region and is inspired by
local history, folklore and traditional
craft. These earrings are inspired by
the famous Neapolitan gouaches of
the 19th century.

a cura di curated by
Marie-José van den Hout

Gioielleria e arte: la selezione d'oro

Erede di tre generazioni di orafi e argentieri ecclesiastici, Marie-José van den Hout ha l'oro nel DNA. Marie-José è figlia di un orafo di Roermond, città del Limburg, la provincia più meridionale dei Paesi Bassi. I fratelli avrebbero dovuto proseguire la tradizione di famiglia, in particolare il maggiore; non a caso il suo secondo nome era Eloy (da Eligio, il santo patrono degli orafi), come il padre, il nonno e il bisnonno prima di lui. La piccola Marie-José sviluppa una particolare passione per il laboratorio del nonno, noto artigiano e profondo conoscitore delle tecniche dello sbalzo e del cesello. La sua fama lo porta a viaggiare tra varie chiese, tra cui quelle di Colonia e Bruxelles, per il restauro delle reliquie. A Marie-José piace sedersi accanto a lui e tenere fra le mani la pece che blocca la base del calice a cui sta lavorando. Il suono ritmico del martello che colpisce i punzoni è musica per le sue orecchie, e ancora oggi la fa sorridere. Proprio in quel laboratorio sboccia il suo amore per la lavorazione artigianale e Marie-José acquisisce inconsape-

Jewellery & Art: The Gold Choice

Marie-José van den Hout, born into a family who were, for three generations, ecclesiastical gold- and silversmiths, probably has gold in her DNA. She was the daughter of a goldsmith's family in Roermond, a city in Limburg, the most southern province of the Netherlands. Her brothers, in particular her eldest brother, was the one to follow the family tradition – his second part of his surname was Eloy (from Eligius, the patron saint of the gold and silversmiths), like his father, his grandfather and great-grandfather. Marie-José particularly loved the workshop of her grandfather who was a well-known craftsman and a specialist in repoussé and chasing. His fame took him to churches abroad, including Cologne and Brussels, for the restoration of their reliquaries. Marie-José enjoyed sitting beside him and holding the pitch that held the chalice foot he was working on. The rhythmical sound of the hammer hitting the punches was like

Giampaolo Babetto
(1947, Italia)

Anello, *Senza titolo*
2001
Oro bianco, niello, pigmento
blu e rosso
44 x 37 x 30 mm
Collezione Marzee, Paesi Bassi

Giampaolo Babetto
(1947, Italy)

Ring, *Untitled*
2001
White gold, niello, red and blue
pigment
44 x 37 x 30 mm
The Marzee collection,
the Netherlands

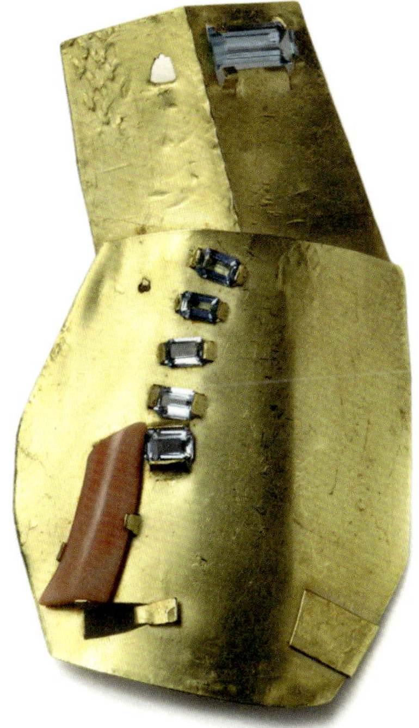

Iris Bodemer
(1970, Germania)

Spilla, *Senza titolo*
1997
Oro 18 kt, acquamarina, corallo
100 x 57 x 10 mm
Collezione Marzee, Paesi Bassi

Iris Bodemer
(1970, Germany)

Brooch, *Untitled*
1997
18 ct gold, aquamarine, coral
100 x 57 x 10 mm
The Marzee collection, the Netherlands

Rudolf Bott
(1956, Germania)

Anello, *Senza titolo*
1990
Oro 18 kt
50 x 33 x 8 mm
Collezione Marzee, Paesi Bassi

Rudolf Bott
(1956, Germany)

Ring, *Untitled*
1990
18 ct gold
50 x 33 x 8 mm
The Marzee collection,
the Netherlands

Antje Bräuer
(1972, Germania)

Spilla, *Torso*
2015
Oro 18 kt
95 x 80 x 23 mm
Collezione Marzee, Paesi Bassi

Antje Bräuer
(1972, Germany)

Brooch, *Torso*
2015
18 ct gold
95 x 80 x 23 mm
The Marzee collection,
the Netherlands

volmente i primi rudimenti. A 20 anni si iscrive all'Accademia di Belle Arti di Maastricht, dove studia oreficeria, argenteria e belle arti. Pur non sentendosi a proprio agio nei panni di artista, è molto apprezzata dagli altri perché "ha occhio" per la qualità. Dopo gli studi si sposa e ha tre figli. Il padre muore negli anni Sessanta, proprio quando il ruolo della Chiesa come principale committente di opere di oreficeria conosce un rapido declino. Nello stesso periodo, il fratello inizia a produrre gioielli e chiede aiuto a Marie-José per venderli. Lei acconsente, ma dopo qualche anno decide di affiancare alla ricercata gioielleria di lusso del fratello un'altra attività che considera più attuale e stimolante.
Nel 1979, Marie-José van den Hout apre la Galerie Marzee, una galleria interamente dedicata ai gioielli contemporanei, in un momento storico in cui vige il discusso tabù dell'oro nella gioielleria.
Nel 1980, ad esempio, l'artista e gioielliere svizzero Otto Künzli nasconde una sfera d'oro all'interno della fascia di gomma del bracciale *Gold Macht Blind* (L'oro rende ciechi),

music to her then, and still makes her happy. Here, her love for craftsmanship and tacit knowledge began to blossom. As a 20-year-old she enrolled at the Academy of Fine Arts in Maastricht, where she studied gold- and silversmithing, and fine art. She did not feel comfortable as an artist but was appreciated by others because she had "a good eye" for quality. Eventually she married and had a family of three children. Her father died in the 1960s – a time when the role of the Church as the gold- and silversmith's chief client declined rapidly. During this period, her brother started making jewellery, and asked Marie-José if she could help sell it. She did so, but after some years, decided to combine her brother's sought-after luxury jewellery with other work she considered more contemporary and challenging.
In 1979 Marie-José van den Hout opened Galerie Marzee for contemporary jewellery, in the years when the taboo of gold in art jewellery was a serious issue.

Ute Eitzenhöfer
(1969, Germania)

Anelli, *Senza titolo*
1999
Spago, oro puro
Ø 23 x 7 mm, Ø 19 x 6 mm
Collezione Marzee, Paesi Bassi

Ute Eitzenhöfer
(1969, Germany)

Rings, *Untitled*
1999
String, fine gold
Ø 23 x 7 mm, Ø 19 x 6 mm
The Marzee collection,
the Netherlands

Renate Heintze
(1936-1991, Germania)

Spilla, *Katze* (Gatto)
1978
Oro 18 kt
52 x 29 x 7 mm
Collezione Marzee, Paesi Bassi

Renate Heintze
(1936-1991, Germany)

Brooch, *Katze* (Cat)
1978
18 ct gold
52 x 29 x 7 mm
The Marzee collection,
the Netherlands

Herman Hermsen
(1953, Paesi Bassi)

Anello, *Upon Reflection*
2004
Oro bianco, ametista, quarzo citrino
51 x 24 x 21 mm
Collezione Marzee, Paesi Bassi

Herman Hermsen
(1953, the Netherlands)

Ring, *Upon Reflection*
2004
White gold, amethyst, citrine
51 x 24 x 21 mm
The Marzee collection,
the Netherlands

Yasuki Hiramatsu
(1926-2012, Giappone)

Anello, *Senza titolo*
1999
Oro puro
Ø 25 x 13 mm
Collezione Marzee, Paesi Bassi

Yasuki Hiramatsu
(1926-2012, Japan)

Ring, *Untitled*
1999
Fine gold
Ø 25 x 13 mm
The Marzee collection,
the Netherlands

asserendo che "è tempo per l'oro di tornare nell'oblio"[1]. Dalla fine degli anni Sessanta, nel tentativo di acquisire una maggiore libertà artistica, i giovani gioiellieri abbandonano i materiali preziosi per sperimentare alternative di stampo industriale, come acciaio, alluminio e acrilico. Ne segue un dibattito sulla contrapposizione tra valore del materiale e ricerca, investimento finanziario e libertà artistica, che risulta particolarmente acceso nei Paesi Bassi, dove l'oro è stato del tutto bandito dalle nuove generazioni di designer. Dal confronto tra Robert Smit e Gijs Bakker sulla domanda: "Chi ha paura dell'oro?" deriva un esauriente articolo pubblicato in una rivista d'arte olandese, l'unico dedicato alla gioielleria nella lunga storia della testata, per quanto mi è dato sapere[2].

E mentre Bakker e Smit dissertano sulle connotazioni romantiche e le implicazioni economiche dell'oro, Otto Künzli afferma che "solo con il declino degli intenti e delle forme d'arte tradizionali l'oreficeria si è svuotata di contenuti, è diventata intercambiabile e arbitraria"[3].

L'apprensione per il potenziale declino delle competenze e della perizia degli artigiani co-

In 1980 for instance, the Swiss jewellery artist, Otto Künzli, hid a gold sphere inside the rubber band of his *Gold Macht Blind* (Gold Makes You Blind) bangle, because "It was time for gold to return to the darkness."[1]

Since the late 1960s, in an attempt to acquire more artistic freedom, young jewellers have dismissed precious materials and turned to new, industrial ones such as steel, aluminium and acrylic. There have been discussions about issues of material value versus material research, and financial investment versus artistic freedom. The debate was especially fierce in the Netherlands where gold was a "no-go" for young jewellery designers. A discussion between Robert Smit and Gijs Bakker on the question "Who is afraid of gold?" resulted in an extended article in a Dutch arts magazine – the only one about jewellery as far as I know in the long history of that magazine.[2] While Bakker and Smit argued about the romantic connotations and financial implications of gold,

Rudolf Kocéa
(1968, Germania)

Spilla, *Putin zum 4* (Putin con 4)
2018
Oro 14 kt
56 x 129 x 5 mm
Collezione Marzee, Paesi Bassi

Rudolf Kocéa
(1968, Germany)

Brooch, *Putin zum 4* (Putin with 4)
2018
14 ct gold
56 x 129 x 5 mm
The Marzee collection,
the Netherlands

Winfried Krüger
(1944, Germania)

Anello, *Senza titolo*
1996
Oro 18 kt
90 x 27 mm
Collezione Marzee, Paesi Bassi

Winfried Krüger
(1944, Germany)

Ring, *Untitled*
1996
18 ct gold
90 x 27 mm
The Marzee collection,
the Netherlands

Otto Künzli
(1948, Svizzera)

Bracciale, *Gold Macht Blind*
(L'oro rende ciechi)
1980
Gomma, oro 18 kt
Ø 85 x 15 mm
Collezione Marzee, Paesi Bassi

Otto Künzli
(1948, Switzerland)

Bracelet, *Gold Macht Blind*
(Gold Makes You Blind)
1980
Rubber, 18 ct gold
Ø 85 x 15 mm
The Marzee collection, the Netherlands

Okinari Kurokawa
(1946, Cina)

Anello, *Senza titolo*
1989
Oro 20 kt
39 x 30 x 25 mm
Collezione Marzee, Paesi Bassi

Okinari Kurokawa
(1946, China)

Ring, *Untitled*
1989
20 ct gold
39 x 30 x 25 mm
The Marzee collection,
the Netherlands

evi dà una nuova carica a Marie-José van den Hout, che adora l'oro perché "è come il sole: è caldo, un materiale meraviglioso da plasmare"[4]. Teme che la straordinaria quanto antica arte dell'oreficeria, sviluppatasi migliaia di anni fa nel Medio Oriente e nel sud-est europeo, possa andare perduta. Come afferma lei stessa, "la lavorazione dell'oro è vitale, coltiva il legame tra mano, mente e cuore. Oggi mi accorgo che i giovani non ne sono più capaci e mi fa molto male. Questo è uno dei motivi per cui mi sono interessata al corso di gioielleria tenuto da Dorothea Prühl all'università Burg Giebichenstein di Halle an der Saale, in Germania. Lì la conoscenza e la lavorazione artigianale dei metalli erano tenute in grande considerazione".

La selezione di Marie-José van den Hout per Vicenza si ispira a tutte queste considerazioni ed è composta da un gruppo di manufatti che parlano di oro. Tutti i pezzi, ad eccezione della collana di Robert Smit, provengono dalla sua collezione privata, la collezione Marzee, pazientemente ampliata nel tempo e arrivata a rappresentare oggi 40 anni di

Otto Künzli stated: "Only with the decline of traditional craft forms and pursuits did gold jewellery become empty of content, interchangeable, arbitrary."[3]

Worries about a decline of the goldsmith's skills and craftsmanship in contemporary art jewellery is what drives Marie-José van den Hout. She has always loved gold because "it is like the sun, it is warm, and a beautiful material to work with."[4] She fears that the amazing old craft of the goldsmith, that developed thousands of years ago in the Middle East, and East and Southern Europe, will eventually get lost. Marie-José declares: "The processing of gold is so important, the connection between hand, head, and heart. Today I see young people who can't really do it anymore, that hurts me. This is also one of the reasons why I became interested in the jewellery class run by Dorothea Prühl at Burg Giebichenstein in Halle an der Saale, Germany. There, knowledge and craftsmanship in handling metals was held in high esteem."

Marie-José van den Hout's selection for Vicenza is inspired by all these considerations

storia e di mostre alla Galerie Marzee. La collezione di Marie-José van den Hout racconta storie personali e rapporti di amicizia ormai decennali con gli artisti. Un gioiello, in particolare, è un caro ricordo di una parentesi difficile della sua vita. Nel dicembre del 1992, mentre era impegnata a restaurare la nuova sede della galleria a Nijmegen, Marie-José cadde sul pavimento di cemento da grande altezza e si ruppe la schiena. Un amico nonché curatore del museo si prese la libertà di chiedere ad alcuni artisti di creare degli amuleti per lei.
Nel 1993, venne allestita in suo onore una mostra di 50 amuleti realizzati da artisti di ogni parte del mondo, in segno di apprezzamento e amicizia. L'amuleto di Barbara Paganin, formato da un grazioso uccellino d'oro sopra una gabbia pronto per volare via, è un ricordo dell'esposizione.
Attraverso la sua selezione d'oro, Marie-José van den Hout vuole illustrare in quanti modi questo metallo nobile viene applicato e interpretato dai gioiellieri contemporanei nei vari paesi, avendo cura di raccogliere tutti i possibili elementi delle tecniche orafe.

and she decided to choose a group of pieces that are all about gold. All the pieces, except the necklace by Robert Smit, are from her own private collection, the Marzee collection, which has grown steadily over many years and now represents a history of 40 years of exhibitions at Galerie Marzee. There are personal stories in her collection about friendships with artists that have already lasted for decades. One piece is a dear memory of a difficult period in her life. In December 1992, while busy renovating the new home for her gallery in Nijmegen, Marie-José fell from a great height onto a concrete floor. She broke her back. A friend/museum curator took it upon herself to ask artists to create amulets for her.
The exhibition of 50 amulets by artists from all over the world was presented to her in 1993 as a token of appreciation and friendship. Barbara Paganin's amulet, with the cute gold little bird on top of a copper cage, ready to fly away, is a souvenir from that

Considerato divino da molte culture e in varie epoche storiche, oggi l'oro ha cambiato immagine e fascino. Non è più solo una questione di secolarizzazione, ma anche di democratizzazione. Spogliato del suo status, finalmente l'oro è apprezzato per la bellezza e le proprietà intrinseche.

Il sentimento di gioia e calore di cui è portatore trova una perfetta espressione nel "Sole" (*Zon*) di Lucy Sarneel, formato da una spilla e una fotografia. Quest'opera incarna la spensieratezza tipica dell'autrice, che lavora principalmente con materiali non preziosi e ha un debole per lo zinco. La bambina (sua figlia Anna) guarda il sole e lo afferra al tempo stesso come un binocolo, trasmettendo un senso di desiderio.

Questo suo anelare a qualcosa, magari a un futuro migliore, potrebbe essere anche il significato della collana con tre lucenti barchette d'oro firmata da Anette Walz. Le fragilissime imbarcazioni, ottenute piegando una lamina d'oro zecchino, rischiano di strapparsi con estrema facilità tra le mani e sono legate a un filo sottilissimo. Il contrasto tra l'idea di

exhibition. Through her Gold Choice, Marie-José van den Hout wants to show the many different ways in which gold is applied and understood by contemporary jewellery artists in different countries making sure that all the elements of the goldsmith's techniques are covered.

Gold, which once had a godly status in many cultures and ages, today has another image and appeal. This is not only a matter of secularisation but also of democratisation. Liberated from its status, gold can now be appreciated for its beauty and its properties. The feeling of joy and warmth that gold represents, is well reflected in Lucy Sarneel's *Zon* (Sun), which consists of a brooch and a photo. The piece has a playfulness that is characteristic for Lucy Sarneel, who mostly works with non-precious materials and has a preference for zinc. The little girl (her daughter Anna) looking at the sun and at the same time holding it like binoculars, breathes a sense of desire.

eternità comunicata dall'oro e la profonda vulnerabilità delle barche conferisce al gioiello un senso che va oltre l'ovvio. E se Walz ha piegato l'oro, Yasuki Hiramatsu (1926-2012) lo ha stropicciato. Anche se potrebbe sembrare un gesto irrispettoso nei confronti del materiale, è tutto il contrario: Hiramatsu nutriva un amore e un rispetto inarrivabili nei confronti delle sue materie prime. Per usare le sue parole, "i metalli al centro della mia produzione sono esseri viventi; quando realizzo un'opera gioco con il materiale, me ne prendo cura, lo sfido, lo incoraggio"[5]. Partendo da questo presupposto, è chiaro che per accartocciare l'oro serve una buona dose di coraggio. Grazie a questa manipolazione, il materiale acquista forza e calore e riflette la luce tanto da sembrare un sole.

La spilla di Christine Matthias invece, ispirata a una che portava la nonna, ha l'aspetto di uno scudo protettivo sbalzato e cesellato. È composta da varie parti saldate con l'ausilio di linguette piegate che ricordano quelle dei giocattoli di latta.

Anche Iris Bodemer fa uso di questa tecnica per unire le sezioni, e persino per inca-

Longing for something, a better future maybe, might also be the meaning of the necklace with the three intensely glowing golden boats by Anette Walz. The boats, folded from fine gold, are fragile and easily tear when handled. They are threaded to a very thin yarn. The contrast between the idea of eternity connected with gold, and the intense vulnerability of the boats provides this necklace with a meaning that goes beyond the obvious. While Walz folded her fine gold, Yasuki Hiramatsu (1926-2012) crumpled his. This may look like a rather disrespectful handling of the material but the opposite is true: Hiramatsu respected and loved his materials like no other. In his own words: "The metals which I mainly use are like living things; when I make a piece I play, worry, struggle with it, and I encourage it."[5] With that in mind, we understand that crumpling fine gold takes courage. By handling the material in this way, it gains strength and warmth and reflects the light so that it seems to shine like the sun.

Stefano Marchetti
(1970, Italia)

Anello, *Senza titolo*
1994
Oro, argento, shibuichi
Ø 27 x 22 mm
Collezione Marzee, Paesi Bassi

Stefano Marchetti
(1970, Italy)

Ring, *Untitled*
1994
Gold, silver, shibuichi
Ø 27 x 22 mm
The Marzee collection,
the Netherlands

Christine Matthias
(1969, Germania)

Spilla, *Brustschild* (Coppa per seno) *n. 2*
2007
Oro 14 kt
145 x 147 x 16 mm
Collezione Marzee, Paesi Bassi

Christine Matthias
(1969, Germany)

Brooch, *Brustschild* (Breast Shield) *n. 2*
2007
14 ct gold
145 mm x 147 x 16 mm
The Marzee collection,
the Netherlands

Ted Noten
(1956, Paesi Bassi)

Anello, *Dolkring* (Anello con daga)
1996
Oro, acrilico, piuma bianca
64 x 21 x 6 mm
Collezione Marzee, Paesi Bassi

Ted Noten
(1956, the Netherlands)

Ring, *Dolkring* (Dagger Ring)
1996
Gold, acrylic, white feather
64 x 21 x 6 mm
The Marzee collection,
the Netherlands

Barbara Paganin
(1961, Italia)

Amuleto
1993
Oro 18 kt, ottone
27 x 29 x 22 mm
Collezione Marzee, Paesi Bassi

Barbara Paganin
(1961, Italy)

Amulet
1993
18 ct gold, brass
27 x 29 x 22 mm
The Marzee collection,
the Netherlands

stonare pietre di acquamarina e un frammento di corallo rosso nella sua spilla. A volte, anche se non in questa creazione in particolare, per ottenere lo stesso risultato Bodemer si serve delle graffette, a riprova dell'atteggiamento temerario nei confronti dei metalli preziosi. I suoi gioielli sono come composizioni o collage e il disegno è una fonte d'ispirazione primaria nella sua opera.

Diversi, ma sempre basati sul fissaggio tramite linguette, sono gli anelli di Ute Eitzenhöfer. Questa coppia è realizzata con un semplice filo di spago avvolto intorno al dito, come quelli dei bambini. Eitzenhöfer ha poi utilizzato un frammento d'oro per fermare lo spago, attribuendo all'oro un ruolo non solo puramente decorativo, ma anche funzionale.

La sontuosa collana di Vera Siemund è realizzata lavorando a sbalzo una lamina d'oro di soli 0,3 mm di spessore e traforando la decorazione a mano. L'artista l'ha prodotta quando ancora studiava ad Halle e dimostra la sua assoluta maestria artigianale. La collana ricorda i centrini di carta usati per presentare torte e dolci.

The brooch by Christine Matthias, inspired by a brooch her grandmother used to wear, looks like a protective shield, and is embossed and chased. It is made in different parts which are joined with the help of folded tabs that are reminiscent of those used in tin toys.

Iris Bodemer also uses folded tabs to attach parts, and even to set the aquamarine stones and the piece of red coral in her brooch. Sometimes, though not in this piece, she uses staples to join things – proof of a fearless attitude towards precious metals. Her jewellery pieces are like compositions, or collages. Drawing is an important inspiration for her work.

Quite different but also using folded tabs to attach something are the rings by Ute Eitzenhöfer. The rings are made from simple string that is wound around the finger, like children do. Eitzenhöfer used a piece of folded gold to close the rings and by doing

Con il suo particolare design, l'anello in oro fuso di Rudolf Bott sembra quasi proiettato in avanti. Bott ha volutamente lasciato la superficie dell'oro grezza, permettendoci di intravvedere i segni del processo di lavorazione. Il modello dell'anello è stato inciso nella cera e si distinguono chiaramente le tracce degli attrezzi impiegati. A giudicare dalla superficie dell'oro, probabilmente ha usato un riempitivo. Tutti questi fattori concorrono a creare un senso di dinamismo e la lavorazione manuale contrasta con l'eleganza e la lucidità degli anelli d'oro industriali.

Anche l'anello di Winfried Krüger è ottenuto per colata. Per la sua produzione, Krüger fondeva piccoli oggetti funzionali di scarto in oro o argento e questo anello probabilmente ha dato nuova vita alla chiusura di una borsa in plastica.

A modo loro, tutti i sei artisti tedeschi (Matthias, Bodemer, Eitzenhöfer, Siemund, Bott e Krüger) abbinano efficacemente il prezioso all'ordinario.

La spilla astratta a forma di busto di Antje Bräuer è cesellata in una lamina d'oro. Incur-

so she changed the meaning of gold from purely decorative to functional. The festive necklace by Vera Siemund is only 0.3 mm thick and made by embossing a gold sheet and hand-piercing the decoration. She made it when she was still a student in Halle, and it shows her great craftsmanship. The necklace reminds us of the paper doilies that are used to present cakes or desserts.

Rudolf Bott's ring is cast in gold and because of the design seems to move forward. Bott deliberately left the gold rather unpolished, and this is why we can see the traces of his work process. The model for the ring was carved in wax, traces of the tools he used are visible, and the surface of the gold looks as if he used filler. It all adds to an atmosphere of speed, and workmanship contrasting with the elegance and smoothness of industrial gold rings.

Winfried Krüger's ring is also cast. He used to cast small, discarded functional objects

vando delicatamente le spalle, il braccio, il collo e il corpo in avanti e lucidando con cura la superficie dorata, l'autrice è riuscita a conferire al materiale una spiccata fisicità. Ha imparato a padroneggiare questa complicata tecnica alla Burg Giebichenstein di Halle, dove ha studiato sotto la guida di Dorothea Prühl.
Lo sbalzo e il cesello sono lavorazioni spesso impiegate per realizzare rappresentazioni e decori in metallo.
Una ex docente della Burg Giebichenstein, Renate Heintze (1936-1991), le ha applicate a questo piccolo gatto d'oro. L'aggiunta di pochissimi tratti al disegno è sufficiente a evocare l'immagine di un gatto che si lava, placidamente accoccolato.
Rudolf Kocéa, altro allievo di Dorothea Prühl ad Halle, sfrutta la stessa tecnica per creare spille che riproducono sequenze di scene contemporanee. I suoi soggetti imitano le immagini dei giornali e sono tematici e a sfondo prevalentemente politico, ad esempio Trump, la Merkel e Putin. Durante la lavorazione, Kocéa alterna l'uso dei punzoni sul

in silver or gold for his jewellery and this ring is probably cast from a plastic bag fastener. The six Germans (Matthias, Bodemer, Eitzenhöfer, Siemund, Bott and Krüger) in their own way all successfully pair the precious with the ordinary.
The abstract *Torso* brooch by Antje Bräuer is chased in a sheet of gold. By smoothly curving the shoulders, arm, neck and body inwards and gently polishing the gold surface, she managed to give the material a bodily appeal. She mastered this complicated technique in Halle, where she studied with Dorothea Prühl at Burg Giebichenstein.
Repoussé and chasing are techniques that are often used to make representations or decorations in metal.
A former teacher at Burg Giebichenstein, Renate Heintze (1936-1991), used this technique for a small cat in gold. By using only a few lines in the design she succeeded in conjuring up an image of a cat peacefully cleaning itself.

fronte e sul retro della lamina d'oro: una tecnica complessa e impegnativa che fa da contraltare alla frenesia e alla mutevolezza delle notizie e della stampa. L'oro è un materiale che si presta anche alla realizzazione di disegni geometrici e architettonici. Il padovano Giampaolo Babetto è un maestro delle strutture architettoniche e prepara personalmente le sue leghe in base a ciò che gli serve, ad esempio un colore particolare. Per questo anello con tre piani colorati che sembrano danzare tra gli spigoli della base squadrata, ha messo a punto una lega d'oro bianco dalla tonalità leggermente giallognola. Il metallo è rifinito in modo tale da non luccicare e porta i segni appena percettibili di una lima, mentre i tre piani obliqui sono rivestiti da uno strato di pigmento colorato e niello. Tutte le scelte di Babetto sono tese all'equilibrio. Serve un talento assoluto per lavorare in questo modo e per creare un anello simile a una micro-scultura, un oggetto da contemplare nella sua autonomia.

La perfezione, seppure in un'altra chiave, è anche il punto di partenza dell'anello di

Rudolf Kocéa, who studied in Halle with Dorothea Prühl, uses the same technique to create brooches presenting a series of contemporary tableaux. Replicating newspaper images his subjects are topical, predominantly political: Trump, Merkel and Putin, for example. He works the material by alternately using his punches on the back and front of a gold sheet – a complex and labour-intensive technique that contrasts with the speed and exchangeability of the latest news and news media.

Gold is a suitable material to create architectural and geometric designs. Giampaolo Babetto from Padua is the master of architectonic constructions. He makes his own alloys according to what he needs, a certain colour for instance. For the ring with three coloured planes that seem to dance between the sharp angles of the square ring, he made a white gold alloy that has a soft yellowish tonality. The gold is finished in such a way that it does not shine but shows fine file marks, while the three oblique planes

Francesco Pavan
(1937, Italia)

Anello, *Möbius Ring*
1989
Oro 18 kt, smalto blu
Ø 35 x 14 mm
Collezione Marzee, Paesi Bassi

Francesco Pavan
(1937, Italy)

Ring, *Möbius Ring*
1989
18 ct gold, blue enamel
Ø 35 x 14 mm
The Marzee collection,
the Netherlands

Annelies Planteijdt
(1956, Paesi Bassi)

Collana, *El Olor de la Vida*
(L'odore della vita)
1987
Oro 18 kt
L. 2700 x 40 mm
Collezione Marzee, Paesi Bassi

Annelies Planteijdt
(1956, the Netherlands)

Necklace, *El Olor de la Vida*
(The Smell of Life)
1987
18 ct gold
L. 2700 x 40 mm
The Marzee collection,
the Netherlands

Okinari Kurokawa. L'impressione è che la fascia quadrata penetri nella semisfera, saldata in una posizione piuttosto insolita. Il gioiello rientra in una serie di anelli squadrati decorati con il motivo della sfera (semisfere, doppie semisfere, sfere complete, ecc.). Ogni opera è espressione di un'armonia totale: la composizione è completamente bilanciata.

L'anello in lamina di Etsuko Sonobe è una struttura semplice ed elegante basata su un cerchio e un disco tenuti insieme da due scanalature incise del disco stesso. Separando le due parti e disponendole in piano, il disco si inserisce esattamente nella circonferenza. Sonobe ha elaborato anche una variante dell'anello con una sola scanalatura. I suoi gioielli sono caratterizzati da una pacata perfezione.

Herman Hermsen prende una lastra d'oro bianco lucidissima e la colloca sopra un ampio anello per creare un'illusione ottica con mezza ametista e mezzo citrino.

L'anello *Möbius* di Francesco Pavan riprende un noto tema matematico molto presente

are covered under a skin of coloured pigment and niello. Every decision he makes is in balance. It takes the best skills to work like this, and to create a ring that is more like a small sculpture – an autonomous object for contemplation.

Perfection, but of a different kind, is also the basis of Okinari Kurokawa's ring. The square ring looks as if it goes through the half sphere, which is soldered in a rather strange position. The ring is part of a series of square rings carrying spheres as an ornament: half spheres, double half spheres, full spheres etc. They express utmost harmony – the composition is completely balanced.

The sheet ring by Etsuko Sonobe is a simple and elegant construction based on a circle and a disc, held together by two grooves in the disc. When the two parts of the ring are separated and laid out flat, the disc fits exactly in the circle. She also made a variation of this ring with one groove. Her jewellery is characterised by a quiet perfection.

nel Modernismo, sia a livello di arte che di design e gioielleria. Applicando uno strato di smalto blu sopra l'oro giallo, l'anello emana luce. Il progetto è del 1989. Pavan è un monumento della gioielleria padovana, noto per l'impiego dell'oro come base per creare strutture geometriche nette e a volte colorate, preferibilmente con smalto rosso o blu.
La collana *Due cerchi* di Dorothea Prühl della scuola di Halle an der Saale è uno degli oggetti più semplici mai prodotti dall'artista. Nella sua essenzialità, tuttavia, fa risaltare le incredibili transizioni tra le curve, dalle superfici verticali a quelle piane, adattate alla forma del corpo.
Sia Philip Sajet sia Ted Noten hanno scelto l'oro come materiale per i loro anelli "pericolosi". Mentre però Ted Noten smorza l'aspetto minaccioso del suo anello a daga (*Dolg*) aggiungendo una piuma bianca nella punta in acrilico del pugnale, Philip Sajet preferisce calcare la mano sul rischio.
Il suo *Anello di Damocle* provoca dolore ed è potenzialmente lesivo per chi lo indossa,

Herman Hermsen uses a highly polished white gold plane, placed on top of a broad ring, to create an optical illusion with half an amethyst and half a citrine.
Francesco Pavan's *Möbius Ring* refers to a well-known mathematical theme that was used regularly in Modernist art, design and jewellery. By applying a blue enamel on top of the yellow gold, the ring radiates. The design of the ring is of 1989. Pavan is the grand old man of Paduan jewellery who uses gold to build clear geometric constructions that are sometimes coloured, preferably with red or blue enamel.
The *Two Hoops* necklace by Dorothea Prühl from Halle an der Saale, is one of the simplest designs Prühl ever made. In all its simplicity, it shows amazing transitions in the curves – from upright to flat surfaces, adapted to the shape of the body.
Both Philip Sajet and Ted Noten use gold as the basis for dangerous rings. Yet, where Ted Noten alleviates the danger of his *Dolk* (Dagger) ring by adding a soft white feather

Dorothea Prühl
(1937, Germania)

Collana, *Zwei Reifen* (Due cerchi)
1998
Oro
330 x 195 x 30 mm
Collezione Marzee, Paesi Bassi

Dorothea Prühl
(1937, Germany)

Necklace, *Zwei Reifen* (Two Hoops)
1998
Gold
330 x 195 x 30 mm
The Marzee collection,
the Netherlands

Philip Sajet
(1953, Paesi Bassi)

Anello, *Damocles*
1988
Oro, cristallo di rocca
73 x 22 x 16 mm
Collezione Marzee, Paesi Bassi

Philip Sajet
(1953, the Netherlands)

Ring, *Damocles*
1988
Gold, rock crystal
73 x 22 x 16 mm
The Marzee collection, the
Netherlands

dato che la punta acuminata del cristallo di rocca fende la carne del dito. Per entrambi gli orafi olandesi, l'oro è ambasciatore di un messaggio, e non la colonna portante del progetto: è il mezzo più appropriato per raccontare una storia di violenza, pericolo e introspezione.

Sempre dai Paesi Bassi, Robert Smit adotta un approccio del tutto diverso all'oro. La sua collana *Cane con la bocca rossa* è realizzata esclusivamente con un filo d'oro a sezione squadrata che pende da una lunga catena dorata. È sorprendente come l'artista, modellando una linea secondo un disegno tridimensionale, sia riuscito a conferire a questo cagnolino mansueto un'espressione di innocenza, data dalle orecchie a penzoloni e dal rosso del naso e della bocca. Negli anni in cui ha realizzato la collana, Smit stava lavorando a un corpus di lavori influenzato dai ricordi d'infanzia mescolati a storie di finzione.

La catena, abilmente integrata nella collana di Smit, è un genere diffuso nell'oreficeria.

in the acrylic point of the dagger, Philip Sajet exaggerates the danger. Philip Sajet's *Damocles Ring* is really painful and potentially harmful for the wearer who will experience the ultra-sharp rock crystal cutting into the flesh of his or her finger.

For both Dutch makers, the gold is just a carrier of a message. Not the most important part of the design but an appropriate way to transmit a story about violence, danger and introspection.

Robert Smit, another Dutch artist, shows a completely different attitude towards gold. His *Dog with Red Mouth* necklace is completely made from square gold wire, which hangs from a long gold chain. The artist succeeded in capturing in a striking way an expression of innocence in this three-dimensional line drawing of a good dog with droopy ears and a red nose and mouth. The necklace was created in a period when Smit made a body of work influenced by memories of his youth mixed with fictional

Annelies Planteijdt, un'altra artista nederlandese, ne ha creata un'ingegnosa versione a partire da un filo d'oro a sezione rotonda. Ogni anello è stato martellato fino a ottenere una forma diversa e, anche se il design potrebbe sembrare caotico, segue una sua logica interna.

La collana *Quattro rane* di Andrea Wippermann, scuola di Halle, è quasi uno schizzo realizzato con quattro frammenti di strisce d'oro martellate e piegate. Il quartetto di elementi allude semplicemente alle gambe delle rane, che pur non essendo realistiche sono riconoscibili da tutti. Per fissare i pendenti al filo l'artista li ha semplicemente legati, una soluzione davvero poco ortodossa per una collana d'oro.

E se la collana di Wippermann ricorda uno schizzo, la magnifica spilla di Graziano Visintin è parimenti assimilabile a un quadro. Visintin usa l'oro come una tela formata da due parti per realizzare un dipinto in niello, smalto e foglia d'oro. Le tonalità morbide, le pennellate e gli schizzi di smalto sono in perfetta armonia con i graffi nell'oro.

stories. The chain, so cleverly integrated in Smit's necklace, is a popular genre in gold jewellery. Annelies Planteijdt, also from the Netherlands, created an ingenious link chain from round gold wire. Every link is hammered in a different shape, and the design may look chaotic but has an internal logic.

The *Four Frogs* necklace by Andrea Wippermann from Halle is like a sketch, made from four pieces of hammered and bent gold strips. The four elements only allude to the legs of a frog, they are not realistic at all but recognisable to anyone. The way the artist connected the elements with thread by simply tying them up is a very unconventional way of making a gold necklace.

Where Wippermann's necklace reminds us of a sketch, Graziano Visintin's beautiful brooch is reminiscent of a painting. Visintin uses gold as a canvas that consists of two parts, for a painting in niello, enamel and gold leaf. The soft tones, the brush strokes and splashes of enamel harmonise very well with the scratches in the gold. Stefano

Stefano Marchetti è considerato da Marie-José van den Hout "un inventore nel campo dei metalli, un innovatore al pari di Leonardo". Da giovane, Marchetti dovette scegliere se studiare chimica o gioielleria e scelse la seconda. Producendo le leghe da sé, riesce a creare gioielli con motivi a mosaico e ad applicare al metallo delicati effetti cromatici. La fantasia di questo anello è composta da linee e superfici in argento, rame e shibuichi. Marchetti produce personalmente anche lo shibuichi, un'antica lega giapponese di rame e argento in grado di assorbire varie patine. In un'intervista Marchetti ha dichiarato: "Mi sono appassionato fin da piccolo al metallo, al fuoco, alla chimica e ai computer. I miei mosaici sono una fusione di tutti questi ingredienti". Come la maggior parte dei colleghi italiani, Marchetti adora lavorare l'oro. In sintonia con Marie-José van den Hout, ritiene che oggi non siano molti i gioiellieri che vogliono trattarlo e che sanno come si fa. Lui ha scelto di usarlo perché: "Mi piace. Credo ci sia ancora molto da fare e da inventare con l'oro e, in ogni caso, andare controcorrente è la mia passione"[6].

Marchetti is characterised by Marie-José van den Hout as an "inventor in metal, an innovator like Leonardo." As a young man, Marchetti had to decide between studying chemistry or jewellery. He chose the latter; he makes his own alloys, which allows him to use mosaic-like patterns in his jewellery and achieve subtle colourings of the metal. The ring shows a pattern of silver, copper and shibuichi lines and surfaces. Marchetti makes shibuichi himself: it is an ancient Japanese method of making an alloy of silver and copper which can take on a wide range of patinas. In an interview Marchetti said: "Since I was a kid I've been in love with metal, fire, chemistry, computers etc. My mosaics are just the merging of all these ingredients." Marchetti, like most of his Italian colleagues, loves to work with gold. Like Marie-José van den Hout he sees that there are not many makers today who are able and willing to work with it. He uses gold because: "I like it, I think there's still a lot to do and a lot to invent with it, and, in any case, I love swimming against the tide."[6]

Lucy Sarneel
(1961, Paesi Bassi)

Spilla su pannello, *Sun*
2004
Oro, fotografia incollata su MDF
157 x 117 x 16 mm; Ø 70 x 4 mm
Collezione Marzee, Paesi Bassi

Lucy Sarneel
(1961, the Netherlands)

Brooch on panel, *Sun*
2004
Gold, photo glued on MDF
157 x 117 x 16 mm; Ø 70 x 4 mm
The Marzee collection, the
Netherlands

Vera Siemund
(1971, Germania)

Collana, *Senza titolo*
1999
Oro
Ø 362 x 9 mm; S. 0,3 mm
Collezione Marzee, Paesi Bassi

Vera Siemund
(1971, Germany)

Necklace, *Untitled*
1999
Gold
Ø 362 x 9 mm; T. 0.3 mm
The Marzee collection, the
Netherlands

Etsuko Sonobe
(1955, Giappone)

Anello, *Senza titolo*
2002
Oro 18 kt
25 x 20 mm
Collezione Marzee, Paesi Bassi

Etsuko Sonobe
(1955, Japan)

Ring, *Untitled*
2002
18 ct gold
25 x 20 mm
The Marzee collection,
the Netherlands

Robert Smit
(1941, Paesi Bassi)

Collana, *Dog with Red Mouth*
1997
Oro 18 kt, smalto
L. 330; cane 125 x 135 x 100 mm
Collezione Museo CODA,
Apeldoorn (Paesi Bassi)

Robert Smit
(1941, the Netherlands)

Necklace, *Dog with Red Mouth*
1997
18 ct gold, lacquer
L. 330; dog 125 x 135 x 100 mm
Collection CODA Museum,
Apeldoorn (the Netherlands)

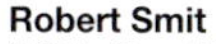

Graziano Visintin
(1954, Italia)

Spilla, *Senza titolo*
2003
Oro 18 kt, smalto, niello, foglia d'oro
76 x 49 x 3 mm
Collezione Marzee, Paesi Bassi

Graziano Visintin
(1954, Italy)

Brooch, *Untitled*
2003
18 ct gold, enamel, niello, gold leaf
76 x 49 x 3 mm
The Marzee collection,
the Netherlands

Anette Walz
(1970, Germania)

Collana, *Under Way*
2004
Oro puro
430 x 65 x 27 mm
Collezione Marzee, Paesi Bassi

Anette Walz
(1970, Germany)

Necklace, *Under Way*
2004
Fine gold
430 x 65 x 27 mm
The Marzee collection,
the Netherlands

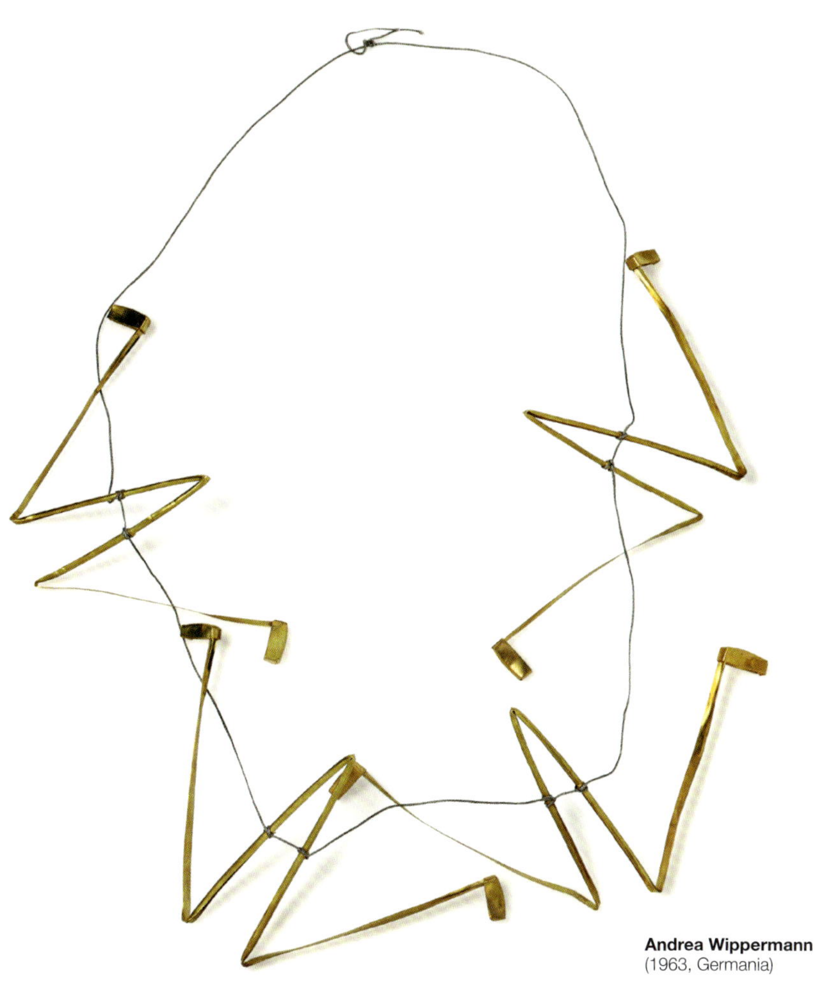

Andrea Wippermann
(1963, Germania)

Collana, *Vier Frösche* (Quattro rane)
2001
Oro
Ø 300 mm x h 30 mm
Collezione Marzee, Paesi Bassi

Andrea Wippermann
(1963, Germany)

Necklace, *Vier Frösche* (Four Frogs)
2001
Gold
Ø 300 mm x h 30 mm
The Marzee collection,
the Netherlands

Andare controcorrente è un tratto comune a molti dei 27 artisti selezionati da Marie-José van den Hout per la sua "Art in Gold Choice", ognuno dei quali incarna un orientamento e una tecnica di lavorazione sui generis. Mentre italiani, tedeschi e giapponesi apprezzano i virtuosismi tecnici e la perfezione, la scuola olandese predilige un approccio più concettuale all'oro. La gioielleria olandese non ruota intorno ai virtuosismi, ma alla storia che l'artista vuole comunicare. È una questione di *forma mentis*, ma anche di istruzione: i Paesi Bassi non hanno istituzioni come la Burg Giebichenstein di Halle o l'Istituto Statale d'Arte Pietro Selvatico di Padova. Lì l'offerta formativa punta maggiormente sul design e sullo sviluppo di idee e, nel caso dell'oro, può essere una scelta vincente.
Liesbeth den Besten, 28 giugno 2018

The 27 artists in the "Art in Gold Choice" of Marie-José van den Hout represent different attitudes and ways of working, some do indeed swim against the tide. While the Italians, Germans and Japanese appreciate technical virtuosity, and perfection, the Dutch show a more conceptual way of dealing with gold. Dutch jewellery is less about virtuosity, and more about the story the artists want to transmit. This has to do with a mentality but also with education. The Netherlands simply do not not have institutions such as Burg Giebichenstein in Halle or the Istituto Statale d'Arte Pietro Selvatico in Padua. In the Netherlands the emphasis in education is rather on the design and the development of ideas. And accordingly, in that case gold can be a good choice.
Liesbeth den Besten, 28 June 2018

[1] Otto Künzli, *Das dritte Auge – The Third Eye – Het derde oog*, Amsterdam, Stedelijk Museum 1991, p. 20.
[2] Goldert van Colmjon, "Een onpersoonlijk lijf tegenover de borst van Rob van Koningsbruggen, Godert van Colmjon in gesprek met Gijs Bakker en Robert Smit", in: "Museumjournaal" 3 e 4 1986, pp. 169-180.
[3] Otto Künzli, *Das dritte Auge – The Third Eye – Het derde oog*, Amsterdam, Stedelijk Museum 1991, p. 20.
[4] Tutte le citazioni sono tratte da un'intervista di Liesbeth den Besten a Marie-José van den Hout, 26 giugno 2018.
[5] https://artjewelryforum.org/yasuki-hiramatsu-1926-2012 – visitato in data 27 giugno 2018.
[6] https://artjewelryforum.org/in-conversation-with-stefano-marchetti – visitato in data 27 giugno 2018.

[1] Otto Künzli, *Das dritte Auge – The Third Eye – Het derde oog*, Amsterdam, Stedelijk Museum 1991, p. 20.
[2] Goldert van Colmjon, "Een onpersoonlijk lijf tegenover de borst van Rob van Koningsbruggen, Godert van Colmjon in gesprek met Gijs Bakker en Robert Smit", in: "Museumjournaal" 3 & 4 1986, pp. 169-180.
[3] Otto Künzli, *Das dritte Auge – The Third Eye – Het derde oog*, Amsterdam, Stedelijk Museum 1991, p. 20.
[4] All quotes are from an interview by Liesbeth den Besten with Marie-José van den Hout, 26th June 2018.
[5] https://artjewelryforum.org/yasuki-hiramatsu-1926-2012 – visited 27 June 2018.
[6] https://artjewelryforum.org/in-conversation-with-stefano-marchetti – visited 27 June 2018.

Moda & Fashion

a cura di curated by
Chichi Meroni

Bruno Munari, uno dei massimi protagonisti dell'arte, del design e della grafica del XX secolo, osservava che: "se l'autore di un gioiello ha una buona cultura attuale, produrrà dei gioielli aventi riferimenti alle arti, a quelle che una volta erano definite come arti maggiori, a quelle forme di espressione dove nascevano gli stili. Un gioiello gotico, un gioiello futurista, arabo, cinese, liberty, astratto. Oppure un gioiello liberty cinese, o astratto arabo o persiano".
Questa mostra vuole essere un invito su una nave immaginaria che navigherà alla ricerca di scrigni di tesori nascosti.
Nove sono le mete di questo viaggio e nove le teche, ognuna ignara "custode" di un'Arte, e che, guardiane dalla delicata trasparenza, raccontano al sognante viaggiatore la storia del bijoux fantasia che ha abbracciato nel tempo, in un vincolo di reciproca esaltazione, la pittura e la scultura, la musica e la danza, il teatro e la letteratura, l'architettura ed infine il design e la moda. Un legame antico, come un amore indissolubile che si trasforma in quel racconto, fatto di pietre e metalli dorati, e in un'evoluzione creativa

Bruno Munari, a leading player in 20th century art, design and graphics, observed that: "If the author of an item of jewellery has a good modern culture, he will produce jewellery with references to the arts, to those that were once defined as the greater arts, to those forms of expression that styles are born from. A Gothic jewel, a futuristic jewel, Arabic, Chinese, Liberty, abstract. Or a Chinese Liberty jewel, or Arabic or Persian abstract jewel."
This exhibition aims to be an invitation to board an imaginary ship to sail in search of hidden treasures.
There are nine stops along this journey and nine display cases, each unwittingly the "custodian" of an Art; and, as delicately transparent guardians, they tell the dreaming traveller the history during which jewellery, through the ages, has embraced, in a bond of reciprocal exaltation, painting and sculpture, music and dance, theatre and literature, architecture, design and fashion. An ancient bond, like an inseparable and eternal love that has become a story made of stones and gilt metals, a creative evolution that has

per divenire un riferimento essenziale per conoscere stili, epoche e civiltà. Noi abbiamo desiderato aggiungere alle sette Arti consacrate il Design e la Moda, complici creative ed amanti costanti del mondo delle Arti e che giorno dopo giorno hanno avuto e, oggi più che mai, hanno un impatto indiscutibile sulle trasformazioni della nostra società.

Esiste un codice da decodificare che costruisce un dialogo silenzioso tra chi indossa un bijou e lo sguardo di chi si sofferma per ammirarlo. Non è solo accessorio ma primitivo e attualissimo mezzo di comunicazione che diviene simbolo indicatore della volontà di espressione propria, strumento per rispondere al bisogno naturale dell'uomo di distinguersi, di mostrare non solo la propria appartenenza ad un gusto, ad un'epoca, ad una cultura, ma altresì, all'interno della società, la propria posizione. Il bijoux crea uno scambio emotivo con l'altro durante il quale una parte di sé viene donata per rivelare, a volte, solo la realtà esteriore altra per consentire a dare una fuggevole occhiata al nostro mondo interiore fatto di desideri, aspirazioni, valori e conoscenze. Il bijou fantasia non

become an essential reference for understanding styles, eras and civilizations. We wanted to add Design and Fashion to the seven ordained Arts, two creative accomplices and constant lovers of the world of Arts, which, day by day, now, more than ever, have had an indisputable impact on transformations within our society.

There is a code to decipher that builds a silent dialogue between the person wearing a bijou item and the look of those who stop to admire it. Costume Jewelry is not just an accessory, it is a primitive and highly modern means of communication, a symbol indicating a desire for self expression, a tool with which to respond to the natural need for man to distinguish himself, to show his belonging to a style, to an era, a culture and his own position within society. An emotional exchange with another during which part of us is transmitted so that our exterior reality is perceived and one which invites the other to take a fleeting glance at our interior world made up of desires, aspirations, values, awareness. Costume Jewelry does not wait to be given as a gift or something to

attende di essere regalato, e anche se contemplato dietro una vetrina con uno sguardo trasognato come quello di Holly Golightly nel film *Colazione da Tiffany*, non resta più solo desiderio inesaudito o irraggiungibile.

Sin dall'antichità l'uomo e la donna hanno adornato il proprio corpo, le proprie vesti, con elementi preziosi o poveri, questo bisogno connaturato all'essere umano ha vissuto trasformazioni di simboli e significati. Ciò che portiamo con noi diviene, di volta in volta, metafora di potere, sicurezza, seduzione, distinzione, prestigio, gioco, immaginazione, cultura o forse, più semplicemente, gratificazione del nostro naturale desiderio di bellezza.

be gazed at through a window with a dreamy look, like that of Holly Golightly in *Breakfast at Tiffany's*. It is no longer just an unfulfilled or unattainable desire.

Since ancient times, men and women have adorned their bodies and clothes with jewellery made of precious or poor materials and this inborn human characteristic has undergone transformations in terms of symbols and meanings. As time goes on, what we carry with us becomes a metaphor of power, safety, seduction, distinction, prestige, play, imagination, culture or perhaps, more simply, the gratification of our natural desire for beauty.

Allo stesso modo l'arte in tutte le sue manifestazioni, tramite la mano dell'artista, ha sempre utilizzato il gioiello per "ornare" la sua opera così come il bijou, accessorio per eccellenza nell'ornamento femminile, ha impreziosito nel tempo gli abiti, accompagnando lo sviluppo delle tendenze della moda. Si può affermare quindi che l'evoluzione del gioiello è il riflesso dei fermenti creativi dei grandi movimenti culturali ed artistici che si sono succeduti nel tempo. Scrittori, pittori e scultori, scenografi-coreografi- appartenenti al mondo della danza, della musica, del teatro, e, in tempi moderni anche progettisti che cercano strade nuove in cui cimentarsi, diverse dall'architettura, hanno lavorato sul gioiello per esprimere la visione più eclettica della loro arte.

In the same way, art, in all its manifestations, through the hand of the artist, has often used jewellery to "decorate" its subjects. *Bijou divertissement* in female adornment, has embellished dresses through the years, accompanying the development of fashion trends. The evolution of jewellery is the reflection of the creative successes of the great cultural and artistic movements that have occurred in time. Writers, painters and sculptors, set designers, choreographers belonging to the world of dance, music and theatre, and, in modern times, even designers looking for new roads to embark upon instead of architecture, have worked on jewellery to express the most eclectic vision of their art.

Le Sette arti

La Scultura

Nel 1929 in Francia fu costituita l'Union des Artistes Modernes di cui facevano parte, tra gli altri, gli architetti Le Corbusier e Charlotte Perriand, i gioiellieri Raymond Templier e George Sandoz, lo scultore-designer-argentiere Jean Puiforcat. Unione che già nobilitava, unificandoli, il mondo delle arti con la gioielleria e il design.

Gustav Miklos, scultore e pittore ungherese ungherese e membro dell'Union dal 1929, con le sue creazioni ha rappresentato questa commistione tra scultura e design del gioiello. Dopo essersi trasferito nel 1909 a Parigi per lavorare nello studio del couturier Jacques Doucet, si dedica, in questo periodo, alla scultura con un linguaggio decorativo influenzato dallo stile cubista a cui si ispira per la sua prima produzione di gioielli per la Maison Raymond Templier. Il suo stile, condizionato anche dall'arte bizantina unita

The Seven Arts

Sculpture

The Union des Artistes Modernes was established in France in 1929. Its members included, among others, architects Charlotte Perriand and Le Corbusier, jewellers Raymond Templier and George Sandoz and the sculptor-designer-silversmith, Jean Puiforcat. By uniting them, the Union already ennobled the world of the arts with jewellery and design.

A member since 1929, Gustav Miklos, the Hungarian sculptor and painter, represented, with his creations, a commingling of sculpture and jewellery design. After moving to Paris in 1909 to work in the studio of couturier Jacques Doucet, he dedicated himself to sculpture with a decorative language influenced by the cubist style from which he took inspiration for his first production of jewellery for Raymond Templier. His style, also

all'astrazione geometrica, costituirà le basi dello stile Art Déco di cui sarà precursore e pioniere.

L'arte di questo artista si estende con il suo stile distintivo su questa collana in stile Art Déco del 1930 con elementi in vetro trasparente, sfaccettato e con pendente scolpito, galvanizzato in argento, a rappresentare un volto di uomo.

Lasciamo la Francia degli anni "ruggenti" per viaggiare fino al New Mexico, e la scultura nel gioiello fantasia si veste "folk". La collana *Thunderbird* in osso, plastica e turchesi che presentiamo, ci fa conoscere la comunità degli Indios nativi del Pueblo Santo Domingo che, con la crisi della Grande Depressione, non furono più in grado di reperire i materiali più pregiati per i loro gioielli. Fu per questo allora quindi che iniziarono a creare negli anni Trenta monili realizzati con una grande varietà di pietre semipreziose, con l'aggiunta di turchesi, elementi naturali e con grande utilizzo di materiali di recupero. Essi trasformarono in tesoro anche cose prive di valore: bachelite, dischi in vinile, osso, conchiglie,

affected by Byzantine art united with geometric abstraction, was to become the basis of Art Déco style of which he was the forerunner and pioneer.

The art of this artist expands with his distinctive style in this 1930 Art Déco necklace with elements in transparent multi-faceted glass and a sculptured, galvanized silver pendant representing the face of a man.

Let's leave the "roaring" years in France to travel as far as New Mexico where sculpture in bijou jewellery takes on a "folk" look. The *Thunderbird* necklace in bone, plastic and turquoise that we are displaying, teaches us about the community of Indians in Pueblo Santo Domingo who, during the crisis of the Great Depression, were no longer able to find the most precious materials for their jewellery. This was why, in the 1930s, they began to create necklaces with the addition of natural turquoise, natural elements and, above all, recycled materials, while still managing to include a huge variety of semi-precious stones. They transformed even worthless things into treasures: Bakelite, vinyl records,

gesso, portando avanti così un'antica tradizione indigena di gioielleria artistica realizzata e divenuta una moda grazie al turismo della vicina Santa Fe, all'epoca una città in vera espansione. Queste creazioni oggi vengono considerate a tutti gli effetti opere d'arte al punto di diventare protagoniste di una mostra nell'Abby Aldrich Rockefeller Folk Art Museum of Colonial Williamsburg che racconta la storia di un popolo attraverso lo charme e il valore delle sue specifiche creazioni artistiche.

L'Architettura

Se l'architettura nasce per accogliere i movimenti dell'uomo durante la sua vita, il gioiello nasce per accompagnarli. Si ispira alle linee del design e ne resta contagiato. Abbiamo voluto raccontare la relazione tra architettura e gioiello con due bijoux realizzati da due fondatori del Gruppo Memphis, attivo In Italia negli anni Ottanta: Ettore Sottsass e Martine Bedin. Ettore Sottsass è stato uno dei primi architetti italiani contemporanei

bones, shells, chalk, thus continuing an ancient indigenous tradition of artistic jewellery-making that became fashionable due to tourism in the nearby and rapidly expanding city of Santa Fe. These creations are now considered as works of art to all effects, so much so that they are the focus of an exhibition in the Abby Aldrich Rockefeller Folk Art Museum of Colonial Williamsburg, which tells the story of a population through the charm and value of its specific artistic creations.

Architecture

If architecture was born to host the movements of man during his life, jewellery was born to accompany them. It takes inspiration from the lines of design and architecture and becomes infected. We wanted to speak about the relationship between architecture and jewellery with two items of Costume Jewelry made by two of the founding architects

Gustave Miklos per Azais

Collana con pendente con maschera
volto stilizzato di uomo, *Cubista*
Anni Quaranta, Francia
Zama argentata, elementi in vetro
trasparente

Gustave Miklos for Azais

Necklace with pendant showing
sculptured male facemask, *Cubista*
1940s, France
Silver-plated zamack, elements
in transparent glass

Tribù Pueblo Santo Domingo

Collana, *Thunderbird*
1930, New Mexico, Stati Uniti
Osso, plastica, turchesi

Pueblo Santo Domingo Tribe

Necklace, *Thunderbird*
1930, New Mexico, USA
Bone, plastic, turquoise

a disegnare gioielli già negli anni Cinquanta in collaborazione con Arnaldo Pomodoro e poi negli anni Ottanta per la Seduzione, la collezione di gioielli per Cleto Munari. Per Sottsass il design nell'arte del gioiello permette di raggiungere l'estremo della purezza perché, seguendo regole proprie, non deve piegarsi alle leggi rigorose della funzione, della produzione, della logica, liberando ancora di più lo spirito creativo dell'artista.

Un gioco di sovrapposizioni dei volumi geometrici si può ritrovare in questa collana (attribuita a Ettore Sottsass) composta da elementi geometrici in resina che si alternano per formare dei piccoli "totem" che ricordano alcune sue opere di design realizzate negli anni Sessanta. Alla pari di Sottsass, Martine Bedin trasferisce nel gioiello il linguaggio del movimento post-moderno, riprodotto in forma miniaturizzata, nella spilla *Triskellion* in argento, realizzata nel 1985 circa per Acme Studios, e che ricorda un elemento dell'architettura di interni come un interruttore o una "bottoniera" Art Déco.

of Memphis Design, which operated in the 1980s: Ettore Sottass and Martin Bedin. Ettore Sottsass was one of the first contemporary Italian architects to design jewellery back in the 1950s in collaboration with Arnoldo Pomodoro and then in the 1980s for Cleto Munari's La Seduzione jewellery collection. For Sottsass, design in the art of jewellery leads to achieving the utmost purity because, by following his own rules, the designer does not need to comply to strict laws of function, production and logic and can therefore give vent to his creative spirit.

A game of overlapping geometric volumes in resin that alternate to form small "totems" reminiscent of some of the works he created in the 1960s. In the same way as Sottsass, Martine Bedin transferred the language of the post-modern movement to jewellery, reproduced in miniaturized form, in the silver *Triskeilion* brooch, made in 1985 for Acme Studios, which recalls an element of interior architecture, such as a light switch or an Art Déco "control panel."

Martin Bedin per Acme Studios

Spilla, *Triskelion*
ca. 1985, California, USA
Argento
Punzonata 925 Studios

Martin Bedin for Acme Studios

Brooch, *Triskelion*
c. 1985, California, USA
Silver
Hallmarked 925 Studios

Ettore Sottsass

Collana, *Memphis elementi geometrici*
Anni Ottanta, Italia
Resina, metallo

Ettore Sottsass

Necklace, *Memphis elementi geometrici*
1980s, Italy
Resin, metal

La Danza

La leggenda vuole che il celebre scenografo russo George Balanchine stesse passeggiando per la 5° strada di New York negli anni Sessanta quando rimase incantato da una vetrina di Van Cleef & Arpels al punto tale da trovare l'ispirazione per un balletto dedicato esclusivamente ai gioielli, *Jewels* rappresentato con grande successo per la prima volta a New York nel 1967 con le musiche di compositori straordinari come Tchaikovsky, Stravinsky e Fauré. Se il gioiello come ornamento nasce per abbellire i corpi, in questo racconto senza storia sono invece proprio i corpi danzanti travestiti da smeraldi, rubini e diamanti a rivelarne l'essenza e la bellezza. La danza e il suo mondo immaginifico, insieme agli sbalorditivi costumi della costumista Madame Karinska dai ricchi ricami scintillanti di pietre colorate, evoca quanto i gioielli siano chiamati a simboleggiare: lo smeraldo rimanda quindi a una romantica foresta medioevale francese, il rubino ricorda

Dance

Legend has it that the famous Russian set designer, Georges Balanchine, was walking along 5th Avenue in New York in the 1960s when he was so captivated by a Van Cleef & Arpels window that it inspired him to create a dance dedicated exclusively to jewellery. *Jewels* successfully went on stage for the first time in New York in 1967 with the music of extraordinary composers: Tchaikovsky, Stravinsky and Fauré. If jewellery was created as an ornament to embellish bodies, in this performance without a story, it is the bodies themselves, dressed as emeralds, rubies and diamonds, that reveal their essence and beauty. Dance and its imaginative world, together with the amazing embroidered costumes, full of coloured precious stones, created by costume designer, Madame Karinska, all that jewels are called upon to symbolize on stage: emeralds conjure up a romantic French medieval forest, rubies are a reminder of the modernist air of America in the Jazz era, diamonds reflect the grandeur of Imperial Russia.

le atmosfere moderniste dell'America nell'era del Jazz, il diamante rispecchia la grandeur della Russia Imperiale. Molte delle spille a motivo ballerina risalgono ai tempi bui della seconda guerra mondiale, realizzate dai più famosi designer di gioielli, cominciando da Alfred Philippe, un vero gigante creativo che disegnò per Van Cleef & Arpels, e in seguito per Trifari, Krussman & Fishel. Qui esponiamo tre spille in metallo dorato raffiguranti dei ballerini: con gambe, torso e volto in *milk glass* (vetro opalino), un ballerino russo sembrerebbe intento a danzare il Kazachok. Questa spilla è stata disegnato da Alfred Philippe e realizzata nel 1953 dalla Trifari, Krussman & Fishel.

Marcel Boucher, parigino emigrato a New York, ex apprendista da Cartier a Parigi, disegna e realizza nel 1949 le ballerine col tutù di strass. Nasce infatti nel 1937 a New York la Marcel Boucher Ltd. Novelty Jewelry e successivamente, nel 1944, la Marcel Boucher & Cie che diventa una della più note realtà produttive nel mondo della Costume

Many of the ballet dancer brooches date back to the dark days of the Second World War and were created by the most renowned jewellery designers, starting with Alfred Philippe, an authentic creative giant who designed for Van Cleef & Arpels and later for Trifari, Krussman & Fishel. Here we are displaying three brooches in gilt metal depicting dancers: with legs, torso and face in "milk glass" (opal glass), a Russian dancer who appears to be dancing the Kazachok. It was designed by Alfred Philippe and produced in 1953 by Trifari, Krussman & Fishel.

On the other hand, the dancers in rhinestone tutus were designed by Marcel Boucher in 1949, a Parisian emigrated to New York and ex apprentice at Cartier in Paris. In fact he initially founded the Marcel Boucher Ltd. Novelty Jewelry in 1937 in New York and then Marcel Boucher & Cie in 1944, which went on to become one of the most famous American costume jewellers in the world.

The ballet dancer is a subject that Marcel Boucher was to develop at different moments.

Jewelry americana. La ballerina è un soggetto che Marcel Boucher svilupperà in momenti diversi. La prima spilla che presentiamo, *Sonia*, fa parte della linea di otto pezzi "Ballet of Jewels" realizzata nel 1950 in metallo leggero bicolore, placcato oro e rodio con strass nel corpetto e nella gonna del tutù. La seconda, creata l'anno successivo, è una ballerina in metallo dorato e strass che trattiene tra le mani una perla simulata, come una palla da gioco.

Sonia, the first brooch we are presenting, is part of the eight-piece line "Ballet of Jewels" made in 1950 in a light, two-coloured, gold and rhodium-plated metal with rhinestones on the bodice and on the skirt of the tutu. The second one, made a year later, is a dancer in gilt metal with rhinestones holding a simulated pearl in her hands, like a ball.

Marcel Boucher

Spilla Ballerina, *Sonia*,
Linea Ballet of Jewels
1950, United States
Metallo dorato, strass blu e bianchi

Marcel Boucher

Dancer Brooch, *Sonia*,
Ballet of Jewels Line
1950, USA
Gilt metall, blue and white rhinestones

**Alfred Philippe per Trifari,
KrussMan & Fishel**

Spilla Ballerina, *Beau*
ca. 1953
Metallo dorato, *milk glass*
Pubblicata su *The Story of Trifari*,
Maureen Brodsky, Two Pines Studio,
2016

**Alfred Philippe for Trifari,
KrussMan & Fishel**

Dancer Brooch, *Beau*
c. 1953
Gilt metal, "milk glass"
Published In *The Story of Trifari*,
Maureen Brodsky, Two Pines Studio,
2016

Marcel Boucher

Spilla Ballerina
1951, Stati Uniti
Strass, perla simulata, metallo dorato

Marcel Boucher

Dancer Brooch
1951, USA
Rhinestones, simulated pearl, gilt metal

La Musica

"But she goes on forever… She's gonna shine forever… Yeah, she's gonna shine fore-ver… Like a diamond… In the sunlight", cantava Tommy Petty in *Like a Diamond*. Perché non immaginare una colonna sonora che accompagni il visitatore mentre osserva la collezione. Un viaggio musicale con le note di *Baubles, Bangles and Beads* di Frank Sinatra, di *Plain Gold Ring* di Nina Simone, per sentirsi brillare per sempre come un diamante, rivivendo con *String of Pearls* di Glenn Miller le atmosfere della Jazz Age, l'esuberanza e il Cosmopolitan Chic di un'epoca celebrata con questa orchestra in metallo e bachelite degli anni Quaranta a ricordare la band che accompagnava i concerti di Josephine Baker. A fare da sottofondo alla coppia di violino e mandolino in lucite e metallo dorato sempre

Music

"But she goes on forever... She's gonna shine forever... Yeah, she's gonna shine forever... Like a diamond... In the Sunlight," sang Tom Petty in *Like a Diamond*. Why not imagine a soundtrack accompanying the visitor while he or she peruses the collection? A musical journey to the notes of *Baubles, Bangles and Beads* by Frank Sinatra and *Plain Gold Ring* by Nina Simone in order to feel forever sparkling and bright like a diamond, re-living the atmosphere of the Jazz Age with Glen Miller's *String of Pearls*, the exuberance and Cosmopolitan Chic of a celebrated era with this 1940s metal and Bakelite orchestra, to commemorate the band that accompanied Josephine Baker's concerts. As background music to the violin and mandolin couple in lucite and gilt metal, again from the 1940s,

degli anni Quaranta, *L'Air des bijoux* nel *Faust* di Gounod che in poche ma eloquenti parole esprime l'istante di stupore di Margherita, e forse anche il nostro, nel vedersi offrire un cofanetto colmo di gioielli.

"O Dio! Che gioielli!
Si tratta di uno splendido sogno
O sono sveglia?
I miei occhi non hanno mai visto tale ricchezza! Ah! Rido nel vedermi
Così bella in questo specchio…"

imagine listening to *L'Air des bijoux* in the *Faust* by Gounod who, in just a few eloquent words, expresses Margherita's moment of astonishment, and maybe even ours, at being offered a casket full of jewels.

"Oh my God! What jewels!
Is it just a splendid dream
Or am I awake?
My eyes have never seen such riches! Ah! It makes me laugh to see myself
Looking so beautiful in this mirror…"

Set di 4 spille, *Josephine Baker
Swinging Jazz Band, Banjo, Viola,
Tamburo, Sassofono*
1935, Stati Uniti
Bachelite, lastra di metallo cromato
tagliata a mano e in parte dipinta con
motivo suonatori di strumenti

Set of 4 brooches, *Josephine Baker
Swinging Jazz Band, Banjo, Viola,
Drum, Saxophone*
1935, USA
Bachelite, hand-cut, chrome-plated
metal sheet, partly painted with
musicians

Spilla, *Mandolino*
ca. 1940
Bachelite e lucite, metallo dorato,
strass azzurro, legno, metallo
argentato

Brooch, *Mandolino*
c. 1940
Bachelite and lucite, gilt metal,
light blue rhinestones, wood,
silver-plated metal

Spilla, *Violino*
ca. 1940
Lucite, metallo dorato

Brooch, *Violino*
c. 1940
Lucite, gilt metal

Il Teatro

"Il gioiello di scena non è semplice imitazione: è concepito e ha lo stesso valore per il palcoscenico e per l'opera di quello reale. Indossato dall'artista prende vita e diventa protagonista e testimone di momenti emozionanti, talismano che racchiude ricordi di attimi indimenticabili, successi, timori, il suono degli applausi…" (Stefano Papi)[1].

La storia del costume di teatro è una storia di tessuti e ricami preziosi, ornamenti scintillanti e bijoux di grandi dimensioni per poter essere ammirati da lontano. Poca attenzione è stata dedicata al *Bijou de Théâtre* o *"de Spectacle"* fino al 1980, anno in cui viene scoperta una straordinaria collezione di bijoux "dormiente" da decenni in un locale dimenticato dell'Opéra de Paris. Realizzati tra il 1860 e il 1930, dopo anni dedicati al suo inventario, identificazione e restauro, una parte fu esposta per la prima volta nel 2004 con la mostra "L'air des bijoux" all'Opéra Garnier e di cui alcuni esemplari sono oggi esposti in modo permanente alla Bibliothèque-Musée de l'Opéra del Palais Garnier.

Theatre

"Stage jewellery is not just simple imitation: it is conceived and has the same value for the stage and for opera as the original piece. Worn by the performer, it comes to life and becomes a protagonist and witness of emotional moments, a talisman that encases the memories of unforgettable instants, successes, fears, the sound of applause..." (Stefano Papi).[1]

The history of theatre costume is one of fabrics and precious embroidery, sparkling ornaments and large-sized costume jewellery that can be admired from a distance. Little attention was paid to *Bijou* de *Théâtre* or *"de Spectacle"* until 1980, the year in which an extraordinary collection of stage costume jewellery, made between 1860 and 1930, that had been "sleeping" for decades in a forgotten room at the Paris Opera House, came to light. After years devoted to its inventory, identification and restoration, part of it was displayed for the first time in 2004 at "L'air des bijoux" exhibition at Opéra Garnier and some specimens are on show permanently at the Bibliothèque-Musée de l'Opéra

Da Parigi ritorniamo a Milano dove nel 1865, in corso Monforte, Napoleone Corbella fonda la prima fabbrica italiana di gioielli per il teatro, un laboratorio di oggetti di scena realizzati su disegno degli scenografi e costumisti, a volte dagli stessi attori e cantanti. Napoleone Corbella rifornisce, teatri nazionali e internazionali, oltre al Teatro alla Scala. I laboratorio crea gioielli, per restare fedele al periodo storico dell'opera che veniva di volta in volta rappresentata, in stile egizio, o con temi della Roma antica, in stile bizantino o che si ispirano ai gioielli del Settecento e Ottocento. Cinture con pendenti snodati e bor-chie gemmate, corone e diademi di cristallo di Boemia e cammei che riprendono lo stile Impero, orecchini e collane in metallo argentato e con pietre di pasta vitrea incastonate e perle sporgenti, smalti e scarabei. Insomma una grande ricerca storica per ricreare oggetti realistici e vistosi, da guardare a distanza ma che, avvicinati e sorpresi dalla lente curiosa di un binocolo, dovevano splendere come veri magici gioielli. La parure qui esposta appartiene alla categoria dei *Bijou de Théâtre*. Molto rara, risale alla prima metà

at Palais Garnier. From Paris we return to Milan, where, in 1865, in corso Monforte, Napoleone Corbella founded the first Italian theatre jewellery factory, a workshop of custom-made props made to set and costume designer requirements and even to the designs of the actors and singers themselves. The factory supplied the Scala Theatre as well as other national and international theatres. In order to remain faithful to the historical period of the performances that were being staged, the workshop created Egyptian-style jewellery or items based on Ancient Roman themes, in Byzantine style or pieces inspired by the 18th and 19th centuries. Belts with twisted pendants and gem studs, crowns and diadems in Bohemian crystal and cameos that recaptured the Imperial style, earrings and necklaces in silver-plated metal, mounted with glass paste stones and protruding pearls, enamels and scarabs. In short, enormous historical research to recreate realistic and conspicuous items to be seen from a distance but which, when brought closer with theatre binoculars, had to sparkle like real, magical jewels. The set displayed belongs

del XVIII secolo, è probabilmente di origine francese, ed è composta da vari elementi in metallo e pietre di vetro: una grande spilla a forma di stella, una collana con pendente che riporta delle iniziali, dei bracciali ed alcuni elementi da applicare ai costumi, alle capigliature o su nastri di velluto.

La Letteratura

Come tutte le altre arti, anche la letteratura riserva un posto di rilievo al bijou che in alcune opere diventa componente essenziale di una storia. Da Baudelaire con *Les Bijoux* ne *Les Fleurs du Mal* a Maupassant con *La Parure*, da John Steinbeck con *La Perla* a *Dorian Gray* di Oscar Wilde, molti sono gli scrittori che hanno fatto dei gioielli elementi importanti di un racconto, una poesia o un romanzo.
Raccontando la vita del protagonista, Oscar Wilde ne descrive dettagliatamente la curiosità per i gioielli: "In un altro momento si diede allo studio delle gemme e apparve a un

to the category of *Bijoux de Théâtre*. Extremely rare, it dates back to the first half of the 18th century. It is probably of French origin and comprises various elements in metal and glass stones: a large brooch in the shape of a star, a necklace with pendant sporting initials, bracelets and several elements to apply to costumes, hairstyles or to velvet ribbons.

Literature

Like all the other arts, even literature reserves a place of importance for costume jewellery which, in some works, becomes an essential element of a story. From Baudelaire with *Les Bijoux* in *Les Fleurs du Mal* to Maupassant with *The Necklace*, from John Steinbeck in *The Pearl* to *Dorian Gray* by Oscar Wilde, many writers have given jewellery an important role in a story, poem or book.
In telling the life of the main character, Oscar Wilde gives a detailed description of his

Parure, *Bijoux de théâtre*
Metà XVIII secolo, Francia
Metallo e strass

Coppia di spille Art Déco
Anni Venti/Trenta
Strass, perle, metallo argentato

ballo mascherato nel costume di Anne de Joyeuse, Ammiraglio di Francia, in un abito coperto di cinquecentosessanta perle. Questa passione lo entusiasmò per lunghi anni e si può dire, anzi, che non lo abbandonò mai. A volte passava una giornata intera a disporre e ridisporre nei loro astucci le varie pietre che aveva raccolto: il crisoberillo d'un verde oliva che si tramuta in rosso alla luce artificiale, il cimofane con la sua striscia d'argento simile a un filo di metallo, la crisolite color pistacchio, i topazi rosati o di un giallo vinoso, i carbonchi di scarlatto infuocato con tremule stelle a quattro raggi…"[2].
Gli intrecci tra vero e falso, tra autentico e copie si ritrovano in uno dei più noti episodi nel romanzo *I tre Moschettieri* di Alexandre Dumas. Questo episodio narra la vicenda dei "Puntali della regina", 12 fermagli di diamanti regalati dal Re Luigi III alla sua consorte, la regina Anna d'Austria. La regina, in un momento di ingenuità, li dona al suo presunto amante, il Duca di Buckingham. Il Cardinale Richelieu cogliendo l'occasione per tentare

curiosity for jewellery: "In another moment, he devoted himself to studying gems and appeared at a masquerade as Anne de Joyeuse, the French Admiral, in a costume covered with five hundred and sixty pearls. This passion engaged his enthusiasm for many long years and it can be said, in fact, that he never abandoned it. He would sometimes spend the whole day arranging and re-arranging the pouches of the various stones he had collected: the olive green chrysoberyl that turned red in artificial light, the cymophane with its silver streak similar to a metal thread, the pistachio-coloured chrysolite, pink or winy-yellow topazes, the flaming red carbuncles with twinkling stars extending into four rays…"[2]
The intertwining of real and fake, of authentic and copy can be found in the most famous episodes of *The Three Musketeers* by Alexandre Dumas. This episode tells the tale of the "Queen's pins," 12 diamond clips that King Louis III gave to his consort, Queen Anne of

di smascherare pubblicamente il tradimento fa sottrarre al Duca, da una sua spia, due di questi ornamenti. La regina si trova costretta, per sventare la trappola del Cardinale, a recuperarli grazie all'intervento dei suoi Moschettieri e del Duca che precipitosamente fa riprodurre dal suo orefice due copie fedeli dei puntali rubati. Richelieu perderà la sua partita e la regina apparirà al ballo in tutto il suo splendore con tutti e 12 i suoi fermagli. La notorietà di questo capitolo del romanzo ci ha ispirati per rappresentare non solo il legame tra gioiello e letteratura ma anche con il cinema il quale, con le creazioni di Joseff of Hollywood, vide i più bei bijoux prodotti per le grandi star degli anni Trenta, Quaranta e Cinquanta.
Questa coppia di spille Art Déco a forma di freccia di strass taglio smeraldo e a goccia con fili pendenti di perle simulate sembra quasi a ricordare che, come nel racconto, ciò che brilla può anche ferire.

Austria. The Queen, in a moment of impetuous naivety, gave them to her assumed lover, the Duke of Buckingham. Cardinal Richelieu seized the chance to publically unmask the assumed infidelity by stealing two of these ornaments from the Duke. To foil the Cardinal's plan, the Queen was forced to retrieve them and, thanks to her Musketeers and the Duke, faithful copies of the two pins stolen by the Cardinal's spy were made. Richelieu lost his game and the queen appeared at the ball in all her splendour with all 12 pins. The fame of this chapter from the renowned novel inspired us to represent the link between jewellery, literature and also the cinema, which, with Joseff of Hollywood, sees the most beautiful costume jewellery ever produced for the great stars of the 1930s. 1940s and 1950s.
This pair of Art Déco brooches in the shape of an emerald-cut rhinestone arrow and teardrop with hanging strings of simulated pearls, remind us that what glitters can also wound.

La Pittura

"E quanto alle delizie dell'animo onestissime e alla bellezza delle cose s'agiugna dalla pittura, puossi d'altronde e in prima di qui vedere, che a me darai cosa niuna tanto preziosa, quale non sia per la pittura molto più cara e molto più graziosa fatta. L'avorio, le gemme e simili care cose per mano del pittore diventano più preziose; e anche l'oro lavorato con arte di pittura si contrappesa con molto più oro. Anzi ancora il piombo medesimo, metallo in fra gli altri vilissimo, fattone figura per mano di Fidia o Prassiteles, si stimerà più prezioso che l'argento", Leon Battista Alberti, *De Pictura* (1435).

Per lo studioso e ricercatore, il gioiello può essere uno specchio infallibile per meglio conoscere un'epoca e il suo gusto, i modi in cui l'essere umano "orna" la sua vita. La breve durata temporale che caratterizza gli stili consente al bijou di diventare un possibile riferimento per inquadrare il contesto di un'opera. E l'opera può diventare, a sua volta, fonte di informazioni riguardo ai materiali utilizzati in gioielleria e al loro valore in una

Painting

"And as for the delights of the most honest soul and the beauty of things added by painting, it may be, moreover, and here it can be seen, that nothing gives me more pleasure than, the dearest and most graceful painting. Ivory, gems and other similarly dear things, by the painter's hand become even more precious; and even gold, worked with the art of painting is counterbalanced with much more gold. In fact, even lead itself, one of the vilest metals, when depicted by the hand of Phidias or Praxiteles, appears more precious than silver" Leon Battista Alberti, *De Pictura* (1435).

For the scholar and researcher, jewellery can be an infallible mirror for best understanding an era and its style, the ways in which mankind "decorates" his life. The short time period that characterizes styles means that costume jewellery can become a reference for appraising the context of a work of art. And the work can, in turn, become a source of information about the materials used in jewellery and their value in a determined era.

determinata epoca. Come in ogni forma d'arte, anche e soprattutto in pittura il gioiello viene valorizzato e rappresenta il tocco finale che impreziosisce un ritratto. I pittori, a loro volta, hanno ispirato e influenzato, nella storia e nel tempo, tramite la loro opera, moltissimi creatori di gioielli. Quanti fabbricanti di gioielli avranno trovato spunto nella serie delle *Odalisque* di Henri Matisse, i cui corpi nudi vengono presentati a volte con un unico ornamento: collane, bracciali, o cavigliere di perle colorate a richiamare l'Oriente tanto sognato e in voga in quel periodo!

Un esempio di omaggio alla pittura si ritrova nei bijoux firmati "Renoir" o "Matisse" molto popolari negli anni Cinquanta e Sessanta tra le star del cinema. Nel 1946 Jerry Felds, fabbricante di *bijoux fantaisie* fonda l'azienda Renoir of California Inc., le cui creazioni erano si ispiravano ai movimenti artistici contemporanei. Qui presentiamo un esempio delle creazioni in rame, molto popolari in quel periodo, e finitura a mano in smalto tra le più note, per le quali la Renoir si distinse negli anni Cinquanta. Il bracciale, gli orecchini

As in every form of art, even, and above all, in painting, jewellery is enhanced and represents the final touch to a portrait. Throughout history and time, painters, in turn, have inspired and influenced many jewellery-makers with their work. How many jewellery producers found inspiration in the *Odalisque* series by Henri Matisse, where the nudes were always painted with jewellery, sometimes as the only ornament: necklaces, bracelets or anklets of coloured beads to recall the much yearned-after East that was so popular in that period?

An example of homage to painting can be found in the costume jewellery by "Renoir" or "Matisse," which was very popular in the 1950s and 1960s among film stars. In 1946, Jerry Felds, the producer of *bijoux fantaisie*, founded the company Renoir of California Inc., whose creations were inspired by modern and contemporary artistic movements. Here we are presenting an example of items made in copper, highly fashionable in that period, with enamel hand-finishing, which Renoir excelled in during the 1950s. The

e la spilla, punzonati "Matisse-Renoir", sono realizzati in rame con intarsi anch'essi in rame, inizialmente placcati in argento per garantire la buona aderenza dello smalto verde smeraldo dipinto a strati e successivamente cotto in forno ad alte temperature. Della stessa epoca ma punzonata invece "Matisse", la spilla *Artist's Palette* in rame finita a smalto colorato così come il girocollo a piccole placche, e orecchini, sempre degli anni Cinquanta, color verde lime con delle sfumature marroni.

bracelet, earrings and brooch, hallmarked "Matisse-Renoir," are made of copper with inlay, also in copper. They were initially plated in silver to ensure that the emerald green enamel, painted in layers and then fired in the oven at high temperatures, adhered well. Instead, the copper *Artist's Palette* brooch is hallmarked "Matisse" and is finished in coloured enamel, as is the platelet necklace and the lime green with brown hue earrings, again from the 1950s.

Matisse

Spilla, *Artist's Palette Pin*
Primi anni Sessanta, California, USA
Rame, smalto verde

Matisse

Brooch, *Artist's Palette Pin*
Early 1960s, California, USA
Copper, green enamel

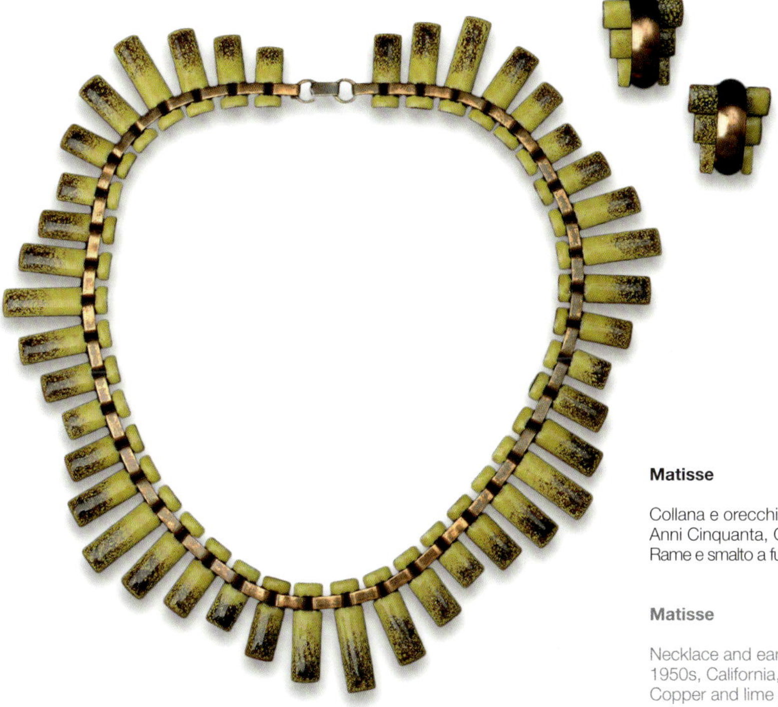

Matisse

Collana e orecchini, *Peter Pan*
Anni Cinquanta, California, USA
Rame e smalto a fuoco, color verde acido

Matisse

Necklace and earrings, *Peter Pan*
1950s, California, USA
Copper and lime green fired enamel

Jerry Felds per Matisse

Set di bracciale, orecchini e spilla,
Renoir of California
Primi anni Cinquanta
Set rame e smalto a fuoco

Jerry Felds for Matisse

Set of bracelet, earrings
and brooch, *Renoir of California*
Early 1950s
Copper and fired enamel

La Moda

"In che consiste dunque il buon gusto per un bijou di oggi? Semplicemente nel fatto che, per quanto poco costi, esso deve essere pensato in relazione all'insieme dell'abbigliamento, sottoposto a quel valore essenzialmente funzionale che è lo stile. La novità, se si vuole, sta nel fatto che il bijou non è più solo: è un termine di quel rapporto che lega contemporaneamente il corpo, il vestito, gli accessori e la circostanza; fa parte di un insieme, e quest'insieme non è più fatalmente cerimoniale. Il gusto può essere ovunque – al lavoro, in campagna, al mattino, in inverno – e il bijou lo segue..." Roland Barthes[3]. È con la moda di Coco Chanel e di Elsa Schiaparelli che il bijou fantasia diventa *à la mode* cogliendo la nuova corrente di libertà che si respira nel periodo tra le due guerre. Il bijou anima la struttura di un vestito, è il dettaglio indispensabile che lo rende significativo e dal quale trae forza e carattere. Una continuità tra corpo, abito e gioiello che, come diceva Gianfranco Ferrè, "si lega al corpo e ne sottolinea i

Fashion

"What is good taste for costume jewellery today? It simply lies in the fact that, no matter how little it costs, it must be devised in relation to the entire wardrobe, subject to that essentially functional value which is style. The news, if you want, is that bijou is no longer alone: it is a word for that relationship that simultaneously links body, outfit, accessories and circumstances. It is part of the whole and this whole is no longer fatally ceremonial. Style can be anywhere – at work, in the countryside, in the morning, in winter – and bijou follows it..." Roland Barthes.[3] It was with the fashion of Coco Chanel and Elsa Schiaparelli that fantasy bijou became *à la mode*, welcoming the new trend for freedom that was in the air between the two wars. Costume jewellery enlivens the structure of a dress, it is the indispensable detail that makes it important and from which it draws strength and character. A continuity between body, dress and jewel that, as Gianfranco Ferrè said, "binds with the body

movimenti, li segue con fedeltà, li addolcisce esercitando un richiamo di seduzione". Realizzati seguendo le tendenze della moda, i *Bijoux de Couture* vanno oltre il semplice valore decorativo transitorio ma accompagnano anche la nascita e il declino di una corrente. Con il tempo hanno assunto un valore autonomo che gratifica il desiderio di possedere qualcosa di esclusivo, perché unico, frutto di ricerca e scoperta. Il bijou per la moda, non condizionato nella sua produzione dal costo dei materiali preziosi, ha aperto le porte alla sperimentazione e alla combinazione di nuovi materiali, forme e disegni, dimensioni e colori, liberando l'immaginazione del designer.
La scelta dei bijoux per rappresentare il gioiello creato per la moda italiana, in questa teca ricade su Giuliano Fratti. La sua produzione di fashion jewelry inizia durante la seconda guerra mondiale durante la quale il suo atelier milanese di via Monte Napoleone, noto per la produzione di cinture, fibbie e bottoni, viene trasformato da Fratti in uno dei più conosciuti e importanti nomi nel mondo dei gioielli per l'alta moda. Giuliano Fratti realizza bijoux

and enhances its movements, following them faithfully, softening them by exercising a seductive recall."
Created to follow fashion fads, *Bijoux de Couture* goes beyond the simple decorative value by accompanying the birth and decline of a trend. With time, costume jewellery has taken on its own value, satisfying the desire to own something exclusive and hard to find, the result of search and discovery. Not being limited to the cost of precious materials, fashion costume jewellery has opened the doors to experimentation and combining new materials, shapes and designs, dimensions and colours, releasing the designer's imagination.
The choice of costume jewellery to represent Italian fashion in this showcase fell on a necklace by Giuliano Fratti. His fashion jewellery production began during the Second World War when he transformed his Milanese atelier in Via Monte Napoleone, known for its belts, buckles and buttons, into one of the most well-known and important names in

per Dior, le Sorelle Fontana, Favro, Gattinoni, Rina Modelli, Fercioni, Tizzoni. Egli stipula collaborazioni con il pittore Filippo de Pisis il quale si dice abbia disegnato in una sola notte un'intera collezione di accessori. Ispirato dai frequenti viaggi, Fratti, al suo ritorno riportava i materiali più diversi come quelli che compongono questo sautoir in fili di perle pendenti, cristalli sfaccettati, rondelle in metallo dorato, sfere di vetro screziate e inserti in filigrana dorata. Dalla metà degli anni Settanta, "Monsieur Bijoux" Robert Goossens, stringe una intensa e duratura collaborazione con Yves Saint Laurent che diventerà uno dei suoi migliori clienti dopo la morte di colei che lo aveva lanciato nel mondo del bijou della moda, Coco Chanel, prima *couturière* a fare della *Costume Jewelry* un elemento chiave della sua estetica e della sua idea di eleganza. Ispirato, come Gustav Miklos, dall'arte bizantina, oltre che da quella persiana, egizia, ed etrusca, Goossens crea *Bijoux de Couture* in bronzo dorato inciso e cristallo, riconoscibili per la precisione, l'elaborata fattura, le proporzioni perfette dovute anche all'esperienza tratta nel laboratorio del padre, fonditore di bronzo. Goossens

the world of jewellery for high fashion. Giuliano Fratti made bijoux for Dior, for the Fontana Sisters, Favro, Gattinoni, Rina Modelli, Fercioni, Tizzoni. He set up working relations with the painter Filippo de Pisis, who is said to have designed an entire collection of accessories in one single night. Giuliano Fratti, inspired by frequent travels, brought back the most varied of materials like those that make up this *sautoir* with strings of hanging pearls, multi-faceted crystals, gilt metal disks, speckled glass balls and golden filigree inserts. From the mid 1970s, "Monsieur Bijoux" Robert Goossens secured an intense and long-lasting collaboration with Yves Saint Laurent, who was to become one of his best customers after the death of Coco Chanel, who had launched bijou into the world and was the first *couturière* to make Costume Jewelry a key element in her look and her idea of elegance. Inspired, like Gustav Miklos, by Byzantine art as well as that of Persia, Egypt and Etruria, Goossens created *Bijoux de Couture* in engraved gold-plated bronze and crystal, recognizable by its precision, elaborate workmanship and perfect

qui lavora con il metallo ma anche con la pelle, il legno, il vetro, l'avorio, il corallo, materiali che incorporerà nelle sue produzioni di bijoux. Precisione ed elaborazione che si ritrovano in questa coppia di orecchini, punzonati YSL, in metallo dorato a forma di fiocco con grande pietra in vetro centrale simulante un rubino, realizzati negli anni Ottanta proprio per Yves Saint Laurent e che riteniamo provengano dal suo laboratorio. *Dessinateures-réalisateurs* hanno lavorato invece con Nina Ricci: Gripoix, Jaques Hurel, Roger Jean-Pierre, Louis Rousselet, Coppola e Toppo, Madeleine Rivière, William de Lillo, Françoise Montague, Jaques Gautier. Lo stile elegante, poetico e la raffinata femminilità delle sue collezioni si ritrova anche nei suoi gioielli come in questa spilla degli anni Ottanta a fiore in metallo dorato con strass e cabochon in vetro colorati, punzonata Nina Ricci. Invece la spilla in metallo dorato e cabochon multicolori e perle simulate degli anni Settanta è punzonata Sphinx, un'azienda britannica fondata nel 1948 che produsse fino alla fine degli anni Novanta, bijoux fantasia di alta qualità sia come produzione propria che per aziende esterne come

proportions, all skills gained from the experience of working in the workshop of his father, a bronze smelter. Here, Goossens worked with metal and then with leather, wood, glass, ivory and coral, all materials that he went on to incorporate into his costume jewellery. Precision and elaboration can also be found in this pair of gilt earrings in the shape of a bow with a large glass stone in the centre, simulating a ruby, made in the 1980s for Yves Saint Laurent and which we believe came from his workshop. On the other hand, many *dessinateures-réalisateurs* worked with Nina Ricci: Gripoix, Jaques Hurel, Roger Jean-Pierre, Louis Rousselet, Coppola and Toppo, Madeleine Rivière, William de Lillo, Françoise Montague, Jaques Gautier among others. The elegant and poetic style and refined femininity of his collections can be seen in his jewellery, for example, in this 1980s flower brooch in gilt metal with rhinestone and coloured glass cabochon, hallmarked Nina Ricci. Instead, the gilt metal brooch with multi-coloured cabochon and simulated pearls from the 1970s is hallmarked Sphinx, a British company founded in 1948 that,

Giuliano Fratti

Collana a due fili pendenti
ca. 1970, Italia
Resina, vetro, metallo dorato,
filigrana dorata

Giuliano Fratti

Two-string necklace
c. 1970 ca., Italy
Resin, glass, gilt metal, gilt filigree

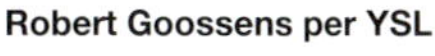

Robert Goossens per YSL

Orecchini a fiocco
Anni Ottanta, Francia
Metallo dorato lavorato, pietra di vetro
a imitazione del rubino

Robert Goossens for YSL

Bow earrings
1980s, France
Processed gilt metal, glass imitation
ruby stone

Nina Ricci

Spilla, *Fiore*
1980
Metallo dorato, strass, cabochon
di vetro multicolor stile Bulgari

Nina Ricci

Brooch, *Fiore*
1980
Gilt metal, rhinestone, bulgari-style,
multi-coloured glass cabochon

Sphinx

Spilla coccarda
1970, Francia
Metallo dorato, cabochons multicolor,
perle simulate

Sphinx

Rosette brooch
1970, France
Gilt metal, multi-coloured cabochons,
simulated pearls

Kenneth Jay Lane, Butler & Wilson, Jomaz, e per i grandi department stores americani: Bloomingdales, Mark & Spencer, Saks 5th Avenue.

Il Design/Studio Jewelry

Con il termine "gioiello di design" qui intendiamo "gioiello di ricerca", vale a dire espressione cosciente di un intento artistico individuale, e non l'accezione moderna secondo la quale con "gioiello di design" si intende il gioiello progettato da un designer e destinato alla produzione industriale per il mercato globale. Abbiamo dunque scelto due pezzi di *Studio Jewelry*, un tipo di ornamento nato all'interno di un movimento artistico che negli Stati Uniti dagli anni Quaranta e Cinquanta ha consolidato un'identità forte, in continua evoluzione. Questi artigiani/artisti gioiellieri, spesso autodidatti, procedono per tentativi e libera sperimentazione di tecniche, materiali, forme. La caratteristica della *Studio Jewelry* è la produzione limitata e speciale delle opere, destinate a un pub-

up until the 1990s, produced high quality imitation costume jewellery for itself and for other companies, such as Kenneth Jay Lane, Butler & Wilson, Jomaz, and for large department stores like Bloomingdales, Mark & Spencer, Saks 5th Avenue.

Design/Studio Jewellery

What we mean here with the term "designer jewellery" is "studio jewellery," in other words, a conscious expression of individual artistic intent and not the modern meaning of "designer jewellery" which refers to jewellery designed by a designer and destined to be produced industrially for the global market. We have therefore selected two items of Studio Jewellery, a type of ornament born within an artistic movement that, in the United States of the 1940s and 1950s, managed to earn a strong and constantly evolving identity. These jewellery artisans/artists, often self-taught, worked by trial and error and free experimentation in terms of techniques, materials and shapes. The characteristic of

blico ristretto, ricercato, o finanche per essere esposte nelle gallerie d'arte o nei musei. "*Jewelry is a gift of love*" sosteneva Ed Wiener, uno dei più noti Studio Jeweler. A partire dagli anni Quaranta fu uno degli artisti modernisti più riconosciuti. Si ispirava ai movimenti Surrealista e Dada diventando uno degli innovatori che hanno dato una direzione al gusto, alle tendenze della storia del gioiello degli anni a venire. Egli credeva nella riduzione del modello alle sue forme essenziali, semplificando le forme più complesse e selezionando alcune sezioni da integrare a quelle inizialmente scartate, plasmando il movimento in forme geometriche o biomorfe. Egli sembra riportare nell'oggetto i ritmi complessi e gli intervalli melodici della musica jazz di cui era grande appassionato. Ecco una sua spilla astratta degli anni Cinquanta realizzata in sterling e rame con pietra di vetro verde centrale che rientra nel suo concetto di *myriad association*, forme che possono evocare, a seconda di chi le osserva, soggetti diversi.
Il designer Joseph Gourdji ha avuto una vita eclettica, non certo lineare. Nato in Iraq alla

Studio Jewellery is the limited and special production of items, destined for a restricted, niche public or even merely to be exhibited in art galleries or museums.
 "Jewellery is a gift of love" said Ed Wiener, one of the most famous Studio Jeweller. As of the 1940s, he was one of the most recognized modernist artists. His inspiration came from the Surrealist and Dada movements and he became one of the innovators that gave a direction to the style and trends of jewellery history in the years that followed. He believed in reducing the model to its essential forms, simplifying the more complicated shapes and selecting some sections to add to those initially rejected, modelling the movement into geometric and biomorphic shapes. It was as if he put the complex rhythms and melodic intervals of Jazz music, of which he was a great fan, into the object. Here is one of his abstract brooches from the 1950s, made in sterling silver and copper with a central green glass stone, which is part of his concept of "myriad association," shapes that can bring different subjects to mind, depending on the observer.

fine degli anni Venti, cresce negli Stati Uniti dove dagli anni Settanta, dopo un passato da pattinatore professionista ed antiquario, si dedicherà al *jewelry design*. Pezzi unici in smalto su metallo, strass, carta dipinta oppure, come in questa spilla raffigurante delle maschere, in rame e ottone.

Se nel primo Novecento i bijoux nascono come *Bijoux d'Imitatiòn*, come repliche di gioielli preziosi, con il tempo questo gioiello non prezioso conquista un proprio spazio autonomo, diventa una versione del tutto unica, con un suo principio ispiratore (gli oggetti del quotidiano, gli eventi, la moda) e viene realizzato non come esemplare unico come nel caso dell'alta gioielleria, ma riproducibile in serie e ad un prezzo decisamente più accessibile.

I bijoux selezionati per questa mostra raccontano la società europea ed americana del Novecento, gli stravolgimenti di un'epoca che hanno condizionato la scelta dei materiali, dei colori, degli stili, dei decori, dei messaggi, delle ispirazioni, delle funzioni. L'ornamen-

The designer Joseph Gourdji had a varied life, certainly not linear. Born in Iraq in the late 1920s, he grew up in the United States where, after a career as a professional ice skater and antiques dealer, in the '70s he turned his hand to *jewellery design*. Unique items in enamel on metal, rhinestone, painted paper or, as in this brooch depicting masks, also in copper and brass.

If in the early 1900s, non-precious costume jewellery started out as *Bijoux d'Imitation*, as copies of precious jewellery, over time this non precious jewellery has claimed its own space and has become a totally unique version with its main inspirer (everyday items, events, fashion), created not as a unique example as in the case of high jewellery but as something that can be reproduced in series and at a decidedly more affordable price.

The costume jewellery selected for this exhibition tells the story of European and American society in the 1900s and the turmoil of an era that influenced the choice of materials, colours, styles, adornments, messages, inspirations and functions. The ornament

to diventa lo strumento per rappresentare la donna che cambia, la moda che la conquista e che mai smetterà di farlo, che di volta in volta la trasforma. Esso compie la sua funzione culturale di farci conoscere i grandi personaggi dell'arte e della letteratura, della moda, dell'architettura e del design, della musica e della danza che si sono incontrati e influenzati, e che a loro volta hanno indirizzato il gusto anche tramite i loro brevi passaggi nel mondo del gioiello fantasia. Questo viaggio inizia e termina sotto lo sguardo di un silenzioso osservatore posto a ricordare un momento: gli anni Cinquanta dove il bijou ha visto il suo massimo fulgore: un *little black dress* originale di Oleg Cassini, in cady nero con fiocco e revers in seta avorio e una collana in metallo dorato con grani sfaccettati in resina color perla sono i suoi abiti di scena.

became a tool for representing a changing woman, the fashion that won her over and which would never cease to do so, transforming her time and time again. Costume jewellery has fulfilled its cultural function of allowing us to meet the big names in art and literature, fashion, architecture, design, music and dance that it met and influenced and which, in turn, directed style through their brief travels in the world of jewellery. This journey starts and ends with a silent observer to commemorate a moment: the 1950s, when bijou experienced its maximum splendour. A "little black dress" by Oleg Cassini, in black cady with ivory silk bow and lapels accompanied by a necklace in gilt metal with multi-faceted beads in pearl-coloured resin are the stage costumes.

[1] S. Papi, *Gioielli di Scena*, Mondadori Electa, Milano 2004.
[2] O. Wilde, *Il ritratto di Dorian Gray*, Newton Compton Editori, 2011.
[3] R. Barthes, *Il senso della moda*, Einaudi, Torino 2006.

[1] S. Papi, *Gioielli di Scena*, Mondadori Electa, Milan 2004.
[2] O. Wilde, *Il ritratto di Dorian Gray*, Newton Compton Editori, 2011.
[3] R. Barthes, *Il senso della moda*, Einaudi, Turin 2006.

Joseph Gourdji per Gourdij

Spilla raffigurante delle maschere
ca. 1970, Stati Uniti
Rame, ottone

Joseph Gourdji for Gourdij

Brooch depicting masks
1970 ca., USA
Copper, brass

Ed Wiener per Ed Wiener Sterling

Spilla modernista
1950, California, USA
Sterling, rame, pietra di vetro verde

Ed Wiener for Ed Wiener Sterling

Modernist brooch
1950, California, USA
Sterling silver, copper, green glass
stone

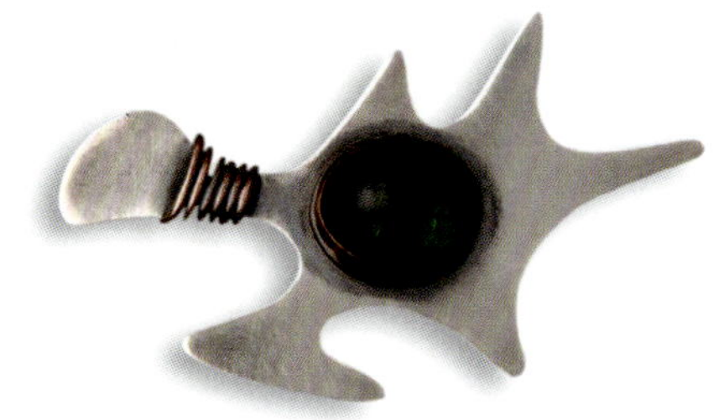

Collana 4 fili
Anni Cinquanta
Metallo dorato, grani sfaccettati in
resina color perla, interspazi rondelle
in strass, dischi di resina nera

4-string necklace
1950s
Gilt metal, multi-faceted beads in
pearl-coloured resin, round rhinestone
interspaces, black resin disks

Oleg Cassini

Abito
Anni Cinquanta
Cady nero e seta color avorio

Oleg Cassini

Dress
1950s
Black cady and ivory-coloured silk

Design & Design

a cura di curated by
Alba Cappellieri

Designer senza design

Alba Cappellieri, Livia Tenuta

Nelle precedenti edizioni del Museo del Gioiello la Sala Design ha ospitato due diverse interpretazioni del Design del Gioiello, secondo la sua missione di offrire sguardi multipli sulle discipline che intrecciano il gioiello.

Nella prima edizione Gijs Bakker aveva trasferito al Museo la sua straordinaria esperienza maturata prima con Droog Design e poi con CHP, dove, a partire dal 1996, aveva invitato industrial designer internazionali a progettare un gioiello secondo la metodologia del processo industriale, con l'obiettivo, scriveva il maestro olandese "di farli riflettere sulla dimensione del metier"[1] e di educare i consumatori a un'idea di gioiello dove il concetto prevaleva sulla decorazione. Il risultato era una selezione con i gioielli progettati dai principali designer industriali internazionali e la varietà delle rispettive estetiche, metodologie

Designers Without Design

Alba Cappellieri, Livia Tenuta

In the previous editions of the Museo del Gioiello (Jewellery Museum), the Design Room hosted two different interpretations of Jewellery Design, in keeping with its mission to offer multiple insights into the disciplines that create jewellery.

At the first edition, Gijs Bakker brought his extraordinary experience to the museum, expertise that he acquired first with Droog Design and later with CHP, where, starting in 1996, he invited international industrial designers to design a jewel according to the methodology of the industrial process, with the aim, as the Dutch master wrote, "of making them reflect on the scope of the profession"[1] and of educating consumers about a notion of jewellery in which the concept prevails over the decoration. The result was a selection of jewellery designed by the leading international industrial designers, demon-

di progetto, visioni del gioiello. Un universo di straordinaria varietà che ben esprimeva la volontà del curatore di documentare la capacità espressiva del gioiello e le sue intersezioni con il design industriale, mettendo in mostra i lavori di designer quali Marc Newson, Tord Boontje, Rolf Sachs, Ineke Hans, per citarne solo alcuni.

Nella seconda edizione Marco Romanelli e io abbiamo presentato i gioielli dei designer italiani, di quei progettisti, cioè, abituati a confrontarsi con la scala dell'architettura o con quella degli interni, dell'arredo o dell'illuminazione, scale più estese e con tempi, valori e obiettivi molto diversi da quella del gioiello. Maestri del design come Roberto Sambonet, Bruno Munari, Ettore Sottsass, Michele De Lucchi, Angelo Mangiarotti, Gianfranco Frattini, Cleto Munari, i Vignelli o gli Scarpa, fino ai designer più giovani quali Massimiliano Adami o Giulio Iacchetti e Matteo Ragni, il cui 'modo italiano' del progetto si riverbera anche nel gioiello.

In entrambe le precedenti edizioni la Sala Design ha presentato designer industriali che

strating the variety of their respective aesthetics, project methodologies and visions of jewellery. An extraordinarily varied universe that expressed the curator's desire to document the expressive capacity of jewellery and its intersections with industrial design, showcasing works by designers such as Marc Newson, Tord Boontje, Rolf Sachs and Ineke Hans, to name just a few.

At the second edition, Marco Romanelli and I presented jewellery by Italian designers, by designers accustomed to dealing with the scale of architecture or that of interiors, furniture and lighting, larger scale projects that greatly differ from jewellery design in terms of timescale, value and purpose. These masters of design included Roberto Sambonet, Bruno Munari, Ettore Sottsass, Michele De Lucchi, Angelo Mangiarotti, Gianfranco Frattini, Cleto Munari, the Vignellis and the Scarpas, as well as younger designers such as Massimiliano Adami, Giulio Iacchetti and Matteo Ragni, whose "Italian approach" to design is also evident in their jewellery.

escludevano il gioiello dagli ambiti dei loro interessi progettuali e che i gioielli li avevano progettati in modo occasionale e sporadico, o perché invitati a farlo da editori come Gijs Bakker, Ciro Cacchione, Oro d'Arezzo e Cleto Munari o perché destinati alla sfera familiare dei propri affetti.

Se per i designer di prodotto il gioiello era, e continua a esserlo, soltanto uno dei possibili ambiti di intervento, misconosciuto e certamente meno esplorato rispetto all'arredo, gli interni o le architetture, questa edizione vuole invece soffermarsi su quei designer italiani che si sono dedicati esclusivamente al gioiello e ne hanno fatto il loro principale ambito di espressione. Sono i designer senza design, definizione che potrebbe apparire come un ossimoro ma che si giustifica osservando la posizione periferica del gioiello nell'universo del design. È un dato di fatto che il design italiano non ha mai allargato la propria molteplicità e interesse disciplinare al gioiello, confinato, erroneamente, sempre nell'alveo delle arti decorative. Nondimeno la vocazione industriale del design italiano ha relegato

In both previous editions, the Design Room presented industrial designers who excluded jewellery from their areas of design interest. They designed jewellery in an occasional, sporadic way, or because they were invited to do so by studios such as Gijs Bakker, Ciro Cacchione, Oro d'Arezzo and Cleto Munari, or even as gifts to their loved ones.

For product designers, jewellery was, and continues to be, just one of the possible areas that they can work in, an area that is overlooked and certainly less explored than furniture, interiors and architecture. However, this edition aims to concentrate on those Italian designers who exclusively dedicated themselves to jewellery and made it their main field of expression. They are designers without design, a definition which, although it appears oxymoronic, is justified when you observe jewellery's peripheral position in the design universe. It is a fact that Italian design has never extended its range and disciplinary interest to jewellery, which has always been mistakenly confined to the field of decorative arts. Italian design's industrial focus has relegated craftsmanship to the confines of

Selvaggia Armani per .bijouets

Bracciale, *Ribbon*
2013
Poliammide sinterizzata
65 x 46 x 60 mm

Selvaggia Armani for .bijouets

Bracelet, *Ribbon*
2013
Sintered polyamide
65 x 46 x 60 mm

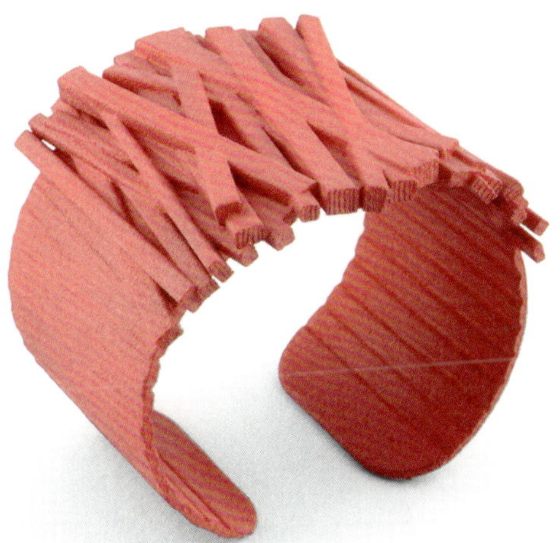

Selvaggia Armani per .bijouets

Bracciale, *Shanghai*
2013
Poliammide sinterizzata
60 x 55 x 52 mm

Selvaggia Armani for .bijouets

Bracelet, *Shanghai*
2013
Sintered polyamide
60 x 55 x 52 mm

Rosalba Balsamo

Anelli, *Ellipse, Ellipse in Motion 1, 2, 3*
2013
Bronzo
Ellipse, 40 x 26 x 16 mm
Ellipse in Motion 1, 40 x 25 x 20 mm
Ellipse in Motion 2, 40 x 20 x 25 mm
Ellipse in motion 3, 40 x 23 x 30 mm

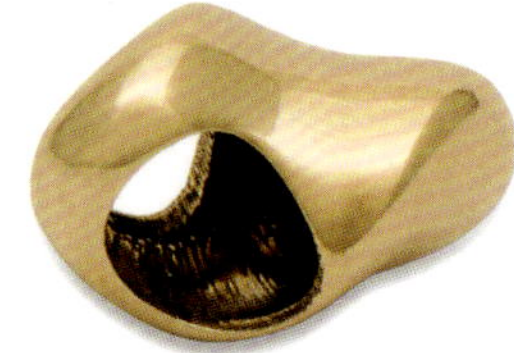

Rosalba Balsamo

Rings, *Ellipse, Ellipse in Motion 1, 2, 3*
2013
Bronze
Ellipse, 40 x 26 x 16 mm
Ellipse in Motion 1, 40 x 25 x 20 mm
Ellipse in Motion 2, 40 x 20 x 25 mm
Ellipse in Motion 3, 40 x 23 x 30 mm

Fabio Cammarata

Bracciale rigido, *Mosso*, collezione JAZZ
2005
Ferro, oro 18 kt
68 x 149 x 65 mm

Fabio Cammarata

Rigid bracelet, *Mosso*, JAZZ collection
2005
Iron, 18 ct gold
68 x 149 x 65 mm

Monica Castiglioni

Anello, *Museum Ring*
1996
Bronzo, pietre di luna
63 x 30 x 27 mm

Monica Castiglioni

Ring, *Museum Ring*
1996
Bronze, moonstone
63 x 30 x 27 mm

Monica Castiglioni

Anello, *Doppio pino*
1995
Bronzo
46 x 26 x 35 mm

Monica Castiglioni

Ring, *Doppio pino*
1995
Bronze
46 x 26 x 35 mm

l'artigianato ai meri confini della modellistica, comportando, inevitabilmente, l'oscuramento dei saperi artigiani che solo di recente stanno trovando un nuovo vigore e interesse.
La lontananza del design industriale dalla piccola serie, dall'autorialità e dall'handmade ha comportato l'esclusione di quei progettisti che hanno scelto il gioiello come principale ambito progettuale dal pur ampio alveo del design italiano. Eppure i designer orafi che vi presentiamo sono designer a tutti gli effetti, progettisti che, al contrario degli artigiani, non considerano il 'fatto a mano' un valore di per sé, e neanche, contrariamente agli artisti, l'autorialità come presupposto fondativo della propria poetica. Sono designer perché hanno incardinato il proprio lavoro sui principi fondativi del design quali l'indossabilità, la riproducibilità, la ricerca – di nuovi materiali, tecnologie o di nuovi linguaggi –, sono progettisti che investigano le potenzialità nascoste di materiali tradizionalmente lontani dal gioiello o che traggono ispirazioni da quei 'segnali deboli e diffusi' di cui è impregnata la contemporaneità.

model design, which has inevitably resulted in the decline of artisan expertise, which only recently is attracting renewed interest.
The divide between industrial design and small series production, authorship and handmade creations has led to designers who have chosen jewellery as their main design area being excluded from the wide field of Italian design. However, the jewellery designers that we are presenting to you are designers in every respect. Designers who, unlike craftsmen, do not consider "handmade" to be of value per se. Neither, unlike artists, do they view authorship as the foundation of their own poetics. They are designers because their work is hinged on the founding principles of design such as wearability, reproducibility and research into new materials, technologies and languages. They are designers who investigate the hidden potential of materials traditionally far-removed from the jewellery world and who take inspiration from those "weak and widespread signals" that permeate contemporary life.

Il gioiello è una terra di mezzo tra arte, artigianato, moda e design, discipline con pre-supposti teorici e prassi metodologiche drasticamente eterogenee ma che nei lavori dei designer senza design ritrovano, misteriosamente, i fili rossi del progetto e ci ricordano, che "la motivazione del lavoro non sta nella sua efficienza pratica, la 'bellezza' dell'ogget-to consiste nell'amore e nella magia con cui esso viene proposto, nell'anima che esso contiene"[2].

La ricerca è ciò che contraddistingue i lavori presentati per la terza edizione della Sala Design, una ricerca che spazia dalle tradizioni passate sino alle più recenti innovazioni del contemporaneo, e che si sviluppa principalmente intorno a tre elementi trasversali: i materiali, le tecnologie e i linguaggi.

La materia è il mezzo attraverso cui i designer danno forma alle idee. Scegliere il materiale

Jewellery is a middle ground between art, craftsmanship, fashion and design, disciplines with theoretical assumptions and methodological practices that are extremely hetero-geneous, yet mysteriously rediscover, in the works of the designers without design, the common thread of design, reminding us that "the motivation of a work does not lie in its practical efficiency, but rather the 'beauty' of an object consists in the love and magic with which it is presented, in the soul that it contains."[2]

Research is what distinguishes the works presented at the third edition of the Design Room. Research that ranges from past traditions to the most recent contemporary in-novations and is mainly focused on three overlapping elements: materials, technologies and languages.

Material is the medium with which designers shape ideas. Choosing the material in a

Ilenia Corti Vernissage

Anello, *Double Moths Ring*
2015
Ottone, smalto

Ilenia Corti Vernissage

Ring, *Double Moths Ring*
2015
Brass, enamel

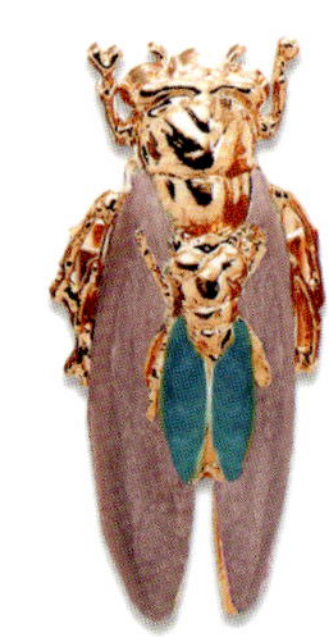

Daniela De Marchi

Anello, *Vega*, collezione D di Diamonds
2018
Argento brunito, diamanti white
0,50 kt
27,8 x 29 mm

Daniela De Marchi

Ring, *Vega*, D di Diamonds collection
2018
Burnished silver, 0.50 ct white
diamonds
27.8 x 29 mm

Daniela De Marchi

Bracciale, *Oceano*, collezione Corallo
2018
Ottone dorato e rosso
150 x 75 mm

Daniela De Marchi

Bracelet, *Oceano*, Corallo collection
2018
Gold plated and red brass
150 x 75 mm

Sandra Di Giacinto

Spilla, *Tris*
2014
Cartoncino ondulato
50 x 55 mm

Sandra Di Giacinto

Brooch, *Tris*
2014
Corrugated card
50 x 55 mm

Emma Francesconi

Spilla, *Stella*
2016
Titanio
120 x 120 mm

Emma Francesconi

Brooch, *Stella*
2016
Titanium
120 x 120 mm

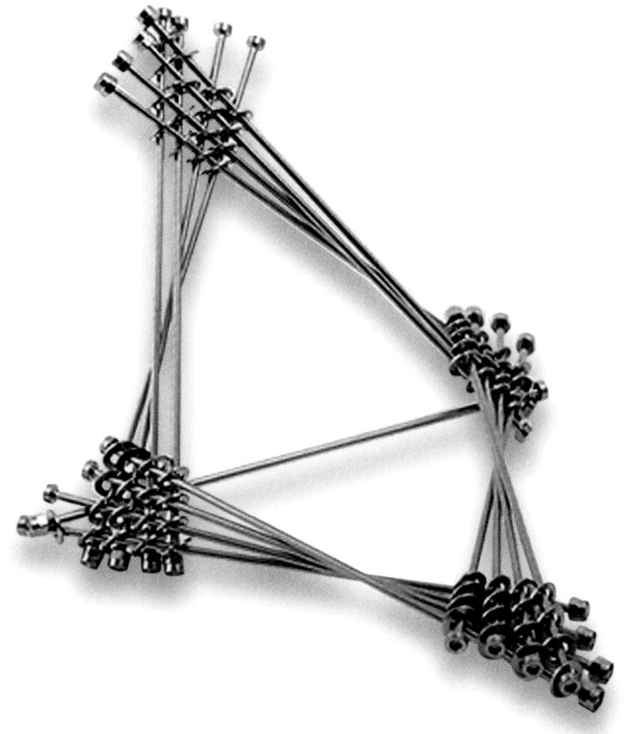

Manuganda

Orecchini, *Bulloni*
2013
Titanio, sinterizzazione laser,
finitura manuale
12 x 20 x 50 mm

Manuganda

Earrings, *Bulloni*
2013
Titanium, laser sintering, hand-finished
12 x 20 x 50 mm

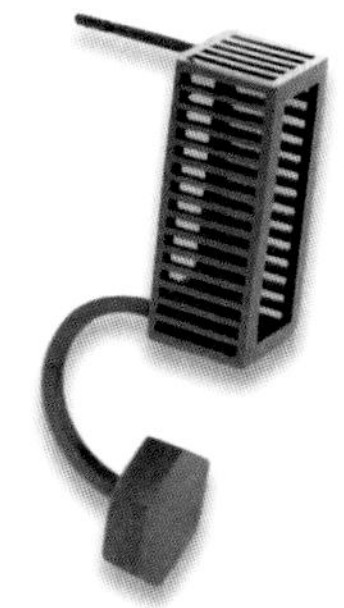

in un processo di progettazione significa ricercare tra tutte le possibili soluzioni quello che meglio si adatta al progetto per leggerezza, forma e indossabilità. E se nell'ambito del gioiello per molto tempo i metalli e le pietre preziose sono stati i protagonisti indiscussi, il design ha il merito di aver allargato l'inquadratura ai materiali più disparati.

Il valore del gioiello viene allora determinato dalla qualità del progetto, indifferente alla preziosità della materia e, al contrario, interessato alle sue potenzialità espressive, funzionali e significanti. È il caso dei gioielli di Sandra Di Giacinto che, delicati e leggerissimi, nobilitano un materiale povero che popola il quotidiano: la carta. Plissettata a caldo, riciclata, spalmata in pvc, metallizzata o telata, riscopre una nuova vita in gioielli da trattare con cura, come la spilla *Tris*, composta da tre elementi in cartoncino da scomporre e ricomporre a proprio piacimento. Un materiale non nuovo, ma innovativo nella sua applicazione. Così come il vetro.

Nella *Naturalis Historia* Plinio il Vecchio racconta che una nave di mercanti di soda, per-

design process means researching all the possible solutions to find the one that best suits the project in terms of its lightness, appearance and wearability. While metals and precious stones have always been the undisputed protagonists of the jewellery field, design can be credited for having embraced the most disparate materials.

The value of a piece of jewellery is also determined by the quality of its design, which is not influenced by the preciousness of the material, but rather by its expressive, functional and suggestive potential. This is the case with Sandra Di Giacinto's extremely light, delicate jewellery that glorifies a cheap, everyday material: paper. Hot-pleated, recycled, PVC-coated, metallized or linen paper is repurposed for jewellery that must be treated with care, such as the *Tris* brooch consisting of three cardboard elements that can be separated and reassembled as desired. Though it is not a new material, this application is innovative. Just as with glass.

In his *Naturalis Historia*, Pliny the Elder recounts that a ship belonging to soda mer-

correndo il fiume Belo, sostò su una spiaggia per preparare le cibarie. Per sostenere il focolare, i mercanti utilizzarono i piani di soda ma quando li accesero, poiché si erano impastati con la sabbia, videro fluire un materiale trasparente, liquido, inedito[3]: il vetro. Un materiale antichissimo che trova nel gioiello un terreno fertile per la sperimentazione. Tradizionalmente utilizzato per le perle e le conterie, acquisisce un nuovo potenziale espressivo nelle creazioni delle sorelle Sent. Nel 1993 a Murano, culla della tradizione artistica vetraia, Marina e Susanna, forti delle loro conoscenze sulle lavorazioni e i processi di produzione acquisite con un'esperienza nell'azienda paterna specializzata nella decorazione del vetro, danno vita alla loro attività. Creazioni straordinariamente leggere che poggiano sul corpo come la rugiada sulle foglie, preziose, incantevoli e precarie come bolle di sapone da proteggere, trasformando la fragilità da difetto in pregio. Ecco allora che le caratteristiche fisiche del materiale non possono prescindere dal progetto, anzi diventano il progetto stesso.

chants, sailing down the Belo River, stopped on on a beach to prepare their food. The merchants used lumps of soda to support their cooking pots, but when they became hot and fused with the sand, an unknown transparent, liquid material flowed out:[3] glass. For this ancient material, jewellery is a fertile ground for experimentation. Traditionally used for pearls and beads, glass acquires new expressive potential in the Sent sisters' creations. Marina and Susanna founded their business in Murano, the cradle of the artistic glassmaking tradition, in 1993. They first acquired their knowledge of production processes from their experience working at their father's company, which specializes in glass decoration. Their extraordinarily light creations, which rest on the body like dew on leaves, are precious, enchanting and fragile like soap bubbles, transforming frailty from a defect to a virtue. In this case, the material's physical characteristics cannot be separated from its design, but become the project itself.
Titanium has a similar story. Favoured for its high strength/weight ratio, it can offer fas-

Il titanio ha una storia analoga. Favorito per il suo alto rapporto resistenza/peso, interessante per le possibilità cromatiche ottenute da processi chimici, è stato uno dei materiali che ha maggiormente stimolato la creatività dei designer di gioielli. Tra gli esempi contemporanei figurano il lavoro di Stefania Lucchetta, Emma Francesconi e Manuela Gandini. Negli anni immediatamente successivi al 2010, Stefania Lucchetta, oltre alla leggerezza e alla complessità delle strutture, ha focalizzato la sua ricerca verso l'indagine delle sfumature di colore che si possono ottenere con la riflessione della luce sulle superfici di titanio. Oggetti mutanti quindi che, una volta indossati, a seconda degli angoli di incidenza della luce hanno una luminosità e un colore differenti. I *Paesaggi interiori* sono frutto di questa ricerca: paesaggi perché si distendono come vedute dall'alto, interiori perché sono sedimentazione di ricordi e di stati d'animo. Anche la spilla *Vibrations* gioca sulle sfumature di colore e sull'apparenza delle superfici grazie alla diversa inclinazione delle sottili lamelle che formano l'oggetto, grande ma perfettamente indossabile perché non troppo pesante.

cinating colour variations obtained through chemical processes. Indeed, it is one of the materials that has most stimulated jewellery designers' creativity. Contemporary examples include work by Stefania Lucchetta, Emma Francesconi and Manuela Gandini.
In the years immediately after 2010, Stefania Lucchetta focused her research not only on the lightness and complexity of structures, but also on investigating colour shades that can be obtained by reflecting light on titanium surfaces. Changeable objects which, when worn, have a different brightness and colour depending on the angle of the light. Her *Paesaggi interiori* (Interior Landscapes) are the fruit of this research: "landscapes" because they stretch out like views from above and 'interior' because they are the sedimentation of memories and states of mind. The *Vibrations* brooch also plays with colour shades and the appearance of surfaces thanks to the varied angles of the slim blades that form the object, which is large but perfectly wearable since it is not too heavy.
Similarly, Emma Francesconi exploits the lightness of the material to create a curved,

Ludovico Lombardi

Anello, *Lock*
2014
Acciaio stampato
61,5 x 62,5 x 31,5 mm

Ludovico Lombardi

Ring, *Lock*
2014
Printed steel
61.5 x 62.5 x 31.5 mm

Ludovico Lombardi

Anello, *Splint*
2013
Acciaio stampato
20 x 56,5 x 60 mm

Ludovico Lombardi

Ring, *Splint*
2013
Printed steel
20 x 56.5 x 60 mm

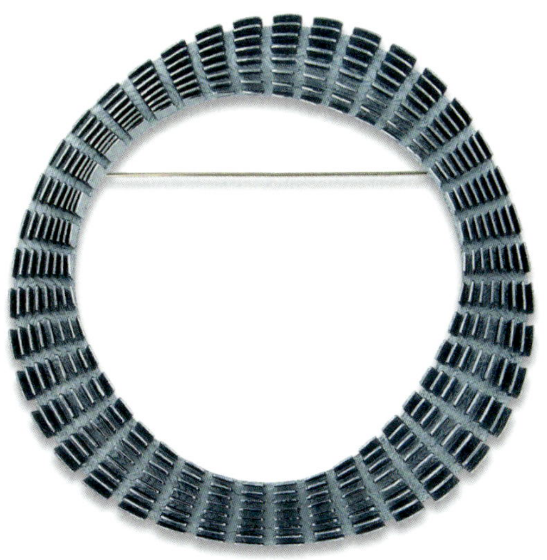

Stefania Lucchetta

Spilla, *Vibrations 12*
2017
Titanio, oro bianco
86 x 86,5 mm

Stefania Lucchetta

Brooch, *Vibrations 12*
2017
Titanium, white gold
86 x 86.5 mm

Stefania Lucchetta

Spilla, *Paesaggio interiore 5*
2016
Titanio, oro bianco
52,3 x 35,6 mm

Stefania Lucchetta

Brooch, *Paesaggio interiore 5*
2016
Titanium, white gold
52.3 x 35.6 mm

Omri Revesz per Maison 203

Anello, *Penrose Ring 3*
2017
Poliammide dipinta a mano
30 x 20 x 24 mm

Omri Revesz for Maison 203

Ring, *Penrose Ring 3*
2017
Hand-painted polyamide
30 x 20 x 24 mm

Marco Zito per Maison 203

Bracciale, *Flow*
2016
Poliammide dipinta a mano
65 x 80 x 80 mm

Marco Zito for Maison 203

Bracelet, *Flow*
2016
Hand-painted polyamide
65 x 80 x 80 mm

GianCarlo Montebello

Orecchini, *Girasole*
2016
Oro giallo 18 kt, oro rosso 18 kt,
cristallo di rocca
95 x 40 mm

GianCarlo Montebello

Earrings, *Girasole*
2016
18 ct yellow gold, 18 ct pink gold,
rock crystal
95 x 40 mm

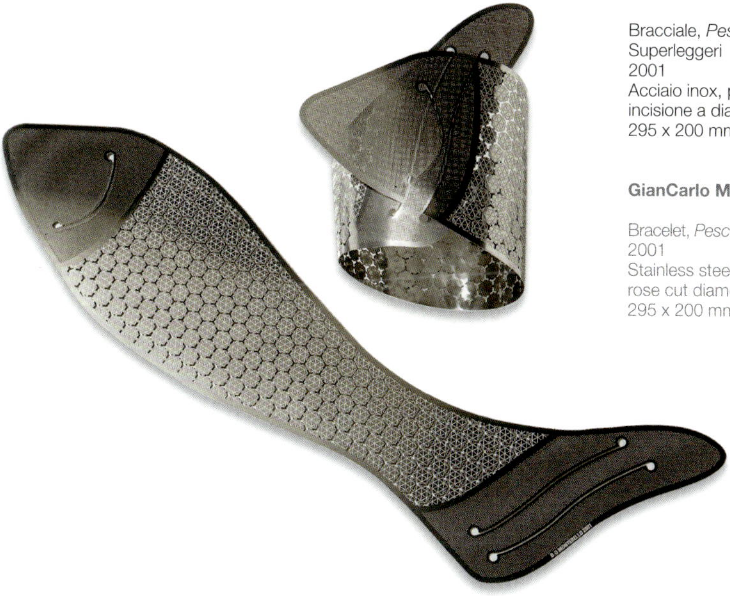

GianCarlo Montebello

Bracciale, *Pesce*, collezione
Superleggeri
2001
Acciaio inox, processo taglio chimico,
incisione a diamante taglio rosa
295 x 200 mm

GianCarlo Montebello

Bracelet, *Pesce*, Superleggeri collection
2001
Stainless steel, chemical cut process,
rose cut diamond etching
295 x 200 mm

Emma Francesconi, allo stesso modo, sfrutta la leggerezza del materiale per rendere sinuosi e morbidi intrecci di viti, rondelle e bulloni. Affascinata e attratta da questi elementi trovati tra gli scaffali della ferramenta, li incastra tra loro fino ad arrivare alla creazione di una maglia, da lei brevettata, che consiste in un modulo elementare di due viti, il cui diametro della testa resta dentro una rondella, bloccata con dadi autobloccanti. Questi tre elementi sono la base del suo lavoro ma, a seconda delle lunghezze, dei diametri e della densità danno vita a gioielli dalle fattezze eterogenee. La spilla *Stella* è uno dei più recenti lavori che ben esemplifica la capacità di Emma Francesconi di alleggerire e armonizzare elementi rudi e massicci.

L'ispirazione per Manuela Gandini, Manuganda, viene dallo stesso mondo e gli orecchini *Bulloni* rispondono all'esigenza di creare strutture galleggianti. L'orecchino è solo apparentemente sbilanciato: per un attento calcolo di pesi non appena lo si indossa prende il suo posto e cade impeccabilmente.

soft weaves of screws, washers and bolts. Fascinated and attracted by these elements found on the shelves of hardware stores, she linked them together to create a patented mesh that consists of a basic element made of two screws, whose heads remain inside a washer, blocked by self-locking nuts. These three elements form the basis of her work. Depending on their lengths, diameters and density, they produce pieces of jewellery with highly varied features. One of the recent works is the *Stella* brooch, which exemplifies Emma Francesconi's ability to lighten and harmonize rough, solid elements.

The inspiration for Manuela Gandini's Manuganda comes from the same world and the *Bulloni* (Bolts) earrings respond to the need to create floating structures. The earring is only outwardly unbalanced: in fact, its weight has been carefully calculated and as soon as you put it on, it slides into place and falls perfectly.

Material can also form the physical and narrative glue between objects that have their own form and history. Barabara Uderzo, inspired by the strawberry-coloured jelly that

Ma la materia può essere anche il collante, fisico e narrativo, tra oggetti che hanno già una loro forma e una loro storia. Barabara Uderzo, ispirata dalla gelatina color fragola che invade la Terra e inghiotte qualsiasi cosa o persona capiti sulla sua strada, protagonista del film fantascientifico degli anni Cinquanta *Blob, il fluido che uccide*, dal 1992 realizza i BLOB RINGS. Nei suoi gioielli la plastica ingloba alcune miniature, cioè piccolissimi oggetti trovati, quasi fossero reperti del quotidiano e simboli della contemporaneità; la plastica che avvolge come un magma colorato questi elementi è lavorata in modo del tutto personale e inedito, attraverso la rielaborazione di forme organiche su una struttura in argento. Nel corso degli anni ha creato piccole 'famiglie' di anelli e spille con temi specifici, che hanno subito un percorso di sempre maggior complessità e strutturazione con un'attenzione costante a forme e colori, all'utilizzo sperimentale di materiali e tecniche nella lavorazione delle plastiche, e alla creazione di storie dal sapore pop-surreale.
Nel materiale si può anche nascondere una soluzione ad un dilemma progettuale. L'a-

invades the earth and swallows everything and everyone in its path in the 1950s sci-fi film *The Blob*, has been making BLOB RINGS since 1992. In her jewellery, plastic incorporates toy models, small found objects, as though they are artefacts of everyday life and symbols of the contemporary world; the plastic that envelopes these objects like coloured magma is worked in a completely personal, original way, reworking organic forms on a silver structure. Over the years, she has created small "families" of rings and brooches with specific themes. They have become increasingly complex and structured, with a constant focus on forms and colours, on the experimental use of materials and techniques used for plastic processing and on the creation of stories with a pop/surreal motif.
Material can also be used to hide a solution to a design dilemma. Monica Castiglioni's *Doppio pino* (Double Pine) ring, for example, meets the needs of a customer suffering from crippling arthritis. While the imperfection of the four stems that form the ring seems

Simona Nicolosi per may mOma

Bracciale, *Gea*
2017
Ottone placcato oro 24 kt,
cristalli Swarovski, resina
58 x 70 x 19 mm

Simona Nicolosi for may mOma

Bracelet, *Gea*
2017
24 ct gold-plated brass, Swarovski
crystals, resin
58 x 70 x 19 mm

Carla Riccoboni

Catena, *MIX catena lunga*,
collezione ALPHABET
1996
Argento 800, galvanica
1200 x 11-2,2 mm

Carla Riccoboni

Chain, *MIX catena lunga*,
ALPHABET collection
1996
800 silver, galvanizing
1200 x 11-2,2 mm

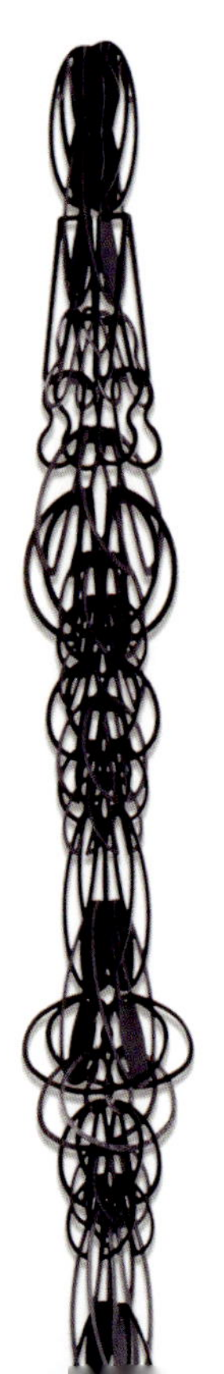

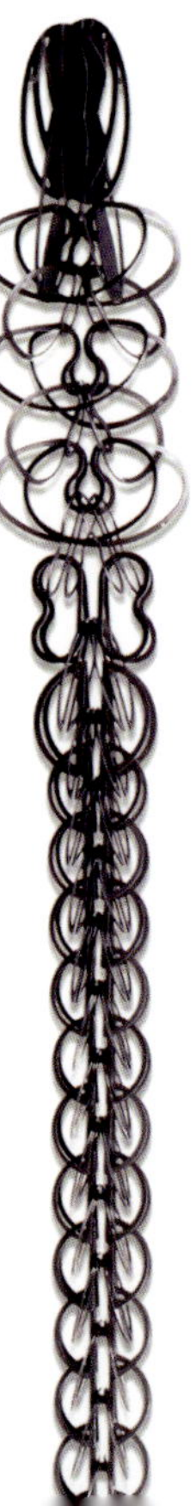

Alba Polenghi Lisca

Spilla, *Celo 2*, collezione Cielo – Celo
2015
Argento 925, smalto
80 x 80 x 4 mm

Alba Polenghi Lisca

Brooch, *Cielo 2*, Cielo – Celo
collection
2015
925 silver, enamel
80 x 80 x 4 mm

Alba Polenghi Lisca

Spilla, *Cielo 1*, collezione Cielo – Celo
2015
Argento 925, smalto, doratura
80 x 80 x 4 mm

Alba Polenghi Lisca

Brooch, *Cielo 1*, Cielo – Celo
collection
2015
925 silver, enamel, gold plating
80 x 80 x 4 mm

nello *Doppio pino* di Monica Castiglioni, ad esempio, è la risposta all'esigenza di un cliente affetto da artrosi deformante. Se da un lato l'imperfezione dei quattro gambi che compongono l'anello sembra quasi esorcizzare la malattia, dall'altro il materiale con cui è realizzato, il bronzo, ha una vera e propria funzione. Il bronzo è una lega composta da rame e stagno ed è stato provato che il rame favorisca la riduzione di dolori articolari dei pazienti. Come fare di necessità virtù.

Tecnica e tecnologia, mano e macchina sono gli strumenti attraverso cui i designer progettano il modo in cui la materia prende forma. Alcune tecniche vengono riportate in auge dal passato, altre sono trafugate da settori distanti dal mondo della gioielleria, altre ancora combinano artigianato e tecnologia digitale, ma tutte sono il frutto di una ricerca incessante, costante e originale.
La riscoperta delle tecniche tradizionali rilette in chiave contemporanea è ciò che con-

to almost exorcise the disease, the material with which it is made, bronze, has a real function. Bronze is an alloy of copper and tin and it has been proven that copper helps to reduce patients' joint pains. Thus a need becomes a virtue.

Technique and technology, hand and machine: these are the tools with which designers determine how the material takes shape. Some techniques are past methods that have come back in fashion, others are taken from industries that are far-removed from the jewellery world, others combine craftsmanship and digital technology, and all of them are the result of incessant, constant, original research.
Carla Riccoboni's work is distinguished by the rediscovery of traditional techniques reinterpreted with a contemporary twist. In 2006, in Vicenza, after many years of work, the Angelo Tovo workshop, which made moulds and cutting tools for the most important jewellery factories in the area, closed. Around 2500 *madre-forme* (mother-forms)

Carla Riccoboni

Spilla reversibile, *Cornici e soli*,
collezione MADREFORME
2013
Oro 750; lavorazione a stampaggio
con madreforme della collezione
Nadir Stringa
65 x 45 mm

Carla Riccoboni

Reversible brooch, *Cornici e soli*,
MADREFORME collection
2013
750 gold; processing with mother
moulds from the Nadir Stringa
collection
65 x 45 mm

Carla Riccoboni

Spilla reversibile, *Cornici e rombi*,
collezione MADREFORME
2015
Oro 750, acciaio inox; lavorazione
a stampaggio con madreforme
della collezione Nadir Stringa
68 x 68 mm

Carla Riccoboni

Reversible brooch, *Cornici e rombi*,
MADREFORME collection
2015
750 gold, stainless steel, processing
with mother moulds from the Nadir
Stringa collection
68 x 68 mm

traddistingue il lavoro di Carla Riccoboni. Nel 2006 a Vicenza, dopo molti anni di attività, l'officina Angelo Tovo, che costruiva stampi e trance per le più importanti fabbriche di oreficeria del territorio, ha chiuso i battenti. Circa 2500 madre-forme – ovvero i prototipi necessari alla costruzione degli stampi – prodotte negli ultimi 50 anni fino all'arrivo delle macchine digitali, sono state salvate da sicura distruzione grazie all'interessamento di Carla Riccoboni e Nadir Stringa, esperto di cultura materiale. La collezione Madreforme rianima gli stampi, ne sperimenta le possibilità espressive ed invita a rileggere le tracce e le tecniche della tradizione orafa del territorio vicentino. Analogamente la collezione Alphabet mira a riattualizzare un elemento tradizionale del mondo orafo: la catena. Nasce nel 1973 lo spunto d'avvio della collezione ALFA-OMEGA, una catena componibile come un alfabeto, realizzata mediante l'assemblaggio senza saldature di moduli, tranciati da sottili lastre d'oro e d'argento. Ogni modulo crea un particolare ritmo di catena, alternando spazi lunghi, morbidi o spigolosi.

– prototypes necessary for the creation of moulds – produced in the last 50 years, before the arrival of digital machines, were saved from certain destruction by Carla Riccoboni and Nadir Stringa, a material culture expert. The Madreforme collection brings the moulds back to life, experiments with their expressive possibilities and invites you to reinterpret the traces and techniques of the jewellery-making tradition in the Vicenza area. Similarly, the Alphabet collection aims to revitalize a traditional element of the jewellery world: the chain. The starting point for the ALFA-OMEGA collection was created in 1973: a chain that can be assembled like an alphabet, made through the solderless assembly of parts cut from thin sheets of gold and silver. Every part gives the chain a special rhythm, alternating long, soft or angular spaces. In both traditional and contemporary jewellery, there is an increasing overlap between the technology and jewellery worlds.
The 2001 Superleggeri (Superlight) collection by GianCarlo Montebello was a tribute

Dalla tradizione al contemporaneo, sempre più frequenti sono gli innesti tra il mondo della tecnologia e quello del gioiello.
È del 2001 la collezione Superleggeri di GianCarlo Montebello, un omaggio al maestro Gio Ponti, ma anche un inno all'innovazione. I bracciali *Pesce*, realizzati in acciaio inox, sono infatti il risultato di un processo di taglio chimico, tecnologia che consente la realizzazione di particolari di altissima precisione con geometria complessa, e con una grande variabilità di dimensioni e di spessori. Il campo di applicazione di questa tecnologia è molto vasto e spazia dall'elettrochimica e dalla produzione di computer, all'*automotive*, all'aerospaziale e al medicale ed ha trovato nelle creazioni di GianCarlo Montebello una felice applicazione.
Anche la Rossociliegia, guidata da Maurizio Benedetti, utilizza brillantemente il taglio laser nella creazione della collezione Geometrie Urbane per intagliare finemente e incidere una lastra piana in acciaio inox. Il lavoro della macchina è preciso e impeccabile

to the master Gio Ponti and a celebration of innovation. The *Pesce* bracelets, made of stainless steel, are the result of a chemical cutting process, a technology that enables the creation of highly precise details with a complex geometry and with a great variety of sizes and thicknesses. This technology's field of application is very broad, ranging from electrochemistry and the production of computers to the automotive, aerospace and medical fields; it has found another perfect application in GianCarlo Montebello's work.
Rossociliegia, led by Maurizio Benedetti, also puts laser-cutting to brilliant use in its Geometrie Urbane collection, finely carving and engraving a flat stainless steel plate. The machine's precise, flawless work traces the plans of Italian cities' historic centres – Vicenza and Milan are on display.
Although the use of laser-cutting and chemical-cutting in industrial jewellery production has been incredibly innovative, the true revolution has been 3D printing, the origin of the

Ivana Riggi

Anelli, *Sequenze*
2008
Oro 18 kt
9 x 8 mm; 18 x 4,5 mm; 21 x 5 mm

Ivana Riggi

Rings, *Sequenze*
2008
18 ct gold
9 x 8 mm; 18 x 4,5 mm; 21 x 5 mm

James Rivière

Ciondoli a tiratura limitata,
Trio Zattera e *Vascello Aurora*
1990
Oro giallo, lapis, corallo,
turchese, malachite
Ciondoli 50 mm
Girocollo Ø 140 mm

James Rivière

Pendant in limited edition,
Trio Zattera and *Vascello Aurora*
1990
Yellow gold, lapis, coral, turquoise,
malachite
Pendant 50 mm
Necklace Ø 140 mm

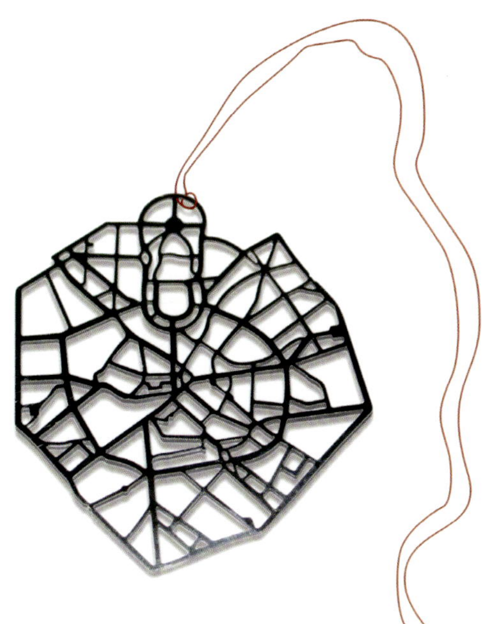

Benedetti S.r.l.
[incisione lasertech S.r.l.]

Ciondolo a tiratura limitata,
Vicenza Geometrie Urbane
2018
Acciaio inossidabile,
rivestimento d'oro, smalto blu
60 x 60 mm

Benedetti S.r.l.
[etching made by lasertech S.r.l.]

Pendant, limited edition version,
Vicenza Geometrie Urbane
2018
Stainless steel, gold surface
treatment, blue enamel
60 x 60 mm

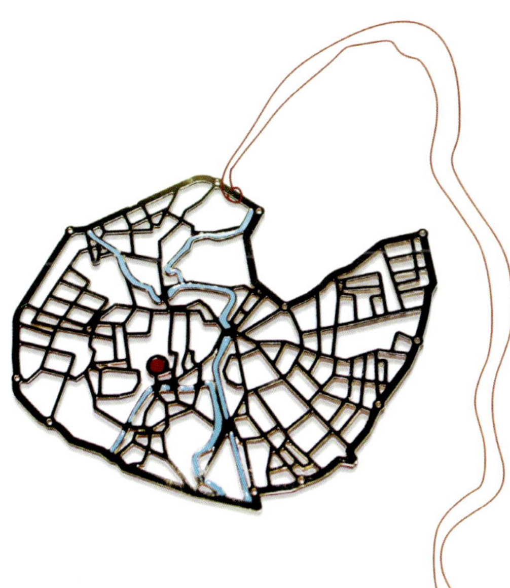

Benedetti S.r.l.
[incisione lasertech S.r.l.]

Ciondolo a tiratura limitata,
Milan Geometrie Urbane
2018
Acciaio inossidabile,
rivestimento d'oro
60 x 60 mm

Benedetti S.r.l.
[etching made by lasertech S.r.l.]

Pendant, limited edition version,
Milan Geometrie Urbane
2018
Stainless steel, gold surface treatment
60 x 60 mm

e traccia le planimetrie dei centri storici delle città Italiane – in mostra Vicenza e Milano. Seppure il taglio laser o il taglio chimico siano stati indiscutibilmente delle innovazioni nella produzione industriale di gioielli, la vera rivoluzione è stata la stampa 3D, genitrice del fenomeno dell'autoproduzione e di figure inedite a metà tra l'artigianato e l'industria: i *makers*.

La stampa 3D è un processo di Additive Manifacturing attraverso il quale un oggetto viene fabbricato strato per strato partendo da un modello tridimensionale. A vent'anni dal suo primo brevetto[4] la stampa 3D è tornata in voga nel 2005 grazie al progetto RepRap[5], ma il 2012 ne ha visto il vero boom – ancora in corso – con l'interesse di numerose società, il conseguente aumento dell'offerta e la maggiore accessibilità alla tecnologia grazie alla diminuzione dei costi. I prezzi si sono abbassati così tanto che il mercato delle stampanti 3D non si rivolge più solo l'industria ma anche agli utenti singoli, "artigiani digitali che, con le nuove tecnologie della manifattura *desktop*, possono trasformarsi da creatori a

phenomenon of self-production and of original figures somewhere between craftsman-ship and industry: makers.

3D printing is an additive manufacturing process through which an object is made layer by layer, starting from a three-dimensional model. Twenty years after its first patent,[4] 3D printing came back into fashion in 2005 thanks to the RepRap[5] project. In 2012, it witnessed a real boom – which is still ongoing –, attracting the interest of many companies, resulting in an increase in supply and making the technology more accessible due to its lower cost. Prices have dropped so much that the 3D printing market is no longer just for industry, but also for individual users, "digital artisans who, with new desktop manufacturing technologies, can transform themselves from creators to entrepreneurs and directly manage the entire production process online with obvious benefits in terms of time and costs."[6]

This is the case for Ludovico Lombardi, who exploits the potential of 3D printing to

Marina e Susanna Sent

Collare, *Soap*
2000
Vetro soffiato, filo trasparente
300 x 60 mm

Marina and Susanna Sent

Collar, *Soap*
2000
Blown glass, transparent wire
300 x 60 mm

imprenditori e gestire direttamente tutto il processo produttivo in rete con evidenti benefici in termini di tempi e di costi"[6].

È il caso di Ludovico Lombardi che sfrutta le potenzialità della stampa tridimensionale nella creazione di gioielli modellati digitalmente: geometrie organiche che si annodano attorno alle dita, imprigionandole apparentemente ma lasciando alla mano piena libertà di movimento.

Maison 203 e .bijouets invece hanno impostato la loro produzione sulle collaborazioni con studi emergenti ma anche professionisti affermati nel panorama del design italiano e internazionale.

Maison 203 nasce nel 2011 con lo scopo di trasformare il concetto, attraverso la tecnologia, in materia concreta. Forme voluminose e decorative, o eleganti e minimali che, grazie alla realizzazione tramite stampa 3D, risultano estremamente leggere e flessibili, in grado di interagire in maniera armonica con il corpo. In particolare la collezione Penrose

create digitally modelled jewellery: organic shapes that are knotted around the fingers, seemingly imprisoning them, but allowing the hand to move freely.

Maison 203 and .bijouets have based their products on collaborations with emerging studios, as well as established professionals on the Italian and international design scene.

Maison 203 was founded in 2011 with the aim of transforming the concept, through technology, into concrete objects. Voluminous and decorative, or elegant and minimal shapes which, thanks to 3D printing, are extremely light and flexible, and harmoniously interact with the body. The Penrose collection in particular, designed by Omri Revesz, returns to the tiling discovered by Roger Penrose and Robert Aman in 1974: a geometric design which, combining two rhombuses of different sizes, creates an infinite pattern. A mathematical structure that becomes a platform for unlimited design possibilities. Meanwhile, Marco Zito's *Flow* bracelet is inspired by the idea of movement

progettata da Omri Revesz riprende la tassellatura scoperta da Roger Penrose e Robert Aman nel 1974: uno schema di figure geometriche che accostando due rombi di diversa grandezza crea un pattern infinito. Una struttura matematica che diventa una piattaforma per illimitate possibilità progettuali. O il bracciale *Flow* di Marco Zito si ispira all'idea di movimento suggerita dal nastro di Moebius: nient'altro che un anello a cui è stata apposta una torsione a 180°. Il nastro, protagonista di ogni componente della collezione Flow, si torce su sé stesso e gioca con la luce e con il corpo.
.bijouets all'innovatività della tecnologia di stampa 3D – grazie alla quale sperimenta forme che difficilmente sarebbero realizzabili con stampi tradizionali – combina l'artigianalità, rifinendo e colorando a mano ogni gioiello. Le idee vengono trasformate in prodotti attraverso un processo quasi immateriale, impercettibile, messo a punto e perfezionato nel tempo che è la sintesi della cultura, della passione e delle competenze acquisite negli anni, riducendo così gli sprechi e le emissioni e rispettando l'ambiente.

suggested by the Möbius strip: simply a ring with a 180° twist. The strip, which is the main feature of every element in the Flow collection, twists back on itself and plays with light and the body.
.bijouets combines the innovation of 3D printing technology – with which it experiments with shapes that would be difficult to achieve with traditional moulds – with craftsmanship, finishing and colouring every piece of jewellery by hand. Ideas are transformed into products through an almost immaterial, imperceptible process, developed and perfected over time; a synthesis of culture, passion and skills acquired over the years that reduces waste and emissions and respects the environment.
The two pieces on display, both designed by Selvaggia Armani, place an emphasis on overlaps: *Shangai* references childhood by alluding to the game of the same name (Mikado in English), while *Ribbon* features a captivating, flowing design consisting of a ribbon gently laid on the surface of a bracelet.

Barbara Uderzo

Anello, *Rose e pugni,* BLOB RING
incredible
2015
Argento 925 con finitura galvanica
in rodio bianco, plastiche varie,
personaggio in plastica *objet trouvé*,
cristalli, perla d'acqua dolce, moneta,
zampa magnetica, fiche
65 x 51 x 83 mm

Barbara Uderzo

Ring, *Rose e pugni,* BLOB RING
incredible
2015
925 silver with galvanized finishing in
white rhodium, various plastics, plastic
objet trouvé character, crystals, sweet
water pearls, coin, magnetic paw
65 x 51 x 83 mm

Barbara Uderzo

Spilla, *Luna piena*, BLOB
2018
Plastica cristallo, personaggio
objet trouvé, perla d'acqua dolce,
caffettiera in argento con trattamento
galvanico in rodio nero, cristallo rosa,
piattino in porcellana, acciaio inox
100 x 65,5 x 40 mm

Barbara Uderzo

Brooch, *Luna piena*, BLOB
2018
Plastic, crystal, *objet trouvé* character,
sweet water pearls, coffee pot in
silver with galvanized treatment in
black rhodium, rose crystal, porcelain
saucer, stainless steel
100 x 65.5 x 40 mm

I due gioielli in mostra, entrambi progettati da Selvaggia Armani, scommettono sulle sovrapposizioni: *Shangai* con un rimando all'infanzia rifacendosi all'omonimo gioco, e *Ribbon* che incanta per la fluidità del disegno di un nastro dolcemente adagiato sulla superficie del bracciale.

In ultimo i linguaggi: generare contenuto significa trasporre da concetto a forma, da immagine a oggetto, da racconto a gioiello. È la capacità di rendere un oggetto comunicante, di costruire messaggi attraverso la ricerca di ispirazioni e riuscire a farli cogliere all'utente – a pieno o solo in parte – senza bisogno di spiegazioni addizionali.
La geometria è una delle fonti di ispirazione e argomento di ricerca con cui molti designer si sono confrontati con approcci e studi eterogenei.
Alba Polenghi Lisca ad esempio nella collezione Cielo-Celo gioca, così come nel titolo, con un duplice significato nelle sue due spille. La prima è un quadrato 8 x 8 in argento

Finally, languages: generating content means transposing from concept to form, from image to object, from story to jewel. It is the ability to make an object that communicates, to create messages through the pursuit of inspiration and to enable users to comprehend them – fully or only partially – without the need for additional explanations. Geometry is a source of inspiration and a research topic that many designers have addressed, taking highly varied approaches.
Alba Polenghi Lisca, for example, in the Cielo-Celo (Sky-Conceal) collection, plays, as the title suggests, with a double meaning in its two brooches. The first is an 8 x 8 shiny black enamelled silver square brooch that contains all the earth's elements. A wavy gold sheet descends on the shiny black surface, closed at the top by a long matt black curve. The second brooch consists of an 8 x 8 shiny black enamelled silver sheet, closed by a long matt black curve. Totally dark. The light of the gold from the first brooch is missing. The light is concealed. The meanings are subtle and implied, but their charming delicacy can be glimpsed.

smaltato nero lucido che contiene tutti gli elementi del globo terrestre. Sul piano nero lucido scende una lastra d'oro mossa, chiusa nella parte superiore, da una lunga curva di nero opaco. La seconda spilla è una lastra 8 x 8 in argento smaltato nero lucido, chiusa da una lunga lastra in nero opaco. Totalmente buia. La luce dell'oro della prima spilla è mancante. La luce è celata. I significati sono sottili, sottintesi ma si scorgono con una delicatezza affascinante.

Simona Nicolosi, l'anima creativa del brand may mOma, guarda alle tipiche geometrie Art Déco con occhi nuovi. Quadrati, rettangoli e cerchi esplodono in volumi puliti ed eleganti attraversati da taglienti linee metalliche dall'efficace effetto decorativo. Attraverso la scelta dei materiali e l'armonia delle forme, i linguaggi del passato diventano contemporanei.

La regolarità di linee e strutture è anche la base della ricerca per gli anelli *Sequenze* di Ivana Riggi, in produzione dal 2008. Il rigore viene imposto sin dalla griglia progettuale, generata da moduli e sotto-moduli che hanno consentito un risultato finale formale mol-

Simona Nicolosi, the creative mind behind the may mOma brand, approaches typical Art Déco patterns with a new perspective. Squares, rectangles and circles explode in clean, elegant volumes crossed by sharp metallic lines with a striking decorative effect. Through the choice of materials and the harmony of forms, the languages of the past become contemporary.

Regular lines and structures are also the basis of the research for Ivana Riggi's *Sequenze* (Sequences) rings, which have been in production since 2008. The rings' meticulous design is manifested by its grid, which is generated by components and sub-components that have produced a very harmonious formal end result. Each ring consists of three hemispheres that vary in length and diameter and are assembled differently every time: overlapping and aligned with the stem, one next to the other along the perimeter of the stem or one after the other from the axis of the stem to-wards the length of the finger. Different perceptions of the same geometric shapes

to armonico. Ciascun anello è costituito da tre semisfere, differenti in lunghezza e diametro, che ogni volta sono montate diversamente: sovrapposte e in asse con il gambo, una accanto all'altra lungo il perimetro del gambo o una di seguito all'altra dall'asse del gambo verso la lunghezza del dito. Diverse percezioni delle stesse forme geometriche e narrazioni che possono essere stabilite da chi decide di indossare gli anelli, singolarmente o insieme.

Gli elementi geometrici diventano invece per James Rivière i protagonisti di un racconto personale. Due ciondoli, il *Trio Zattera* e il *Vascello Aurora* vengono stilizzati rispettivamente in un rettangolo e in una semisfera. A bordo di entrambi una famiglia in cui ogni elemento ha una propria identità: le dimensioni degli elementi geometrici e il colore di cui sono ornate sono sempre diversi l'uno dall'altro. Eppure questa diversità non compromette la gioia nel viaggio. La fascia luminosa intorno ad ognuno, infatti, è l'aura felice che ogni piccolo componente della famiglia sprigiona.

and narratives can be established by those who decide to wear the rings, individually or together.

For James Rivière, geometric elements become the protagonists of a personal story. Two pendants – *Trio Zattera* and *Vascello Aurora* – are respectively stylized as a rectangle and hemisphere. Both feature a family of elements that have their own identity: the sizes of the geometric elements and the colour with which they are decorated are always different from one another. Yet this diversity does not compromise the joy of the journey. The bright strip around each of them is a happy aura that each small member of the family emanates.

The eclipse is a starting point for Rosalba Balsamo's narrative, which explodes in a volume that can be twisted, distorted and shaped into something fluid. It is a reflection on fragility, on the sudden transmutation of forms that can evolve from rigid, geometric shapes into gentle, soft organic curves.

L'ellisse è invece un punto di partenza per la narrazione di Rosalba Balsamo che la fa esplodere in un volume da torcere, deformare e modellare per trasformarlo in qualcosa di fluido. Una riflessione sulla precarietà, sulla repentina trasmutazione delle forme che da rigide e geometriche possono evolvere in dolci e morbide curve organiche.

In contrapposizione al rigore della geometria, la natura è un altro elemento ricorrente nei linguaggi contemporanei del gioiello.

Daniela Vettori, con la linea Bamboo, ricorda un viaggio in Giappone alla fine degli anni Novanta, in cui era stata colpita dalla visione di una foresta di bambù, i quali svettavano diritti al cielo. Da qui la progettazione di moduli cilindrici vuoti ma robusti, con scanalature morbide che svelano la loro anima e intrecci preziosi che li avvolgono tenendo insieme il rigore orientale e la sinuosità occidentale.

Ispirate principalmente al mondo della natura e dell'infanzia, le oniriche collezioni di Ilenia Corti sono realizzate a mano e caratterizzate dall'utilizzo di smalti e pietre dai colori viva-

In contrast to the rigour of geometry, nature is another recurring element in the contemporary languages of jewellery.

With her Bamboo line, Daniela Vetori recalls a trip to Japan in the late 1990s when she was struck by the vision of a bamboo forest towering in the sky. This led to the design of empty, but robust cylindrical elements with soft grooves that reveal their souls and precious weaves that envelop them, combining Eastern precision with Western sinuosity.

Mainly inspired by the world of nature and childhood, Ilenia Corti's dreamlike collections are handmade and characterized by the use of bright-coloured glazes and stones. Colourful insects are portrayed in three-dimensional snapshots worn on the finger as a tribute to nature and the universe.

Yellow gold, red gold and rock crystal are the tools of GianCarlo Montebello's creativity, who uses them to weave, like on an embroidered canvas, textures that re-

Daniela Vettori

Collana, anello, Bamboo collection
2004
Oro 750, diamanti taglio brillante;
lavorazione a mano a fuoco e martello
rivisitando antiche tecniche
di lavorazione orafa
Anello 42 x 15 x 30 mm
Collana 265 x 135 mm

Daniela Vettori

Necklace, ring, Bamboo collection
2004
750 gold, brilliant cut diamonds;
fire-worked by hand and hammered
according to ancient gold processing
techniques
Ring 42 x 15 x 30 mm
Necklace 265 x 135 mm

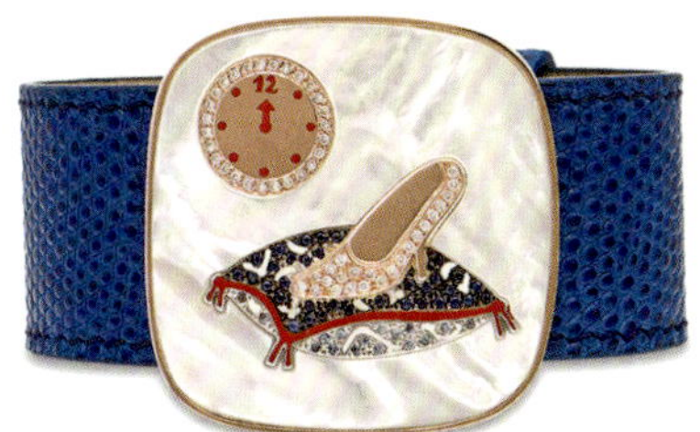

Francesca Villa

Bracciale, *Tabula Rasa Lux Cinderella*
2013
Oro rosa, diamanti, zaffiri blu,
madreperla, lucertola
42,5 x 22,5 mm

Francesca Villa

Bracelet, *Tabula Rasa Lux Cinderella*
2013
Pink gold, diamonds, blue sapphires,
mother of pearl, lizard
42,5 x 22,5 mm

**Cosimo Vinci
[realizzazione sem.ar, Arezzo]**

Corona-ghirlanda, *Myrsine*
2011
Ottone bagno oro 18 kt
160 x 170 mm

**Cosimo Vinci
[sem.ar realisation, Arezzo]**

Crown-garland, *Myrsine*
2011
18 ct gold plated brass
160 x 170 mm

ci. Insetti variopinti vengono ritratti in istantanee tridimensionali da portare al dito come omaggio alla Natura e all'Universo.

Oro giallo, oro rosso e cristallo di rocca si mettono invece a disposizione della creatività di GianCarlo Montebello per tessere, come su una tela da ricamo, trame che ricordino la delicata forma dei girasoli e il loro lento movimento alla ricerca della luce.

Il cielo e il mare sono ispirazione per Daniela De Marchi nell'anello *Vega*, che racconta della stella più brillante della costellazione della Lira con un pavé di diamanti distribuiti su una base di argento brunito, e nell'anello *Oceano* che gioca con l'ottone rosso e dorato per riprodurre la bellezza del corallo nei fondali marini.

Monica Castiglioni progetta invece l'anello *Museum* come omaggio a Joanna Prosser che ha scoperto il suo lavoro e lo ha sostenuto negli anni fino a selezionarlo per il negozio del Metropolitan Museum. Le forme dell'anello dichiarano tuttavia una chiara appartenenza al mondo naturale e delle piante, che contraddistingue il lavoro di Monica Castiglioni.

call the delicate shape of sunflowers and their slow movement in search of light. The sky and the sea are the inspiration for Daniela De Marchi's *Vega* ring, which evokes the brightest star in the Lira constellation with pavé diamonds distributed on a burnished silver base, and for his *Oceano* ring, which plays with red and gold brass to reproduce the beauty of coral on the sea floor.

Monica Castiglioni designed the *Museum* ring as a tribute to Joanna Prosser, who discovered her work and supported it over the years, eventually selecting it for the Metropolitan Museum store. The ring's design clearly belongs to the natural world of plants, which distinguishes Monica Castiglioni's work.

Symphonic and jazz music is the inspiration for Fabio Cammarata's *Mosso* (a musical direction meaning "animated") bracelet. The gesture of a conductor, the succession of sounds and musical rhythms and the alternation of melodies in harmonic assonance or dissonance. Gold and iron are recast in a single material, creating surprising, striking contrast effects.

La musica sinfonica e jazzistica è ispirazione per Fabio Cammarata nel bracciale *Mosso*.
Il gesto di un direttore d'orchestra, il susseguirsi di suoni e di ritmi musicali, l'avvicendarsi
di melodie in assonanza o dissonanza armonica. L'oro e il ferro si rifondono in un'unica
materia creando sorprendenti e stridenti effetti di contrasto.
I ritmi e i cromatismi armonici si alternano tra loro nel bracciale rigido, sviluppandosi lungo
un immaginario rigo musicale, formato da lunghe lamine in ferro e oro piegate.
Il braccio diventa così il pretesto per decorare quella funzione del corpo che, insieme alle
mani, meglio esprime e simboleggia: la gestualità, il movimento e lo scandire del tempo
musicale.
Il passato è invece l'origine della ricerca di Cosimo Vinci e Francesca Villa.
Cosimo Vinci guarda alla mitologia greca, in particolare la leggenda di Myrsine, per omaggiare le donne con una corona-ghirlanda espressione di un potere da ostentare ad uso
e consumo di chiunque voglia pregiarsene, secondo la visione "democratica" e confusa

Harmonic rhythms and colours alternate in the rigid bracelet, developing along an imaginary musical staff, formed by long folded iron and gold blades.
The arm thus becomes the pretext for decorating the function of the body which, together with the hands, best expresses and symbolizes the gestures, movement and
beating of musical time.
The past is the origin of the research by Cosimo Vinci and Francesca Villa.
Cosimo Vinci returns to Greek mythology, in particular to the legend of Myrsine, paying homage to women with a wreath/crown that expresses the power of anyone who
pleases to flaunt it at will, according to the "democratic" and confused vision of our time,
which is easily used to achieve personal goals at the expense of many. The same wreath
is used by Cosimo Vinci to deny and desecrate the ancient symbol, which becomes an
elegant, ironic accessory, a worn-out sign of the uncomfortable reference and a narrative
vehicle for an innovative mindset.

del nostro tempo, cui si ricorre con facilità per cogliere i propri scopi personali a danno di molti. La stessa ghirlanda è chiamata da Cosimo Vinci a rinnegare e dissacrare l'antico simbolo, per divenire accessorio elegante e ironico, segno consumato dello scomodo valore di riferimento e mezzo narrativo di un pensiero innovante.
Francesca Villa invece riporta in vita la tabula rasa, una tavoletta di cera utilizzata in passato dai romani per scrivere e cancellare, in modo da poter essere usata per riscrivervi. La rimpicciolisce e la rende indossabile sul polso incastonando racconti variegati. *Tabula Rasa Lux Cinderella* con solo due elementi lascia poco spazio all'immaginazione e riassume in modo efficace una delle più celebri favole che finisce con "... e vissero tutti felici e contenti".

Francesca Villa brings back the *tabula rasa*, a tax tablet used in the past by the Romans to write and erase, so that it could be used to write on again. She shrinks it down and makes it wearable on the wrist, mounting it with various stories. Featuring only two elements, *Tabula Rasa Lux Cinderella* leaves little room for imagination and effectively summarizes one of the most famous stories that ends with "... and they all lived happily ever after."

[1] G. Bakker, *Gioiello&Design*, Museo del Gioiello, I edizione, Marsilio, Venezia 2014, p. 6.
[2] A. Mendini, *Manifesto di Alchimia*, 1984.
[3] Plinio il Vecchio, *Naturalis Historia XXXVI*.
[4] Il primo brevetto sulla stampa 3D fu ottenuto nel 1986 da Charles Hull che fondò la 3D Systems, una delle più importanti aziende del settore.
[5] RepRap è stato fondato nel 2005 dal dottor Adrian Bowyer, Senior Lecturer in ingegneria meccanica all'Università di Bath, con lo scopo di produrre un dispositivo autoreplicante che dia la possibilità, a chiunque disponga di una piccola somma di denaro, di avere a disposizione un piccolo sistema produttivo.
[6] A. Cappellieri, B. Del Curto, L. Tenuta, *Intorno al Futuro*, Marsilio, Venezia, p.15.

A. Cappellieri, *Gioielli. Dall'art nouveau al 3D printing*, Skira, 2018.
A. Cappellieri, *Catene. Gioielli fra storia, funzione e ornamento*, Silvana Editoriale, 2018.

I contributi dei singoli autori sono:
Alba Cappellieri da pagina 236 a pagina 243
Livia Tenuta da pagina 243 a pagina 279

[1] G. Bakker, *Gioiello&Design*, Museo del Gioiello, 1st edition, Marsilio, Venice 2014, p.6.
[2] A. Mendini, *Studio Alchimia's manifesto*, 1984.
[3] Pliny the Elder, *Naturalis Historia XXXVI*.
[4] The first 3D printing patent was obtained in 1986 by Charles Hull, who founded 3D Systems, one of the leading companies in the industry.
[5] RepRap was founded in 2005 by Dr. Adrian Bowyer, Senior Lecturer in mechanical engineering at the University of Bath, with the aim of producing a self-replicating device that gives anyone with a small amount of money the possibility to have a small production system.
[6] A. Cappellieri, B. Del Curto, L. Tenuta, *Intorno al Futuro*, Marsilio, Venice, p.15.

A. Cappellieri, *Jewellery: From Art Nouveau to 3D Printing*, Skira, 2018.
A. Cappellieri, *Chains: Jewellery in history, function and ornament*, Silvana Editoriale, 2018.

Texts of the authors are:
Alba Cappellieri from page 236 to page 243
Livia Tenuta from page 243 to page 279

Icone & Icons

a cura di curated by
Gabriele Pennisi ed and
Emanuele Ferreccio Pennisi

I gioielli esposti nella Sala Icone del Museo di Vicenza sono stati realizzati tra il XVII secolo e gli anni Trenta del XX, prevalentemente in Europa. La collezione presenta un nucleo corposo di opere del XIX secolo e del periodo Art Déco provenienti prevalentemente dalla collezione della nostra famiglia e da importanti collezioni private italiane.
Tutte le opere esposte presentano un elemento figurativo, Il tema dell'icona fa da trait-d'union in questa selezione eclettica. Raffigurazioni sacre e figure mitologiche, ritratti profani e simboli che rimandano immediatamente a personaggi storici si alternano tra montature ottocentesche, smalti e geometrie di platino. Ciascuna Era ha un suo gioiello iconico, che sublima aspetti estetici e di costume con una potenza comunicativa straordinaria.
L'icona è un'immagine, un'opera d'arte a sfondo religioso realizzata nell'ambito della Chiesa Ortodossa. Molto spesso si tratta di dipinti che raffigurano Cristo, Maria Vergine, santi e angeli. Talvolta queste immagini si trovano impreziosite da decori in oro, argento e pietre preziose dette "riza", protezioni in metallo che lasciano scoperti volti e mani delle

The jewellery on display in the Icon Room at the Museum in Vicenza was mainly produced in Europe between the 17th century and the 1930s. The collection has a substantial nucleus of items from the 19th century and from the Art Déco period, principally from our family's collection and from important private Italian collections.
All the works exhibited have a figurative element and the theme that links this varied selection is the icon. Sacred representations and mythological figures, profane portraits and symbols referring immediately to historical characters alternate with 19th century settings, enamels and platinum geometries. Every era has its iconic jewel, one that exalts aspects of aesthetics and custom with an extraordinary communicative power.
An icon is a picture, a work of art with a religious background created within the Orthodox Church. The paintings often depicted are Christ, the Virgin Mary, Saints and Angels. Sometimes, these pictures were embellished and decorated with gold, silver and precious stones known as "riza," a metal protection that left the faces and hands of the

figure sacre ritratte. Le icone vere e proprie e l'oreficeria hanno quindi sempre dialogato nel corso della Storia. Le raffigurazioni artistiche, le miniature, i dipinti sacri sono stati spesso impreziositi con decorazioni in metallo prezioso.

Il rapporto tra gioiello e icona è strettamente legato all'aspetto religioso e devozionale. Nel corso del XV e XVI secolo molti monili, specialmente pendenti e croci recavano immagini sacre e scene bibliche. Il gioiello più antico della sala è appunto un gioiello devozionale portoghese, molto raro a trovarsi oggi ma piuttosto diffuso in area locale nel XVI e XVII secolo. La croce in oro giallo con decori in smalto bianco e verde presenta la figura del Cristo con l'aureola ed un teschio ai sui piedi. La superficie dell'oro è incisa sulla parte frontale e sul retro per contenere i decori policromi. Pendenti, croci, medaglioni e reliquari devozionali con figure di santi e iscrizioni religiose, appartenuti ai membri di fratellanze e confraternite, erano abbastanza comuni nella penisola iberica ed erano modelli ideali dove applicare decori in smalti, incisioni e pietre preziose. Un crocifisso

sacred figures portrayed uncovered. Authentic icons and gold-art have therefore always communicated through the course of history. Artistic representations, miniatures, sacred paintings were often made more valuable with precious metal decorations.

The relationship between jewellery and icon is strictly linked to the religious and devotional aspect. During the 15th and 16th centuries, many jewels, especially pendants and crosses, bore Holy images and Biblical scenes. The oldest jewellery in the room is, in fact, a Portuguese devotional item that is extremely difficult to find nowadays but which was rather common in that area in the 16th and 17th centuries. The yellow gold cross with white and green enamel decorations shows the figure of a haloed Christ with a skull at his feet. The surface of the gold is carved on the front and back to contain the multi-coloured decorations. Pendants, crosses, medals and devotional reliquaries with figures of saints and religious inscriptions, belonging to members of fraternities and brotherhoods, were quite common on the Iberian Peninsula and were ideal models on which to apply

Ciondolo in oro giallo in stile
rinascimentale
XIX secolo, Francia
Smeraldi, diamanti, smalti, zaffiri
Collezione Maria Paola Pennisi

Renaissance-style pendant
in yellow gold
19th century, France
Emeralds, diamonds, enamels,
sapphires
Maria Paola Pennisi collection

Parure Egyptian Revival
XIX secolo, Roma
Oro giallo, pasta vitrea
Collezione Maria Paola Pennisi

Egyptian Revival set
19th century, Rome
Yellow gold, glass paste
Maria Paola Pennisi collection

Parure
XIX secolo, Francia
Oro giallo, smalti
Collezione Maria Paola Pennisi

Set
19th century, France
Yellow gold, enamels
Maria Paola Pennisi collection

analogo a quello in mostra è custodito al Museo Nazionale di Arte Antica di Lisbona[1] e risale alla fine del XVII secolo.

Il ciondolo con icona, nel quale arte figurativa e arte orafa si coniugano perfettamente è stato invece realizzato intorno al 1860, si è risaliti alla sua paternità ritrovandolo in una fotografia della vetrina del gioielliere Mellerio dits Meller[2], scattata durante l'Esposizione del 1867 a Parigi. Il pendente è realizzato in oro giallo con la doppiatura in argento; una cornice di diamanti taglio vecchio, sormontata da corona, reca al centro un importante topazio imperiale. L'unicità del gioiello sta nel fatto che il topazio è stato intagliato e smaltato con un ritratto raffigurante la Vergine con bambino. L'immagine, realizzata con finissimi smalti policromi dipinta su oro è impreziosita da rose di diamante e da piccole pietre preziose. Al di sotto di essa si trova un *degradé* di perle naturali a goccia di rara perfezione. Il gioiello ci è giunto all'interno di una teca antica come se la sua funzione nel tempo fosse diventata quella di altarolo da preghiera.

enamel decorations, engravings and precious stones. A similar crucifix to the one on display can be found in the National Museum of Ancient Art in Lisbon[1] and dates back to the end of the 17th century.

On the other hand, the pendant with icon, where figurative art and gold-art unite perfectly, was made around 1860. Its paternity was discovered when it was found in a photograph of the Mellerio dits Meller[2] jewellery store window, taken during the Paris Exhibition in 1867. The pendant is made in yellow gold with silver reinforcement; a frame of old cut diamonds surmounted by a crown, holds a conspicuous imperial topaz. The uniqueness of the item lies in the fact that the topaz was engraved and enamelled with a portrait of the Virgin with Child. The image, made in extremely fine multi-coloured enamels painted on gold, is further embellished by diamond roses and tiny precious stones. Below this there is a *degradé* of natural drop pearls of rare perfection. The jewel came to us inside an antique display case as if its function over time had become an altarpiece for prayer.

Sempre di raffigurazione sacra si tratta, ma questa volta con radici egiziane, nel caso della parure Art Déco composta da bracciale, anello e spilla in platino, oro e diamanti. L'antico Egitto fu una fonte di ispirazione per i disegnatori di gioielli fin dal XVIII secolo; le scoperte archeologiche delle forze napoleoniche, l'apertura del canale di Suez nel 1869, gli scavi dei primi anni del Novecento e l'Esposizione al Louvre del 1911 diedero un forte impulso creativo ai grandi *ateliers* francesi. Fu solo però con la scoperta della tomba di Tutankamon nel 1922 che la tendenza diventò quasi una mania. Nel 1923 Pierre Cartier prediceva "La scoperta porterà cambiamenti cruciali nella moda dei gioielli". L'influenza dell'antico Egitto, insieme con lo spirito innovativo dell'Art Déco, portarono alla creazione di alcuni dei gioielli più originali e spettacolari degli anni Venti, nei quali il rigore geometrico delle montature ben si mescolava con la nettezza dei tratti grafici e pittorici egizi. La parure qui presentata è un raffinato esempio di manifattura in platino con diamanti per un totale di 33,40 carati circa. Anello, bracciale e spilla sono decorati con piccole

The Art Déco set comprising a bracelet, ring and brooch in platinum, gold and diamonds, while still a sacred representation, has Egyptian roots.
Ancient Egypt was a source of inspiration for jewellery designers at the end of the 18th century. Archaeological discoveries by Napoleonic troops, the opening of the Suez Canal in 1869, excavations in the early 1900s and the 1922 Louvre Exhibition gave an enormous creative boost to important French *ateliers*. However, it was only with the discovery of Tutankhamen's tomb in 1922 that the trend almost became an obsession. In 1923, Pierre Cartier predicted "The discovery will bring crucial changes to jewellery fashion." The influence of Ancient Egypt, together with the innovative spirit of Art Déco, led to the creation of some of the 1920s most original and spectacular jewellery in which the geometrical rigour of the settings blended considerably well with Egyptian graphic and pictorial precision.
The set on display here is a refined example of manufacture in platinum with diamonds totalling about 33.40 carats. Ring, bracelet and brooch are decorated with tiny, yellow

Croce
XVII secolo, Portogallo
Oro giallo, smalti
Collezione Maria Paola Pennisi

Cross
17th century, Portugal
Yellow gold, enamels
Maria Paola Pennisi collection

288

Mellerio dits Meller

Ciondolo
1890, Francia
Oro giallo, argento, diamanti, topazio
imperiale, rubini, perle naturali,
smeraldi, zaffiri, smalti
Collezione Gioielleria Pennisi

Mellerio dits Meller

Pendant
1890, France
Yellow gold, silver, diamonds,
imperial topaz, rubies, natural pearls,
emeralds, sapphires, enamels
Gioielleria Pennisi collection

Alexander Duru

Spilla Art Déco raffigurante un
paesaggio giapponese
1915, Francia
Platino, diamanti, cristallo di rocca,
smalti, onici
Collezione Gioielleria Pennisi

Alexander Duru

Art Déco brooch in platinum depicting
a Japanese landscape
1915, France
Platinum, diamonds, rock crystal,
enamels, onyxes
Gioielleria Pennisi collection

Masriera y Carreras

Ciondolo Art Nouveau
1916, Barcellona
Oro giallo, platino, diamanti, smalti
plique à jour
Collezione Gioielleria Pennisi

Masriera y Carreras

Art Nouveau pendant
1916, Barcelona
Yellow gold, platinum, diamonds,
plique à jour enamels
Gioielleria Pennisi collection

Alfredo Ravasco

Spilla Art Déco
1926, Milano
Platino, diamanti, onici
Collezione Gioielleria Pennisi

Alfredo Ravasco

Art Déco brooch
1926, Milan
Platinum, diamonds, onyxes
Gioielleria Pennisi collection

Bracciale
1930, United States
Oro giallo, oro rosa, platino, diamanti,
zaffiri, rubini, smeraldi, perle
Collezione Gioielleria Pennisi

Bracelet
1930, USA
Yellow gold, pink gold, platinum,
diamonds, sapphires, rubies,
emeralds, pearls
Gioielleria Pennisi collection

sculture di Osiride e Iside, Nout e Ra in oro giallo. Tutte le figure sembrano essere state modellate da manufatti originali egizi risalenti al 530 a.C, rinvenuti a Saqquara nel XIX secolo, e oggi al Museo del Cairo. Molto probabilmente le divinità sono gli elementi più antichi del bracciale che furono incorporati nelle montature tra gli anni Venti e gli anni Trenta. Sia il retro del braccialetto che dell'anello presentano iscrizioni in portoghese ed in francese che fanno riferimento al possessore di questa collezione. Si tratta del dono di nozze per figlia Blanche di un gentiluomo chiamato Nagib Elias Schoueri. Le incisioni citano inoltre Mohammed-Aly Pasha, fondatore del moderno Egitto e Edme-François Jomard, che redasse i resoconti della campagna napoleonica.

La *demi-parure* composta da orecchini e pendente con figura di Faraone ha invece radici tutte italiane. Il micromosaico che compone le immagini è un raffinato esempio di questa tecnica presentata per la prima volta da Giacomo Raffaelli nel 1775. Il mosaico minuto, ancora prodotto al giorno d'oggi, era costituito da minuscole tessere di smalto

gold sculptures of Osiris and Isis, Nut and Ra. All of the figures seem to have been modelled from original Egyptian artefacts dating back to 530 BC found in Saqqara in the 19th century and now in Cairo Museum. It is highly probable that female divinities are the oldest elements on the bracelet and were incorporated into the setting between the 1920s and 1930s. The backs of the bracelet and ring have inscriptions in Portuguese and French that refer to the owner of this collection. It was a wedding gift for Blanche, the daughter of a gentleman called Nagib Elias Schoueri. The engravings also cite Mohammed-Aly Pasha, founder of modern Egypt, and Edme-François Jomard, who drafted the Napoleonic company's reports.

However, the *demi-parure* comprising earrings and pendant with a figure of a Pharaoh has entirely Italian roots. The micro-mosaic of which the images are composed is an elegant example of this technique presented for the first time by Giacomo Raffaelli in 1775. This minute mosaic, still produced today, was made of tiny, spun enamel tiles

filato, di sezione inferiore al millimetro. Le micro tessere venivano fissate assieme con un mastice chiamato *stucco romano,* composto da una miscela di calce, polvere di travertino e olio di lino. Il supporto era generalmente in rame, pietra dura o di vetro opalino. I mosaici romani più diffusi erano sicuramente quelli con soggetti di monumenti antichi o con temi presi da affreschi di epoca imperiale. Questi souvenir di eccellenza, che erano molto apprezzati dai facoltosi viaggiatori del Grand Tour nel XIX secolo e venivano spesso montati su gioielli in oro o in metallo di produzione anche francese o inglese.

Il termine "icona", dalla sua radice greca bizantina (*eikòna*), può essere tradotto con "immagine" e generalmente il suo significato è legato immediatamente alla religione cristiana. Anche i cammei riproducono immagini, che sono spesso riferite però alla mitologia classica. Gli artisti sfruttavano gemme e pietre con strati di diverso colore che potessero essere scolpiti per far risaltare l'immagine in primo piano, oppure nel caso dei cammei a tutto tondo venivano utilizzati materiali monocromi. La tecnica è antichissima,

with a less than one millimetre section. The micro tiles were fixed together with a mastic called *Roman stucco* which was a mixture of lime, travertine powder and linseed oil. The support was generally in copper, hard stone or opaline glass. The most common elements on Roman mosaics were definitely ancient monuments or themes taken from imperial age frescoes. These extraordinary souvenirs, which were highly appreciated by wealthy travellers on the Grand Tour in the 19th century, were often mounted onto gold or metal jewellery, which was also produced in France and England.

The word "icon," from its Greek Byzantine origin (*eikòna*), can be translated as "image" and its meaning is generally linked immediately to the Christian religion. Cameos also depict images but they often refer to Classic Mythology. Artists used gems and stones with different coloured layers that could be sculptured to enhance and spotlight the image or, in the case of totally round cameos, plain-coloured materials were used. The technique is extremely old and of Greek or Etruscan origin and some of the most famous

A.E. Kochert

Anello con monogramma
dell'imperatore Franz Joseph
1887, Vienna
Oro giallo, argento, diamanti, cristallo nero
Collezione Gioielleria Pennisi

A.E. Kochert

Ring with monogram of emperor
Franz Joseph
1887, Vienna
Yellow gold, silver, diamonds, black
crystal
Gioielleria Pennisi collection

Bracciale con api napoleoniche
XIX secolo, Francia
Oro giallo, smalti, diamanti
Collezione Gioielleria Pennisi

Bracelet with napoleonic bees
19th century, France
Yellow gold, enamels, diamonds
Gioielleria Pennisi collection

di origine greca o etrusca e alcuni dei più famosi cammei sono stati prodotti nel periodo imperiale romano, anche se lo stile e la tecnica è derivata dall'Ellenismo. I cammei furono particolarmente popolari dalla fine del XVIII e per tutto XIX secolo, tanto che i materiali più disparati venivano intagliati per far fronte all'imponente richiesta del mercato. Quelli su conchiglia erano l'alternativa ai più dispendiosi e di difficile realizzazione cammei su pietra dura. Collezionare cammei antichi divenne un passatempo popolare tra le classi agiate, spesso questi venivano copiati dagli artisti di nuova generazione e numerose imitazioni in ceramica o altri materiali apparvero sul mercato. Si trovano quindi cammei su materiali nobilissimi e difficili da scolpire, come gli smeraldi e gli zaffiri oppure su materiali più poveri e malleabili. La parure in Ferro di Berlino e l'anello in oro con diamanti e cammeo su smeraldo ben evidenziano queste differenze di tecniche e materiali.
Il processo di realizzazione di gioielli in ghisa smaltata fu originato in Prussia nella fonderia Gleiwitz alla fine del XVIII secolo e successivamente ripreso dalla Fonderia Reale di

cameos were produced in the days of the Roman Empire, even if the style and technique came from Hellenism. Cameos were particularly popular from the end of the 18th century and throughout the 19th, so much so that the most varied materials were carved to cope with the enormous market demand. Cameos on shell provided an alternative to the more expensive and difficult hard stone ones. Collecting ancient cameos became a popular pastime among the well-to-do classes and were often copied by new generation artists and numerous imitations in ceramic and other materials appeared on the market. Therefore cameos can be found on materials that are extremely noble and hard to sculpture, such as emeralds and sapphires, as well as on poor and malleable materials. The set in Berlin Iron and the gold ring with diamonds and cameo on emerald are good examples of these differences in technique and material.
The process of making jewellery in enamelled cast iron originated in Prussia at the Gleiwitz foundry at the end of the 18th century and was later resumed by the Royal Foundry

Bracciale con monogramma
della Regina Vittoria
XIX secolo, Inghilterra
Oro giallo, argento, diamanti, smalti
Collezione Gioielleria Pennisi

Bracelet with monogram of Queen
Victoria
19th century, England
Yellow gold, silver, diamonds, enamels
Gioielleria Pennisi collection

Collana con ciondoli scaramantici
in corallo
XIX secolo, Italia
Oro giallo, corallo
Collezione Gioielleria Pennisi

Necklace with lucky charm pendant
in coral
19th century, Italy
Yellow gold, coral
Gioielleria Pennisi collection

Parure Egyptian Revival
con divinità egizie
1920
Platino, diamanti, oro giallo
Collezione Gioielleria Pennisi

Bracciale
Metà del XIX secolo, Roma
Oro giallo, cammeo in agata
Collezione Gherardo Felloni

Anello
XIX secolo
Oro giallo, argento, smeraldo,
diamanti
Collezione Gherardo Felloni

Ring
18th century
Yellow gold, silver, emerald, diamonds
Gherardo Felloni collection

Parure *Fer de Berlin* con cammei
rappresentanti figure mitologiche
1840
Oro giallo, ferro
Collezione privata

Fer de Berlin set with cameos
representing mythological figures
1840
Yellow gold, iron
Private collection

Berlino nel 1804. La produzione francese incominciò due anni dopo quando Napoleone marciò su Berlino, confiscò gli stampi e li portò in patria. Il *Fer de Berlin* non guadagnò attenzione internazionale se non con le Guerre Napoleoniche (1813-1815) quando la Germania chiese alle classi agiate di donare l'oro alla patria in cambio di gioielli di ferro. Questi gioielli erano creati grazie a stampi di cera che venivano impressi nella sabbia e poi riempiti con ferro liquefatto. I calchi venivano lasciati raffreddare, rifiniti a mano e smaltati di nero, gli esempi più raffinati venivano abbelliti con particolari in acciaio lucido. Iconico è un termine relativo non solo all'immagine ma anche al simbolo. Un gioiello a forte contenuto simbolico è il bracciale in oro giallo con api diamantate e smalto *guilloché,* il quale è contenuto nella sua scatola originale in velluto blu con il monogramma di Napoleone. Le api sono sempre state utilizzate in araldica, simbolo di operosità, lavoro e dolcezza ma anche di immortalità e risurrezione. Napoleone adottò le api come uno

in Berlin in 1804. French production began two years later when Napoleon marched on Berlin, confiscated the moulds and took them back to France. *Fer de Berlin* did not gain international attention until the Napoleonic Wars (1813-1815) when Germany asked the wealthy classes to donate gold to the country in exchange for iron jewellery. These items were created using wax moulds that were impressed into sand and then filled with molten iron. The casts were left to cool, hand-finished and black-enamelled. The more refined specimens were embellished with shiny steel details.
Iconic is a term that not only relates to image but also to symbol. An item of jewellery that has considerable symbolic content is the yellow gold bracelet with diamond-studded bees and *guilloché* enamelling in its original blue velvet box with Napoleon's monogram. Bees have always been used in heraldry, not only as a symbol of industriousness, work and sweetness but also of immortality and resurrection. Napoleon used bees as one of

dei simboli dell'Impero, presenti sul mantello imperiale e sugli ornamenti dei principi che portavano un capo azzurro con api d'oro. Comparivano anche negli stemmi delle cosiddette *Bonne Ville*, città che godevano di particolari privilegi. Qualche studioso sottolinea come l'ape in Egitto fosse simbolo di obbedienza e fedeltà per cui Napoleone potrebbe aver preso la decisione di adottare tale fregio durante la Campagna di Oriente. Altri sottolineano il legame con la dinastia Merovingia. Nel Tesoro di Childerico I, figlio di Meroveo furono ritrovate infatti 300 api d'oro.

[1] Cfr. L. d'Orey, *Five Centuries of Jewellery*, Zwemmer, 1995, p. 56.
[2] Cfr. V. Meylan, *Mellerio dits Meller, Joaillier des Reines*, Edition SW Télémaque, pp. 169-170.

the symbols of the Empire. They appeared on his imperial cloak and on the ornaments of princes who wore a sky-blue hat with golden bees. They also appeared on the coats of arms of the so-called *Bonne Ville*, cities that enjoyed particular privileges. Some scholars highlight how, in Egypt, the bee was a symbol of obedience and loyalty so Napoleon may have decided to use this decoration during his Eastern Campaign. Others point out the link with the Merovingian dynasty. In fact 300 gold bees were found in the Treasure of Childeric I, the son of Merovech.

[1] See L. d'Orey, *Five Centuries of Jewellery*, Zwemmer, 1995, p. 56.
[2] See V. Meylan, *Mellerio dits Meller, Joaillier des Reines*, Edition SW Télémaque, pp. 169-170.

a cura di curated by
Olga Noronha

Introduzione

I gioielli, e gli ornamenti in generale, vengono indossati da migliaia di anni da pressoché tutte le culture note. Investiti di significati diversi a seconda del luogo e dell'epoca, i gioielli sono spesso stati portati come manifestazione di agiatezza e status sociale, diventando all'occorrenza anche oggetti funzionali o merce di scambio.

Nel corso dei secoli, l'uomo ha fatto ricorso agli ornamenti più svariati, da versioni temporanee, portatili e autonome quali gioielli, accessori, abbigliamento, a trattamenti semi-permanenti quali tinte per capelli e make-up. Molti invece hanno privilegiato segni o alterazioni permanenti del corpo, ricorrendo alla chirurgia: si pensi ad esempio a piercing, tatuaggi, scarificazioni, marchiature, protesi e altre pratiche invasive. Tali "ornamenti" servivano non solo a valorizzare l'aspetto fisico o comunicare benessere, potere, prestigio, cultura e genere, ma anche ad affermare un credo e dichiarare la

Introduction

Adornments such as jewellery have been worn for thousands of years, and by virtually every culture ever known. Having had different significance in different times and places, jewels were frequently worn as a display of wealth and status and, concomitantly at times, as functional objects and as a form of currency.

Throughout the times, people have used a less evasive variety of temporary and portable/detached ornaments viz. jewellery, accessories and clothing, to semi-permanent ones such as hair dye and makeup. However, many have utilised permanent markings or alteration on the body using medical surgery, such as, piercing, tattooing, scarification, branding, implants, and other invasive practices. These "ornaments" were sought, not only to enhance appearances and to symbolise affluence, power, prestige, culture and gender but also to illustrate confirmation of and devotion to their beliefs.

propria devozione nei confronti dello stesso. I motivi per cui gli esseri umani tendono a celebrare il corpo come "terreno sul quale inscrivere significati importanti" (Mascia-Lees F. E., 1992) sono contrastanti. Il corpo è intrinsecamente segnato dalla cultura in cui è immerso; se non lo fosse, non sarebbe in grado di inserirsi nei canali dello scambio sociale e di comunicare la spiccata sensibilità della relazione tra il corpo e ciò che lo circonda, in senso lato.

Fondamentale è dunque interpretare il gioiello non solo e non tanto come accessorio di tendenza, quanto come nicchia di molteplici scenari e approcci socio-politici, tecnologici, storici e filosofici. Animata da una selezione di creazioni che spaziano tra le pratiche e i contesti più svariati, la Sala Futuro fonde e sfida al tempo stesso le commistioni tra le discipline dell'Arte, del Design, della Scienza e della Modificazione corporea.

Human beings have developed contrasting reasons for celebrating the body as "a ground on which [they can] inscribe significant meaning" (Mascia-Lees F. E., 1992). The body is inherently branded with surrounding culture and, without such, it would not be able to move inside the routes of social exchange to convey a distinct sensibility of the relationship between the body and its surroundings, in its wider sense.

It is crucial to understand the piece of jewellery as a niche for multiple socio-political, technological, historical and philosophical frames and approaches, rather than just a fashionable accessory. The Future Room, while presenting a series of pieces that span different contexts of expertise, not only blends but also defies the transitions between the disciplines of Art, Design, Science and Body Modification.

"Tra i vuoti e gli interstizi del corpo e sul corpo"

Nonostante gli studi sulla psicologia e la storia evolutiva degli esseri umani per quanto attiene l'abbellimento del corpo abbiano rivelato come il concetto di bellezza sia sfociato in una forma di comunicazione culturale, i gioielli sono anche un mezzo di comunicazione personale, nel momento in cui perdono il carattere di estensione e trascendono la mera funzione di accessorio, aggiunta o appendice "extra".

Le opere presentate in questa sezione vanno analizzate da una prospettiva alternativa, come uno spunto per esplorare i vuoti/gli interstizi del/sul corpo umano. Sono tutti lavori di matrice concettuale che invitano a formulare interpretazioni personali attraverso l'esplorazione di luoghi stimolanti per il pensiero e il tatto.

"In-Between/Empty Spaces on/of the Body"

Even though research of the psychology and evolutionary history of humans regarding body adornment has revealed how the concept of beauty may have derived as a form of communication in culture, jewellery is also a means for personal communication in a sense of being no more an accession, a mere accessory, an addendum or appendix.

The pieces presented in this section are to be analysed through a different perspective, as they become relevant for exploring the in-between/empty spaces on/of the human body – conceptually driven pieces of work that focus on exploring sites for thought and touch which incite to personal interpretations.

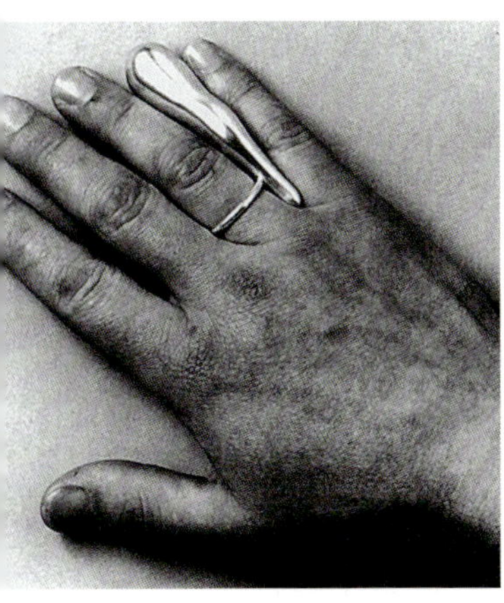

Gerd Rothmann

Anello, *Sechster Finger* (Sesto dito)
1979
Argento
66 x 28 x 22 mm
Collezione dell'artista

In *Sesto dito*, l'approccio di Gerd Rothmann alla gioielleria diventa una mirabile estensione del corpo. Se da un lato denota una profonda consapevolezza del corpo umano, valorizzando il particolare fascino degli arti artificiali, dall'altro il *Sesto dito* non è certamente concepito come anello decorativo, ma piuttosto come strumento per spingere a riflettere sull'occupazione dei vuoti tra le dita della mano, dove altre potrebbero trovare spazio.

Gerd Rothmann

Ring, *Sechster Finger* (Sixth Finger)
1979
Silver
66 x 28 x 22 mm
Collection of the artist

In *Sixth Finger*, Gerd Rothmann's approach to jewellery becomes as if a glorious extension of the body. Where the *Sixth Finger* conveys a reinvigorated body awareness, emphasising the peculiar fascination aspect provided by artificial limbs, it is surely also not made to be a decorative ring but rather leading one to think more of the occupation of an empty space between fingers where a few more would fit.

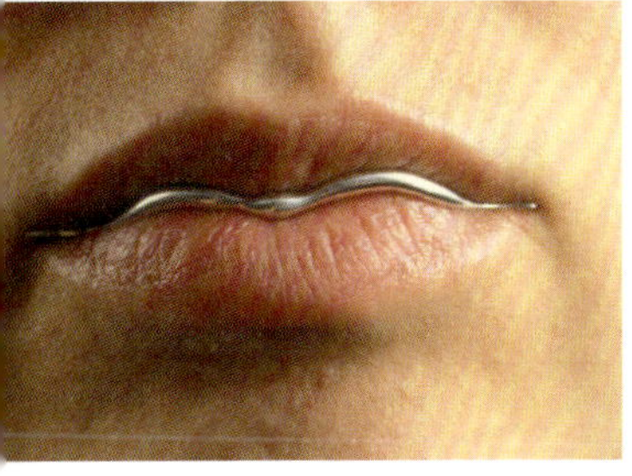

Anika Smulovitz

Ornamento per labbra, *Lip Liner (for Anika)*
2003, Stati Uniti
Argento sterling
55 x 30 x 3 mm
Collezione dell'artista

Lip Liner sottolinea la transizione dall'esterno all'interno, in quello che l'autrice considera l'orifizio più visibile del corpo umano. Questo pezzo conferisce dimensionalità al punto di contatto tra le due labbra, che è unico e personale quanto un'impronta digitale.
Anika Smulovitz studia le labbra nel contesto dell'interrelazione tra corpo, ornamento e intimità.

Anika Smulovitz

Lip Adornment, *Lip Liner (for Anika)*
2003, USA
Sterling silver
55 x 30 x 3 mm
Collection of the artist

Lip Liner emphasizes the transition from exterior to interior, in what the author considers to be the most visible orifices on our body. The piece gives dimension to the meeting point between both lips, this being almost as unique and individual as a fingerprint. Anika Smulovitz explores lips in the context of the interrelationship between the body, adornment, and issues of intimacy.

**Naomi Filmer
per Hussein Chalayan**

Mouth Light – Presentato alla sfilata
A/I 1995-1996 "Along False Equator"
di Hussein Chalayan
1995, Londra
Capsula di resina, luci a LED 3x,
batteria
38 x 28 mm

L'approccio di Naomi Filmer
all'esplorazione di questa transizione
dall'esterno verso l'interno si traduce
in un effetto visivo per certi versi
angosciante, per altri ammaliante,
basato su un'amplificazione ottica
della bocca della modella. La luce
Mouth Light commissionata da
Hussein Chalayan per la sfilata A/I
1995-1996 consisteva in una serie
di luci a LED racchiuse in capsule di
resina a forma di losanga, che sono
state inserite all'interno della cavità
orale delle modelle. La luce rossa
emanata dall'apertura comunica un
senso di pericolo, allarme e choc che
ben rappresenta il tema generale della
collezione: un'immaginaria apocalisse
mondiale.

**Naomi Filmer
for Hussein Chalayan**

Mouth Light – Presented in Hussein
Chalayan A/W 1995/1996 Show
"Along False Equator"
1995, London
Resin cast capsule, 3x red LEDs,
battery
38 x 28 mm

Naomi Filmer's approach to exploring
such transition from outside to inside
achieves a somehow distressing and,
at the same time, alluring visual effect
by presenting an optical amplification
of the wearers' mouth. *Mouth Light*,
commissioned for Hussein Chalayan's
A/W 1995/6 show, consisted on
lozenge-shaped resin capsules
housing LED lights that were placed
inside the models' mouth cavity.
Red light exuding from the cavities
suggested danger, alarm and shock,
illustrating the theme of the overall
collection – an imaginary world
catastrophe.

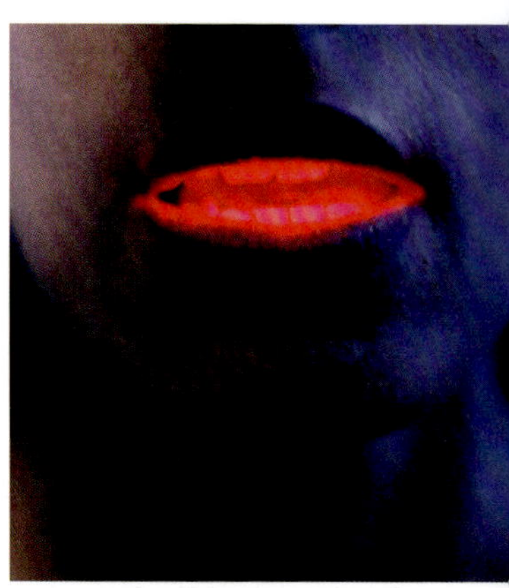

Gerd Rothmann

Gioiello per la mano dell'artista,
Gold unter meinen Fingernägeln
(Oro sotto le unghie delle mie dita)
1983
Oro 750
300 x 300 x 200 mm
(contenuto in una teca di plexiglass)
Collezione dell'artista

In *Oro sotto le unghie delle mie dita*,
la narrativa di Gerd Rothmann si
configura come altamente fisica e
letterale. Non c'è più spazio per lo
sporco sotto queste unghie, perché
ogni interstizio è occupato da pezzi
d'oro sagomati come unghie.

Gerd Rothmann

Jewellery for the artist's hand,
Gold unter meinen Fingernägeln
(Gold Under My Fingernails)
1983
Gold 750
300 x 300 x 200 mm
(incased in plexiglas box)
Collection of the artist

In *Gold Under My Fingernails*, Gerd
Rothmann conveys a narrative in a
very physical and literal way. There is
no longer space for dirt under these
fingernails but the space is instead
occupied by pieces of gold, shaped
as cut-off fingernails.

Ma "Come può scattare una connessione senza una piena identificazione, ai limiti della riduzione? Come può un'esperienza aprirsi al mistero dell'altro?" (Kuppers, 2007).
Il corpo e la sua visualizzazione, i vuoti, le pieghe, le rughe e i recessi in queste tracce materiali di mutamento corporeo diventano visibili grazie a interpretazioni peculiari che li sfruttano come mezzi creativi.

But, "How can connection occur without full identification, on the limits of reduction? How can experience be open to the mystery of the other?" (Kuppers, 2007).
The body and its visualisation, the gaps, folds, creases, and hidden places in these material traces of bodily change can be made visible through peculiar interpretations that take advantage of such as a means for creation.

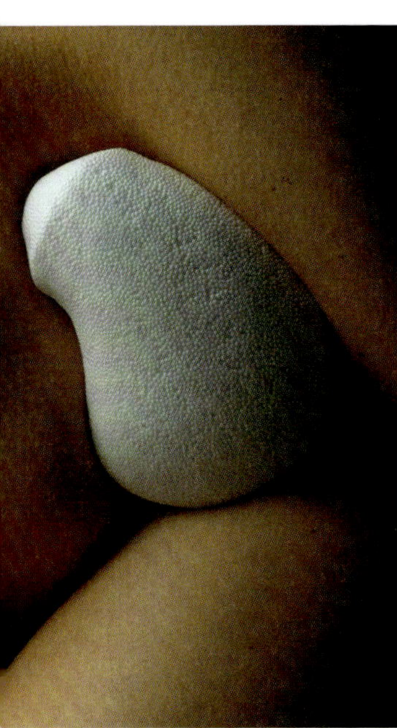

Christoph Zellweger

BODY PIECE V11
1997
Parte del corpo / articolazione
sferoidale e ago, polistirene espanso
prodotto nello studio dell'artista,
argento placcato al cromo,
perno in acciaio
165 x 50 x 75 mm
Collezione dell'artista

Zellweger ritiene che i gioielli abbiano
il potenziale per diventare una parte
integrante dell'uomo, in senso sia
reale sia metaforico, e intraprende
un discorso fuori dagli schemi che lo
conduce verso una narrativa viscerale
e sperimentale. *BODY PIECE V11*
rientra in una serie di opere elaborata
da Zellweger nel 1996 (i Body Pieces)
con l'idea di creare parti del corpo
fittizie capaci di sovvertire la dialettica
tradizionale tra materia e significato.
Esposto come gioiello da indossare,
il polistirene diviene teoricamente
prezioso, incarnando un discorso su
fragilità ed emozione. Eppure, le parti
in metallo meticolosamente lucidate
a specchio fanno sì che qualunque
traccia apparente del processo
di produzione manuale sparisca,
assimilando le creazioni ad artefatti
high-tech.

BODY PIECE V11 è fissato a una base
in pelle color carne con un perno in
acciaio inossidabile (a suggerire la
violazione simbolica della pelle umana),
stabilendo un legame concettuale con
la funzione del pezzo sia in quanto
gioiello, sia in quanto parte del corpo
progettata come commodity.

Christoph Zellweger

BODY PIECE V11
1997
Body piece / ball joint and needle,
expanded polystyrene manufactured
in the artist's studio,
chrome-plated silver, steel pin
165 x 50 x 75 mm
Collection of the artist

Zellweger looks at jewellery as to
potentially become an integrated
component of man, in a both real
and metaphorical sense, attaining
a visceral and experimental
narrative through an unconventional
discourse.
BODY PIECE V11 represents a
series of works by Zellweger (Body
Pieces from 1996), which are about
creating fictive body parts that subvert
the conventional dialectic between
material and meaning. By being
exhibited as wearable jewellery,
the polystyrene notionally becomes
precious, embodying a discourse
about fragility and emotion. Yet, with
meticulously mirror-polished metal
parts, the pieces show no apparent
trace of handmade craft processes,
making them look like hi-tech
artefacts.

BODY PIECE V11 is attached to a
nude coloured leather base using
a stainless steel pin (suggesting a
symbolic violation of the human skin),
establishing a conceptual link to the
function of the piece both as a jewel
and as a body piece designed
as a commodity.

Gioielli a scopo riabilitativo e terapeutico

L'allestimento di questa sezione prende le mosse da due idee di interferenza corporea, ossia l'insoddisfazione rispetto al proprio corpo – e il conseguente tentativo di migliorare un corpo "deprivato" attraverso perfezionamenti estetici e/o funzionali – e l'interferenza con il corpo "spezzato", che fa da contraltare ai primi due aspetti.

In più, lungo il percorso si fa strada l'ipotesi che i gioielli possano rivestire un ruolo ben più che ornamentale e contribuire alla riparazione del corpo stesso, permettendo anche di capire meglio questa pratica. La sezione coglie ed esplora nuovi luoghi estetici e nuove opportunità per collegare il corpo alla "mente che riflette sul corpo" per impiegare i gioielli come ausilio di riparazione e come terapia (fisica o psicologica).

Tenuto conto dei continui progressi medico-tecnologici, indagare sulla pertinenza del valore estetico aggiunto negli interventi di tipo medico e sanitario è un approccio interes-

Rehabilitation/Therapeutical Jewellery

This section is set up in distinction of two ideas of body interference, meaning the dissatisfaction with the body and attempts to improve the "impoverished" body through aesthetic and/or capability/functionality enhancement. These two off-set with interference in the "broken" body.

It goes on to propose that jewellery may have a role beyond body adornment, in understanding and engaging in the repair of the body, as it appreciates and explores new aesthetic sites and opportunities for linking the body to "the mind reflecting on body" in order to utilise jewellery as repair and therapy (physical/psychological).

As per looking into the pertinence of added aesthetic value in medical/health related body intervention – considering technological/medical advancements – this comes to be an interesting approach since it becomes, on one hand, open to trivialisation, but

sante, che se da un lato si presta alla banalizzazione, dall'altro ispira il concetto che oggi sia possibile modellare il corpo in modo tale da attribuirgli un significato.

Vale la pena notare come l'interazione fra utilizzatori e prodotti medicali risultava ancora più positiva se questi possedevano le doti di "desiderabilità" insite nella natura dei gioielli.

Di seguito trovano spazio i frutti dell'intersezione fra gioielleria e medicina, che convergono nell'intento di creare "gioielli curativi" comodi e facili da indossare, progettati secondo gli standard più elevati e conformi alle esigenze specifiche del singolo paziente, e pertanto atti a garantire un uso e un'esperienza ancora più soddisfacenti.

Un aneddoto che vale la pena ricordare: durante la sfilata P/E 1999 di Alexander McQueen, Aimee Mullins (atleta priva di entrambe le gambe) è scesa in passerella con un paio di gambe in stile barocco, provviste di tacco alto e intagliate a mano con un intricato motivo. Vedere una donna mutilata sfilare in passerella, nella sua imprevedibilità, ha costretto gli spettatori a uscire dalla loro comfort zone, portandoli a riflettere

also, on the other hand, inspires the idea that one can now design the body in such a way as to put meaning on to it.

It is noticeable that positive user interaction could be enhanced if medical products were to possess the qualities of "desirability" that are inherent to jewellery.

Here are addressed intersections between the two disciplines of jewellery and medicine, where both these approaches have as intention on the creation of wearable and comfortable "medical jewellery," designed to high standards and fulfilment to the specific needs of the patient in question therefore enhancing experience and use.

Worth mentioning: in Alexander McQueen S/S 1999 show, Aimee Mullins (double amputee) paraded down the runway with a pair of baroque-like intricately hand-carved high-heeled legs. This lead spectators out of their comfort zone, making them reflect on beauty values, due to the unpredictability of having a double amputee catwalking.

sui valori della bellezza. In questo caso, il moderno universo del lusso si è sforzato più di proporre delle alternative che di raggiungere la perfezione.
"Discreto", disse lei sogghignando. "Io voglio un fascino fuori dal normale!" (Mullins, 2008). È interessante il modo in cui Mullins mette in discussione tutte le idee di identità e bellezza, i giudizi della società, i preconcetti e le previsioni su disabilità e riparazione. Lei la chiama "l'opportunità nell'avversità" (Mullins, 2009); oggi il dibattito sociale sulla disabilità non verte più sul superamento dell'handicap, bensì sull'obiettivo del potenziamento e del perfezionamento. Gli arti protesici non sono semplici sostituti di ciò che è andato perduto, ma un mezzo attraverso il quale le persone possono esprimere la loro identità, trasformando quello "spazio vuoto" (Mullins, 2009) in uno spazio per la creazione di un'identità. Le protesi devono essere considerate oggetti d'interesse, fascino e ammirazione, avallando l'idea che una parte del corpo artificiale è qualcosa da esibire, non da nascondere o di cui vergognarsi.

Here, modern luxury has thriven more for developing options than for reaching perfection. "Discreet" she sniggers. "I want off-the-chart glamour!" (Mullins, 2008).
What is interesting is how Mullins challenges ideas about identity, beauty and societal judgments, assumptions and predictions of disability and repair. She describes it as "the opportunity of adversity" (Mullins, 2009), as society's conversation about disability, is no longer about overcoming deficiency but rather, now, engaging questions of augmentation and potential enhancement. The prosthetic limb is not merely a replacement of what is lost but a way in which a wearer can express his or her own identity through turning that "empty space"(Mullins, 2009) into a space for identity creation. These should then be viewed as objects of interest, intrigue and admiration, that emphasise the idea that a synthetic body part can be shown off rather than to be hidden and ashamed of.

Autore/produttore ignoto

Apparecchio acustico, Cornetto
acustico di epoca vittoriana rivestito
di seta nera e pizzo, probabilmente
utilizzato in periodo di lutto
1850-1910, Europa
Metallo, seta

Nel XIX secolo, gli apparecchi acustici
erano pensati per essere dispositivi
gradevoli alla vista e avevano anche
un valore ornamentale: oltre a
migliorare l'udito, erano una vera e
propria tendenza. Noti come "cornetti
vittoriani", erano per lo più realizzati
in leghe rigide, generalmente ottone
o stagno, per assicurare una qualità
sonora e acustica impeccabile. Alcuni
erano persino retrattili, per essere
portati comodamente in piccole
sacche o in tasca.
L'apparecchio acustico esposto
nella Sala Futuro è avvolto in una
delicata livrea funebre che rispecchia
chiaramente la moda del lutto lanciata
dalla Regina Vittoria nel XIX secolo, in
cui rientravano anche i gioielli.
Questi manufatti sono di indubbio
valore, poiché rappresentano uno dei
più importanti progressi compiuti nel
campo della personalizzazione delle
protesi/appendici mediche. I cornetti
acustici smisero di essere percepiti come
oggetti imbarazzanti e iniziarono a essere
considerati accessori quotidiani utili ma
anche belli a vedersi. Sviluppati e prodotti
su basi scientifiche, assicuravano il
massimo comfort senza rinunciare ad
appagare il gusto estetico del paziente.

Unknown author/maker

Hearing aid, Victorian ear trumpet
swathed in black silk and lace, possibly
used during a period of mourning
1850-1910, Europe
Metal, silk

In the 19th century, hearing aids
were also created to be desirable
ornamental devices that not only would
improve hearing but also provoke
strong fashion statements. Known as
"Victorian hearing trumpets," these
were frequently made from rigid alloys,
usually brass or tin, to provide the best
acoustic sound quality. Some were
even engineered to be retractable,
thus fitting into small caring pouches
or pockets.
The hearing aid represented in the
Future Room is wrapped in a delicate
mourning-like pouch, explicitly showing
the idea of mourning fashion and
jewellery introduced by Queen Victoria
(19th century).
These items are undoubtedly relevant
as they represent some of the most
important advances in customisable
medical addenda/prostheses. Not only
had these stopped being perceived
as embarrassing objects but to be
considered appealing yet useful
everyday accessories. Developed/
produced with medical basis, there was
always space for providing comfort still
fulfilling the wearer's aesthetic desire.

Ellis Developments Ltd.

Protesi di spalla chirurgica,
Snowflake
Progettato nel 2004, prodotto a
Nottinghamshire (Regno Unito)
nel 2018
100% poliestere, ricamato
con un filo di sutura intrecciato
(filo per punto di sutura)
Ø 140 mm
Collezione MdG

Snowflake (Fiocco di neve), titolo che
stempera lo scopo reale della creazione,
è una protesi chirurgica progettata per
agevolare il processo di ricostruzione
di una spalla precedentemente colpita
da tumore. Questo particolare punto
di sutura rispondeva all'esigenza
di impiantare una spalla in metallo
sostitutiva e di fissare il metallo e i
tessuti attigui ai tessuti molli o alle
ossa rigeneratisi, favorendo un'unione
perfetta e una guarigione completa.

Ellis Developments Ltd.

Shoulder surgical implant, *Snowflake*
Designed 2004, made in
Nottinghamshire UK, 2018
100% Polyester, embroidered
with braided suture thread
(surgical stitching thread)
Ø 140 mm
MdG collection

Snowflake, a title that softens the
reason for which it was conceived, is
a surgical implant meant to aid in the
reconstructive process of a previously
cancerous shoulder. As there was
the need to implant a metal shoulder
replacement, but also for attaching the
metal and the surrounding tissue to any
regrown soft tissue or bone in the area,
Snowflake held them all together for a
successful recovery.

Una curiosità

Per capire l'evoluzione della medicina e dei dispositivi e degli ausili di assistenza medica con proprietà estetiche, è necessario concentrarsi sullo sviluppo e sul comportamento di alcuni materiali specifici. Sebbene la credenza che i metalli abbiano proprietà curative abbia dato adito a una serie di miti, superstizioni e rimedi popolari, alcune voci sono effettivamente vere. L'argento è impiegato già da tempo in campo medico come componente essenziale di creme antibatteriche (sulfadiazina argentica), tubi endotracheali rivestiti d'argento per ridurre l'incidenza della polmonite associata alla ventilazione meccanica, o ancora cateteri e raggi X. L'oro, in virtù dell'alto tasso di biocompatibilità e delle proprietà anti-infiammatorie, è presente ad esempio negli stent coronarici. Una volta indossati, questi gioielli diventano oggetto di ambiguità, spingendo a chiedersi se siano la sostituzione o la surrogazione di una parte del corpo oppure il risultato di un intervento medico. Gli interrogativi sul tema dell'interiorità/esteriorità nascono spontanei: ciò che un individuo ha dentro può condizionare la reazione psicologica al corpo umano?

As a Matter of Curiosity

To understand the evolution of medicine and medical assistive devices and aids with aesthetic qualities, one needs to concentrate on certain material development and attitudes. Although the belief that metals have medicinal properties, generating various myths, superstitions and folk remedies, some unproven beliefs are indeed true. Silver has long been used in the medical field as an important component when it comes to antibacterial cream (Silver sulfadiazine), in endotracheal tubes, which are silver-coated to reduce the incidence of ventilator-associated pneumonia, in urinary catheters and in X-rays. Gold, due to its high rate of biocompatibility and capacity of warding off infections is, for example, used in coronary stents.
Once worn, these become subject of ambiguity, leading to questions of replacement or surrogacy of a body part or if the result of a medical procedure. This raises interiority/exteriority questions – by knowing what one has internally that may condition our psychological responses to our bodies.

Olga Noronha

Placche di bloccaggio ossee,
*Medically Prescribed Jewellery –
Filigree Bone Plates*
2013, Portogallo
Placche ossee in filigrana d'argento
innestate al modello anatomico di un
piede con viti chirurgiche placcate oro
Dimensioni varie
Collezione MdG

Ispirato all'arte giapponese del *kintsugi*,
che consiste nel restaurare antiche
porcellane saldando i frammenti con l'oro,
questo *Medically Prescribed Jewellery*
(Gioiello da prescrizione medica) ha lo
stesso intento: non nascondere il danno,
bensì metterlo in valore. I *Medically
Prescribed Jewellery* sono creazioni
basate su tecniche, procedure e processi
di produzione scientifici e destinati a vere
e proprie applicazioni mediche. Il concetto
simula un ipotetico scavo archeologico
nel corpo umano dagli strati epidermici
a quelli più interni, procedendo lungo
cinque categorie organizzative: ortesi,
esodermico, sottocutaneo, esocorporeo,
intracorporeo.

4th – Subdermal
Facendo propri gli obiettivi primari
degli impianti sottocutanei (come
nella modificazione corporea) e della
scienza ortopedica, la gioielleria
profila la possibilità di ricreare le
placche di bloccaggio già esistenti
personalizzandone l'estetica. In questo
caso, l'autrice propone di realizzare le
placche di bloccaggio interne in leghe di
metalli preziosi biocompatibili che non
solo rientrano perfettamente nell'ambito
medico, ma assurgono anche allo
status di ornamento. Ogni placca può
essere realizzata su misura e la forma,
le dimensioni e il materiale variano in
base all'esigenza medica del paziente
e al suo gusto o capriccio estetico.
Nel modello anatomico presentato, le
placche sono progettate in un'ottica di
maggiore leggerezza e minore densità;
la superficie principale è lavorata in una
filigrana sottile con motivi particolareggiati
e l'applicazione si affida comunque
a viti chirurgiche standard. La rigidità
delle placche varia in funzione del caso
clinico specifico. Le problematiche
biomeccaniche ruotano intorno al
rapporto resistenza-rigidità, che serve
a garantire la guarigione e il bloccaggio
ottimale delle ossa. La densità del
metallo fa sì che dal punto di vista visivo,
osservando le radiografie, tali dettagli
creino quello che si potrebbe definire un
"pizzo interno".

Olga Noronha

Bone fixation plates,
*Medically Prescribed Jewellery –
Filigree Bone Plates*
2013, Portugal
Silver filigree bone plates set with
gold plated surgical screws to foot
anatomical model
Various dimensions
MdG collection

Inspired by Japanese art *kintsugi*, the
restoring of ancient porcelain where
gold is used to join the broken pieces
back together, *Medically Prescribed
Jewellery* has the same intent of not
disguising the damaged but highlighting
it instead.
By *Medically Prescribed Jewellery* are
meant the creation of jewellery, informed
by medical techniques, procedures
and production which is actually
intended for medical application. The
concept is conceived in an hypothetical
archaeological excavation of the body
– from exodermal to intracorporeal
layers – as the work is organised in
five organisational classes: orthotics,
exodermal, subdermal, exo-corporeal,
intracorporeal.

4th – Subdermal
As an appropriation of the primary
objectives of subdermal implants (as
in body modification) and orthopedic
knowledge, it is presented the possibility
for recreating the already existent
fixation plates, towards providing the
opportunity for aesthetic personalisation/
customisation. Here, it is suggested that
internal fixation plates may be made of
biocompatible precious alloys that may
be medically inscribed but also attain a
status within the adornment category.
These fixation implants may be custom
made and the shape, size and material
may vary to adapt the patient's medical
need and aesthetic wish/will/taste.
In the anatomical model presented, the
plates are designed to be lighter and of
lower density, having the main surface
built in fine and detailed filigree and
still resorting to ready-made surgical
screws for its application. Stiffer fixation
plates may be desirable in certain clinical
situations; in others, a less rigid plate
can be the best clinical solution. The
biomechanical issues are related to the
resistance-stiffness compromise for
improved bone healing and fixation.
Due to metal density, such details are
perceived by X-ray visually recreating
what could be called of "internal lace."

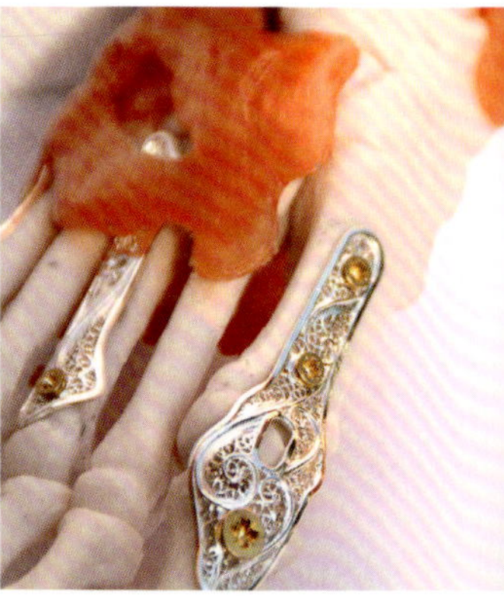

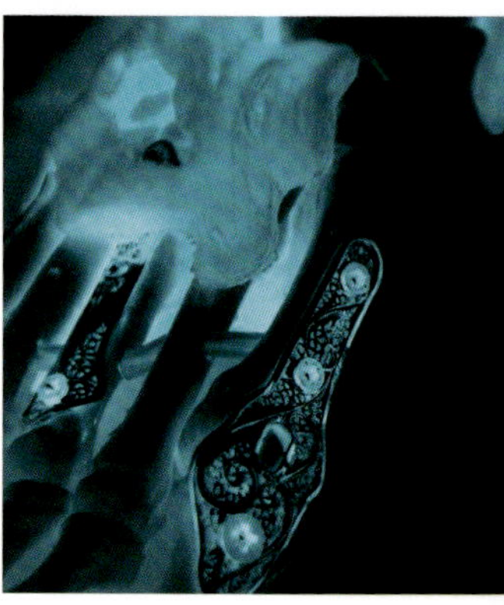

Autore anonimo

Corona dentale, *Tattooth*
Ceramica, vernice a smalto

Un esempio calzante è proprio quello
del "tatuaggio dentale" (o *tattooth*),
ovvero l'applicazione delle tecniche
e dei disegni tipici dei tatuatori a
corone dentali in metallo o ceramica.
Una novità che a quanto pare sta
stravolgendo le regole e le dinamiche
dell'odontoiatria.
Le tecniche di tatuaggio dentale sono
compatibili con tutti i denti che hanno
o necessitano di una corona, ma la
maggior parte dei pazienti preferisce
tatuare o la superficie interna (meno
appariscente) o un dente laterale, per
un effetto più visibile ma comunque
discreto.

Anonymous Author

Tooth crown, *Tattooth*
Ceramic, enamel paint

A pertinent example would be that
of *Tattooth* – the application of tattoo
techniques and designs to prescribed
metal or ceramic dental crowns.
These are apparently changing the
rules and dynamics of dentistry.
Tatooth techniques can be applied
on any tooth that needs or has a
crown but most patients opt to either
tattoo the inside surface of a tooth
(inconspicuously) or a tooth that
appears on one side of their smile for
a more subtle statement.

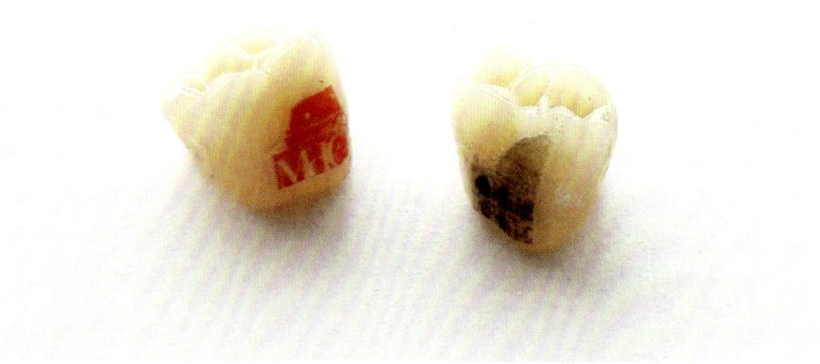

Gioielli intimi e "invisibili"

Il corpo come mezzo e come "messaggio"

La presente sezione esplora la trasformazione del corpo umano in superficie manipolata, proponendo un'enigmatica equiparazione tra corpo e manichino. In questo caso, l'interno del corpo è rappresentato come una cripta che custodisce il potenziale per rimodellare la fisicità della persona.

Gli autori delle opere danno prova di una spiccata comprensione della natura e della condizione umana, unita a un'innata capacità di cogliere e tradurre la narrativa psico-emotiva attraverso la concettualizzazione delle relazioni tangibili e cognitivo-cerebrali con i gioielli.

"Siamo di fronte a un processo estetico di incarnazione" (Baumer, 2003, p. 11).

Intimate and "Invisible" Jewellery

The Body as the Medium and as the "Message"

This section will explore the turning of one's body into a manipulated surface, carrying the uncanny equivalence between body and dummy. Here, the inside of the body is represented as a crypt, where lies the potential for re-shaping one's physicality.

These authors showcase a distinctive understanding of human condition and nature, and their innate capability to capture and translate psycho-emotional narrative through the conceptualisation of people's tangible and cognitive/cerebral relationships towards jewellery.

"It is an aesthetic process of embodiment" (Baumer, 2003, p. 11).

Il lato più interessante di questi lavori è la loro capacità di sollevare interrogativi nodali sul rapporto tra il progresso scientifico e le identità e le pulsioni umane, alimentando il dibattito etico e morale sul tema dell'estensione fisica ed emotiva dell'essere umano.
Concentrando l'attenzione su chi indossa i gioielli, Bakker sottolinea la necessità che sia l'individuo a determinare la forma dell'oggetto, senza rinunciare a riflettere sulla funzione e sullo scopo del gioiello e del corpo.
In questo caso, l'accento è sull'importanza della relazione tra il gioiello e il portatore, anche se non necessariamente orientata a un'indossabilità funzionale. Il corpo umano è senza ombra di dubbio il calibro di queste creazioni; dalle opinioni ai luoghi comuni, ogni gioiello è permeato di valori umani che si estrinsecano non appena viene indossato.

What is more captivating is how these works raise critical questions over how advancements in science relate to our identities and desires and encourage moral and ethical debate around the subject of physically and emotionally extending the Human.
Determining the wearer as the main focus, Bakker stresses the need to set the individual to determine the form of the object, still reflecting on the function and purpose of the jewel and of the body.
Here, the emphasis is given to how important the relationship between the wearer and the jewel is, despite not necessarily resulting in functional wearability. The human body is unquestionably the gauge of these designs, being every jewel filled with human values, from beliefs to misconceptions, which might be activated when worn.

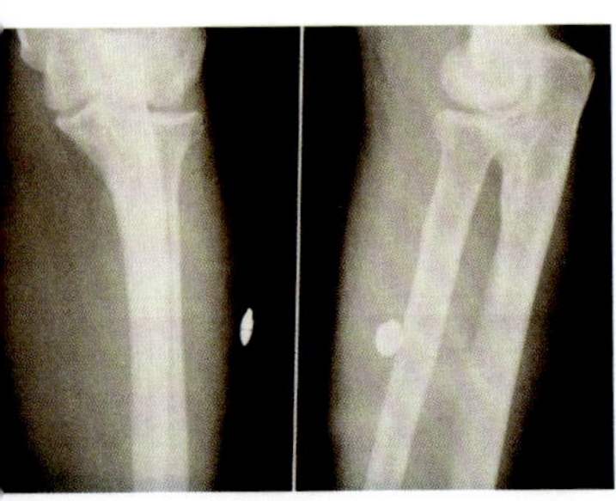

Peter Skubic

Radiografia del braccio di Peter Skubic con impianto, *Schmuck Unter Der Haut* (Gioiello sottopelle)
1975
Piastra delle dimensioni di una moneta impiantata sotto la pelle dell'artista
Acciaio inossidabile

Peter Skubic

Anello, *Schmuck Unter Der Haut* (Gioiello sottopelle)
Anello a forma di scrigno contenente la piastra delle dimensioni di una moneta precedentemente impiantata sotto la pelle dell'artista
1982
Acciaio inossidabile, metallo dorato
Collezione Dallas Museum of Art

Per Peter Skubic il valore del gioiello non risiede nel materiale, bensì nella qualità del concetto o dell'idea che sottintende.
Nel 1975, l'autore si fece impiantare chirurgicamente una piastra in acciaio inossidabile delle dimensioni di una moneta sotto la pelle dell'avambraccio sinistro, ribattezzandola *Schmuck Unter Der Haut* (Gioiello sottopelle). Dall'esterno era difficile, se non impossibile, percepire la piastrina; in questo senso, si può dire che i soli ad avere coscienza della sua presenza fossero chi la portava e chi sapeva dell'operazione.
Sette anni dopo, Skubic si fece asportare la piastra e la inserì in un anello a forma di scrigno, dove è serbata tuttora come una reliquia, sigillata e intoccabile proprio come quando si trovava nel braccio dell'artista.
A dimostrazione dell'intervento e della performance rimangono due cicatrici, che testimoniano come Skubic si sia cimentato nell'esplorazione del corpo e abbia messo alla prova le possibilità della gioielleria. Le cicatrici sono diventate nuovi gioielli, il *locus* del ricordo, il punto d'incontro tra interno ed esterno, passato e presente, producendo, alterando e sovrascrivendo materialmente la loro sede.

Peter Skubic

X-ray of Peter Skubic's arm with implant, *Schmuck Unter Der Haut* (Jewellery Under the Skin)
1975
Coin-sized plate, implanted under the author's skin
Stainless-steel

Peter Skubic

Ring, *Schmuck Unter Der Haut* (Jewellery Under the Skin)
Chest ring containing coin-sized plate previously implanted under the author's skin
1982
Stainless-steel, golden metal
Dallas Museum of Art collection

For Peter Skubic the jewel is no longer valued for its media but on the quality of the implicit idea/concept.
In 1975, the author had a coin-sized stainless-steel plate surgically implanted under the skin of his lower left arm – *Schmuck unter der Haut* (Jewellery Under the Skin). The plate could not be perceived from the outside or hardly even felt, it was, in these terms, only lying in the wearer's consciousness, and of those who knew about the procedure.
Seven years later, the plate was extracted and then placed, by Skubic, in a chest-shaped ring, where it has since resided as a relic, sealed and made as intangible as it was when worn in the author's arm.
Two scars remain attesting to the procedure and performance, proof of Skubic's exploration of the body and his testing of the scope of jewellery – the scars became the new jewellery. They became the locus of that memory and meeting place between the inside and the outside, the past and the present, by materially producing, changing and overwriting its site.

Nikki Stott, Tobbie Kerridge

Fedi nuziali, *Biojewellery*
2005, Londra
Argento, tessuto osseo
bioingegnerizzato
Diametri variabili

Basati sui progressi delle tecniche
di ingegneria tissutale, i *Biojewellery*
nascono da un'indagine delle
tecnologie potenzialmente impiantabili
culminata negli scaffold (impalcature).
L'intento era quello di generare un
oggetto che permettesse di legare
l'ingegneria tissutale a un evento
familiare o emotivo.
La produzione dei *Biojewellery* inizia
con l'estrazione del tessuto osseo
da inseminare su un'impalcatura
bioattiva che favorisce la divisione e
la riproduzione cellulare. Il risultato
è un tessuto a forma di anello che
simboleggia lo stretto legame tra due
persone.

Nikki Stott, Tobbie Kerridge

Wedding rings, *Biojewellery*
2005, London
Silver, bioengineered bone tissue
Varying diameters

Focused on advances of tissue
engineering technics, *Biojewellery*
began with an investigation of
potentially implantable technologies
that culminated in scaffolding.
The intention was to generate
an object that would allow tissue
engineering to be regarded in relation
to a familiar, emotional event.
Biojewellery concentrates on
extracting bone tissue to be seeded
onto a bioactive scaffold, which made
the cells to divide and rapidly grow,
and the resulting tissue took on the
form of a ring shape that symbolises
a close relationship between two
people.

Gijs Bakker

Bracciale, *Schaduwsieraad*
(Gioiello ombra)
1973, Paesi Bassi
Oro
Ø 70 mm, h 1 mm
Collezione Cultural Heritage Agency
of the Netherlands in prestito al CODA
Museum di Apeldoorn

Fotografia, *Schaduwsieraad*
(Gioiello ombra) – Ritratto
di Emmy van Leersum
1973, Paesi Bassi
Collezione Stedelijk Museum,
Amsterdam

Scintille di un dibattito sulla relazione
tra gioielli e corpo, le creazioni di Gijs
Bakker racchiudono un significato che
si spinge oltre l'indubbia innovazione
dal punto di vista del design orafo:
sono una manifestazione della creatività
umana, la traccia di una pervicace
fede nel cambiamento, nel progresso
e nel rinnovamento. *Schaduwsieraad
– Gioiello ombra*, una serie di fili d'oro
da avvolgere attorno a varie parti del
corpo, ha portato alla scomparsa
della l'essenza materiale del gioiello. I
fili dorati garrotano il corpo lasciando
un segno profondo e la reazione
stessa della pelle alla stretta del filo si
trasforma in gioiello. *Schaduwsieraad
– Gioiello ombra* è un invito a riflettere
sull'individuo come punto di partenza
primigenio.

Gijs Bakker

Bracelet, *Schaduwsieraad*
(Shadow Jewellery)
1973, the Netherlands
Gold
Ø 70 mm, h 1 mm
Collection Cultural Heritage Agency
of the Netherlands, on loan to CODA
Museum Apeldoorn

Schaduwsieraad (Shadow Jewellery) –
portrait of Emmy van Leersum
1973, the Netherlands
Photograph
Stedelijk Museum Amsterdam
collection

Leading to a discussion on jewellery's
relationship to the body, Gijs Bakker's
designs hold a significance that is
greater than just of certified innovation in
the design of jewellery – a manifestation
of human creativity and a memento
of his period's relentless conviction of
change, progress and renewal.
Shadow Jewellery – Schaduwsieraad,
a series of gold wires made to be
wrapped around different parts of the
body, led the material configuration of
the jewel to disappear. Gold wires that
garrotte one's body, leaving a deep
mark, where the jewel becomes the
body's reaction to the tight placement
of that wire. *Shadow Jewellery –
Schaduwsieraad* becomes the locus
for reflection on the individual person as
the prime starting point.

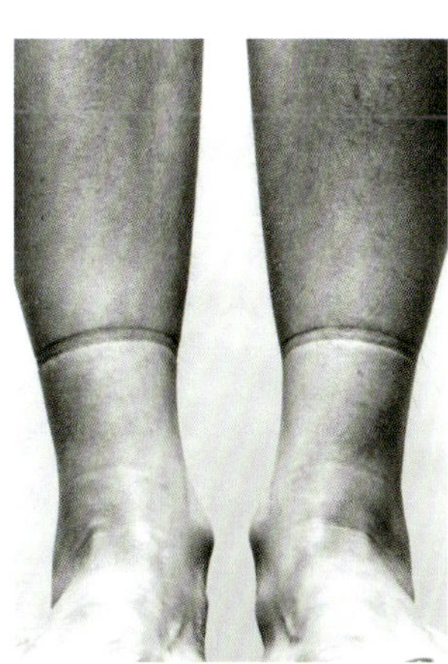

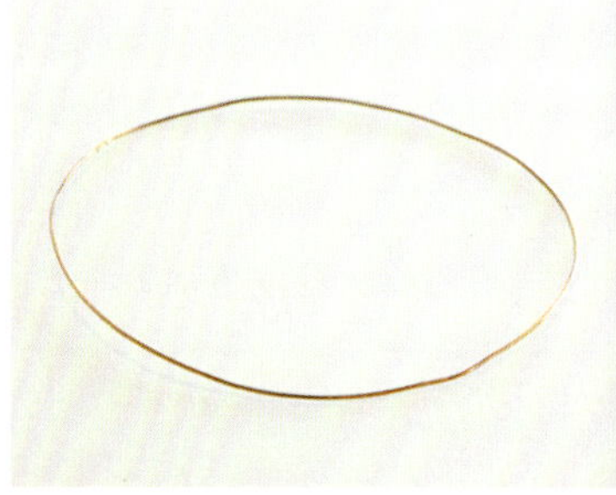

Scopi secondari: gioielli funzionali e interattivi

Non solo gli aspetti fisici e tangibili del corpo umano, ma anche le emozioni e le esperienze possono diventare oggetto di estensione e miglioramento. A volte i gioielli sono pensati per amplificare l'espressione dei sentimenti attraverso composizioni capaci di cambiare con dinamiche interattive.

Questa sezione presenta alcuni esempi sia di oggetti funzionali e/o interattivi dall'aspetto ornamentale, sia di gioielli investiti di una funzione o una finalità secondaria che concorre a trasformarli in centri di memoria, carichi di significato, intimità e originalità.

Added Purposes: Functional and Interactive Jewellery

Not only the physical and tangible aspects of the human body are matters for enhancement and extension but so are emotions and experience. Jewellery pieces can also be intended to enhance the expression of emotions by using interactively changing compositions.

This section presents few examples of either functional and/or interactive objects with jewellery-like appearance, and of jewellery pieces with added functions/purposes that provide means of making the jewel a locus of memory, meaningful, intimate and unique.

**Karin Niemantsverdriet,
Maarten Versteeg**

Pendente portafoto sonoro interattivo,
Medallion Memento

Memento è un ciondolo portafoto
sonoro e interattivo dedicato ai ricordi
personali, che trasmette lo stesso
senso di intimità e gli stessi valori dei
predecessori analogici.
Il concetto si ispira all'interazione
con i medaglioni tradizionali e offre la
possibilità di attivare la registrazione e
la riproduzione di suoni, scegliendo tra
i frammenti audio memorizzati.
Per collegare oggetto e contenuto,
Memento è un pezzo dotato di una
propria autonomia e di un unico
scopo, nel quale oggetto fisico e
contenuto digitale sono inseparabili.

**Karin Niemantsverdriet,
Maarten Versteeg**

Interactive sound locket pendant,
Medallion Memento

Memento is an interactive sound
locket for individual reminiscence that
triggers a similar sense of intimacy
and values as its non-technological
predecessor.
The concept is inspired by the
interaction with traditional lockets to
activate recording and playback, and
to browse through the recorded audio
fragments.
In order to connect object and
content, *Memento* is a stand-alone
single-purpose piece in which
physical object and digital content are
inseparable.

**Cindy Hsin-Liu Kao, Asta Roseway,
Christian Holz, Paul Johns,
Andres Calvo, Chris Schmandt**

MIT Media Lab in collaborazione con
Microsoft Research
Dispositivi funzionali personalizzabili
da applicare direttamente sulla pelle –
Interfacce tatuaggio, *DuoSkin*
Agosto 2016, Cambridge MA
(Stati Uniti)
Lamina di metallo, silicone, circuito
stampato, batteria ai polimeri di litio
100 x 200 x 20 mm
Collezione dell'artista

DuoSkin è un processo di produzione
che consente a chiunque di creare
dispositivi funzionali su misura da
applicare direttamente sulla pelle.
Sfruttando le proprietà della foglia
d'oro, impiegata in genere per
i tatuaggi-gioiello temporanei in
metallo, *DuoSkin* propone tre diverse
tipologie di interfaccia dermica per
rilevare impulsi tattili, visualizzare dati
o scambiare comunicazioni wireless.
Con questa tecnologia si possono
gestire dispositivi mobili, mostrare
informazioni o archiviare dati nella
pelle, oltre a personalizzare lo stile.

**Cindy Hsin-Liu Kao, Asta Roseway,
Christian Holz, Paul Johns,
Andres Calvo, Chris Schmandt**

MIT Media Lab in collaboration with
Microsoft Research*
Customized functional devices that
can be attached directly on their skin
– on-skin interfaces, *DuoSkin*
August 2016, Cambridge MA
(USA)
Metal leaf, silicone, printed circuit
board, lithium polymer battery
100 x 200 x 20 mm
Collection of the artist

DuoSkin is a fabrication process that
enables anyone to create customized
functional devices that can be
attached directly on their skin.
Using gold metal leaf (drawing from
the aesthetics found in metallic
jewelry-like temporary tattoos),
DuoSkin demonstrates three types
of on-skin interfaces: sensing touch
input, displaying output, and wireless
communication. These devices
enable users to control their mobile
devices, display information, and store
information on their skin while serving
as a statement of personal style.

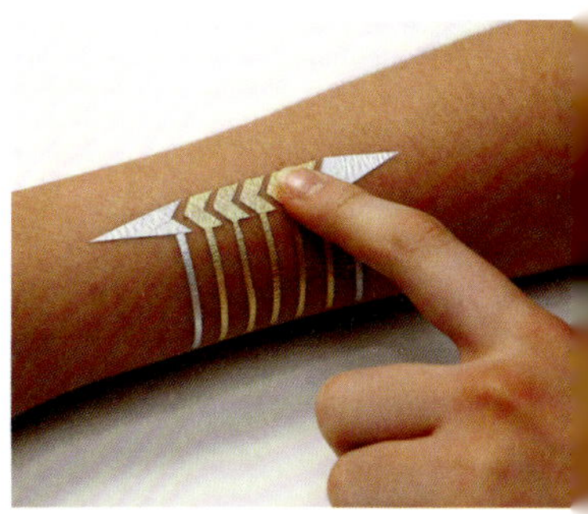

CRAVE

Collana-vibratore, *Vesper Vibrator
(Yellow Gold)*
Vibratore a ricarica USB utilizzabile
come collana
2014, San Francisco (Stati Uniti)
Acciaio inossidabile placcato oro
24 kt, porta USB, circuiti stampati,
parti su misura e in silicone stampato
660 x 96,5 mm

Simile in tutto e per tutto a un solido
pendente in metallo a forma di
proiettile affusolato, mirabilmente
lucidato e rivestito con uno strato
d'oro 24 kt, in realtà *Vesper* è il
massimo esponente della discrezione
nel campo dei giocattoli per il piacere
sessuale. Questa collana-vibratore è
realizzata in acciaio inossidabile con
una finitura a elevata lucidità in oro
rosa, oro 24 kt o argento, a scelta. La
cliente ha la possibilità di far incidere
una frase o un messaggio speciale.

CRAVE

Necklace, *Vesper Vibrator (Yellow Gold)*
USB-chargeable vibrator which
doubles as a pendant necklace
2014, San Francisco (USA)
24 ct gold plated stainless steel, USB
port, circuit board controls, custom-
machined and silicone-moulded parts
660 x 96.5 mm

With the appearance of a thin
and sturdy metallic bullet pedant,
beautifully polished and 24 ct gold
plated, the *Vesper* is the maximum
exponent of discretion regarding
sexual pleasure. This necklace-
vibrator is made from stainless steel
with a high polishfinishing, and the
client can select from rose gold, 24 ct
gold or silver plating, with any special
saying or message engraved.

Naomi Kizhner

Energy Addicts – E-Pulse Conductor
2014, Israele
Oro e biopolimero stampato in 3D
140 x 40 x 5 mm
Collezione dell'artista

Naomi Kizhner usa i gioielli come
mezzo per esplorare un approccio
post-umanista che considera il corpo
umano come una risorsa.
Frutto di un articolato lavoro di
speculazione, il *Conduttore di energia
Energy Addicts* fa parte di una
collezione di gioielli invasivi in grado
di convertire in elettricità l'energia
cinetica prodotta dai movimenti
involontari del corpo.

Naomi Kizhner

Energy Addicts – E-Pulse Conductor
2014, Israel
Gold and 3D-printed biopolymer
140 x 40 x 5 mm
Collection of the artist

Naomi Kizhner stresses jewellery as a
means to explore the post-humanistic
approach that sees the human body
as a resource.
Energy Addicts – E-Pulse Conductor
is part of a discursive and speculative
invasive jewellery collection that
converts kinetic energy from the
body's involuntary movements into
electricity.

Evelie Mouila

Collana e gioiello per capelli,
KIM
2012, Londra
Argento 925
140 x 115 mm
Collezione dell'artista

Pur essendo priva di particolari
funzioni dinamiche, l'opera di
Evelie Mouila invita a riesaminare
l'interazione reciproca tra corpo e
gioielli.
KIM rientra in una serie di collane che
modellano l'acconciatura, diventando
quindi anche accessori per capelli.

Evelie Mouila

Neckalce and hair jewellery, *KIM*
2012, London
Silver 925
140 x 115 mm
Collection of the artist

Despite not possessing any particular
dynamic function, Evelie Mouila's work
speaks of re-thinking how jewellery
interacts with the body and vice versa.
KIM is part of a series of neckpieces
that shape how the wearers' hair can
be a worn, becoming hair accessory.

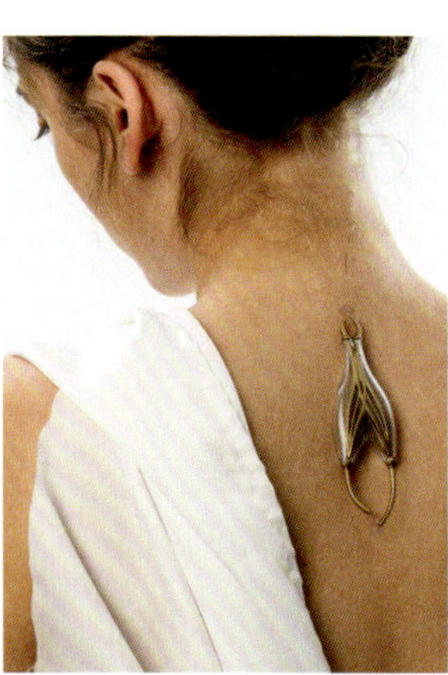

Gioielli digitali

I livelli raggiunti dalla miniaturizzazione delle tecnologie e la tendenza a considerare i dispositivi indossabili più come gioielli e accessori alla moda che come semplici gadget sono i protagonisti di questa sezione, dove si fa strada l'idea che le proiezioni indossabili e i gioielli proiettabili potrebbero ben presto cambiare l'accezione generale del termine "ornamento".

Digital Jewellery

Given the state of miniaturisation of technology and observing the trend of wearables treated more as jewellery and fashion accessories rather than just gadgets, this section highlights the idea that wearable projection and projection-based jewellery may soon lead to a peculiar shift on the overall sense of "adornment."

**Jakub Koźniewski,
Piotr Barszczewski**

Collana interattiva a proiezione,
NECLUMI
2014, Varsavia

NECLUMI è la prima collana interattiva
a proiezione in assoluto, un ritrovato
che spinge a domandarsi: siamo
veramente pronti ad abbandonare
gli atomi d'oro in favore delle onde
di luce?
Funziona tramite un'app esclusiva per
iPhone e un pico proiettore collegato
tramite cavo HDMI e fissato al torace
del portatore.

**Jakub Koźniewski, Piotr
Barszczewski**

Projection-based interactive necklace,
NECLUMI
2014, Warsaw

NECLUMI is the first ever projection-
based interactive necklace and it
comes to question whether we are or
not yet willing to abandon atoms of
gold for the waves of light?
It consists on an iPhone running
custom app and a picoprojector
connected via hdmi cable and
attached to the wearers' chest.

Kyeok Kim

Spilla, *Aurora – Second Skin by
Lighting*
Gennaio 2010
Stampa 3D, argento fuso,
componentistica elettronica
63 x 52 x 41 mm
Collezione dell'artista

Aurora – Second Skin by Lighting
crea un motivo luminoso sulla pelle
che funge da gioiello, ampliando la
superficie ornamentale sul corpo.
La silhouette della decorazione è
modulata dai movimenti.

Kyeok Kim

Brooch, *Aurora – Second Skin by
Lighting*
January 2010
3D printing, silver casting, electronics
63 x 52 x 41 mm
Collection of the artist

Aurora – Second Skin by Lighting
creates patterns of light on the body
as ornamentation, extending the
ornamented space around the body
and restyling its decorative silhouette
by motion.

Ryan O'Shea / Grindhouse Wetware

Impianto, *Northstar V1*
Novembre 2015, Pittsburgh (Stati Uniti)
Circuito stampato, diodi a emissione
di luce, Paralyne C, silicone di grado
medico, sorgente elettrica
24 x 6 mm
Collezione dell'artista

Come i piercing e alcune particolari forme
di chirurgia estetica, si dice che *Northstar
V1* serva a scopi puramente estetici.
Questo impianto delle dimensioni di una
moneta, tuttavia, vuole dimostrare anche
la possibilità di impiantare una tecnologia
nel corpo e apre gli orizzonti a interventi
di *human augmentation* più avanzati e
funzionali. Questo impianto a LED è il
prototipo del futuro *Northstar Version 2*,
un dispositivo ricaricabile che introdurrà
il *gesture control* nella vita degli utenti
per poter controllare dispositivi come
smartphone o sistemi di domotica
tramite Bluetooth. Con la *V2* saranno
disponibili anche nuovi motivi o varianti
cromatiche per i LED.

Ryan O'Shea / Grindhouse Wetware

Implant, *Northstar V1*
November 2015, Pittsburgh, USA
Printed circuit board, light-emitting
diodes, Paralyne C, medical grade
silicone, power source
24 x 6 mm
Collection of the artist

Similar to piercings and particular
cosmetic surgeries, *Northstar V1* is said
to be purely for aesthetic purposes.
However, the coin-sized implant aims
to prove the possibility of implanting
technology in the body and to pave the
way for more advanced and functional
augmentations. This LED implant is the
prototype that will then lead to *Northstar
Version 2* – a rechargeable device that
will bring gesture control to the wearer's
life allowing one to control its devices like
smartphones and domotic systems via
Bluetooth as well as adding patterns or
color variations to LED.

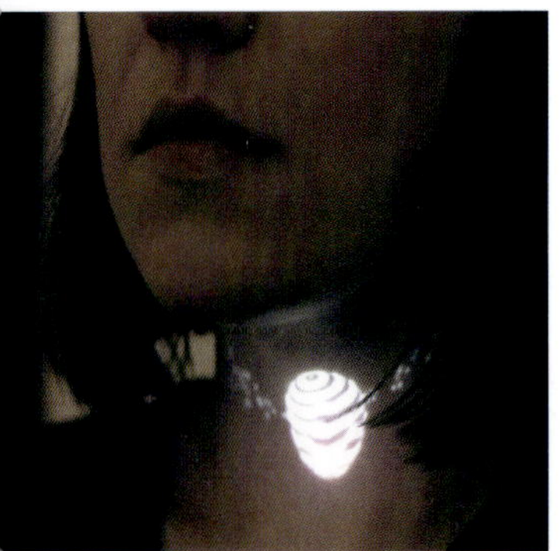

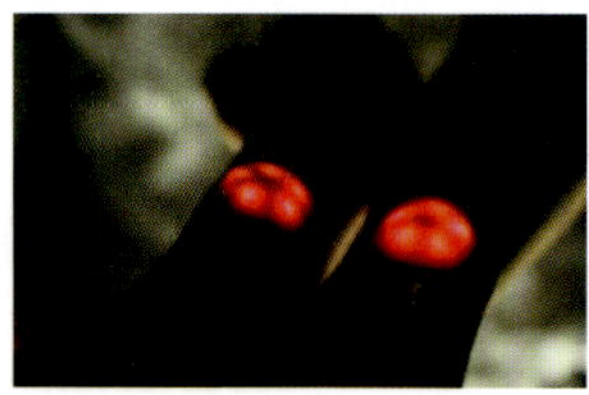

Fai da te: dall'inutilità a un nuovo valore

Spesso per produrre beni usa e getta o con una vita utile limitata si utilizzano materiali durevoli. Al contrario, materiali apparentemente ordinari e di poco conto possono trasformarsi in sublimi opere di grande valore estetico ed emotivo.

In questa sezione sono esposti pezzi che non solo ci portano a riconsiderare i materiali impiegati in gioielleria, ma indagano le condizioni e i talenti necessari per produrre oggetti del genere.

La lavorazione di peli e capelli umani trasmette un di senso sospensione tra vita e morte, repulsione e attrazione. Applicati ai gioielli, dei quali diventano fulcro e componente principale, aprono la questione della preziosità, che si rivela progressivamente nel tempo in cui l'oggetto viene indossato. Una metafora del processo di elaborazione della perdita e di acquisizione di nuovi valori per la vita.

Homemade: from Worthless to Worthy

Durable materials are often used for the production of goods that are typically replaced or thrown away quickly. Instead, apparently ordinary and worthless materials can be turned into exquisite pieces of aesthetic and emotional value.

This section showcases pieces that not only provoke considerations of materials in jewellery but also enquire about the abilities and conditions one needs to produce such objects.

The use of human hair brings a sense of borderline between life and death, repulsion and attraction. When applied to jewellery, here becoming the central focus and main component, it leads to questions of preciousness, which is gradually revealed through the times it is worn, representing a metaphor for the process of overcoming loss and acquiring values in life.

Anika Smulovitz

Fedi nuziali, *Love Token*
2002, Stati Uniti
Incarto dei cioccolatini Ferrero Rocher
19 x 19 x 12,7 mm
Collezione dell'artista

Le fedi *Love Token*, incluse nella serie
Cioccolato realizzata interamente con
l'involucro dei Ferrero Rocher, sono
un esempio di scoperta del potenziale
inedito e imprevedibile di un materiale
usa e getta. In apparenza semplici,
entrambi gli anelli sono percorsi da
segni di denti e di labbra increspate,
che esprimono una sensualità legata
al cioccolato e tutt'altro che avulsa da
temi quali consumo, appagamento,
passione e consumismo.

Anika Smulovitz

Wedding bands, *Love Token*
2002, USA
Ferrero Rocher chocolate wrappers
19 x 19 x 12.7 mm
Collection of the artist

Love Token, wedding bands part of
Chocolate (a series of pieces made
with Ferrero Rocher wrappers), are
an example of the discovery of a
different and unpredictable potential
of disposable material. As simple
as these may seem, both rings are
indeed loaded with impressions of
puckered lips and teeth, speaking
of sensuality related to chocolate
yet not dissociated from matters of
consumption, indulgence, passion,
and consumerism.

Greetje van Helmond

Collana di trine, *Unsustainable*
2007, Londra
Zucchero, spago
Collezione dell'artista

Insostenibile di Greetje van Helmond
avanza un'altra idea di gioiello fai da
te. L'intrigo della sfida sta nel creare
un laboratorio in miniatura e coltivare
i propri gioielli sospendendo uno
spago in una soluzione zuccherina,
lasciando che i cristalli di zucchero si
sostituiscano a quelli di quarzo.
Il progetto affronta la questione
della durata e del consumo di
risorse impiegando deliberatamente
un materiale comune per creare
oggetti preziosi e al tempo
stesso estremamente fragili, anzi,
"insostenibili", in quanto destinati a
non durare. Eppure, nessuno potrà
mai fare a meno di definirli "nuovi".

Greetje van Helmond

Lace necklace, *Unsustainable*
2007, London
Sugar, cord
Collection of the artist

Another idea of DIY jewellery is that of
Greetje van Helmond's *Unsustainable*.
How appealing is the challenge to
create a small-scaled lab and grow
your own jewellery by suspending a
cord in sugary solution and leaving
your sugar crystals to replace the idea
of quartz?
This project deals with issues of
durability and resource consumption,
deliberately using a basic material to
create precious, but extremely fragile,
objects. Precisely *Unsustainable* as
there will be no long-lasting aspect to
such jewellery, still one will never not
be able to call it "new."

Iona Brown

Anello, *Salt Ring – 01*
2017, Londra
Cristalli di sale, filo, argento 925
60 x 70 mm
Collezione dell'artista

Anche Iona Brown mette in
discussione il valore della materia,
scegliendo però di ricorrere al sale.
Ogni pezzo è unico e assume la
forma che l'irregolare processo di
cristallizzazione del sale gli conferisce.
Nonostante la natura ordinaria del
sale (e/o dello zucchero), ogni gioiello
è un *unicum* proprio per la sua
imprevedibilità.

Iona Brown

Ring, *Salt Ring – 01*
2017, London
Salt crystals, thread, 925 silver
60 x 70 mm
Collection of the artist

Also Iona Brown challenges the worth
of material by making use of salt.
Each piece is individual, assuming
shapes that may emerge during the
irregular process of salt crystallization.
Despite the ordinary nature of salt
(and/or sugar), each piece becomes
unique for its unpredictability.

Autore ignoto

Rosario in cristalli di sale
Polonia
Sale, nylon
L. 220 mm
Collezione di Ana Maria Brochado

Perché allora non associare sale e
gioielli alla religione e, in particolare,
ai rosari di sale trasparenti polacchi?
Più che coltivate, le perle che
compongono questo rosario sono
scolpite nelle rocce di sale e si dice
che fungano da ionizzatori naturali
moltiplicando la quantità di ioni
negativi nell'aria.

Unknown

Salt crystal rosary
Poland
Salt, nylon
L. 220 mm
Collection of Ana Maria Brochado

One may also associate salt and
jewellery with religion and, in
particular, with Polish clear salt
rosaries. Rather than grown, each
bead that composes the rosary is
carved out of salt rocks and is said
to be a splendid natural air ionizer
that effectively boosts the number of
negative ions.

Hilary Sanders

Anello, *Primordial Lines*
2012, Stati Uniti
Grafite
50 x 60 x 60 mm
Collezione dell'artista

La grafite ha già dato prova di
essere un materiale non solo per
scrivere, ma anche del quale scrivere.
L'anello *Primordial Lines* ha una
doppia funzione che solleva un
dubbio su quale sia il vero veicolo di
comunicazione: il corpo, il medium
o l'atto centrale?

Hilary Sanders

Ring, *Primordial Lines*
2012, USA
Graphite
50 x 60 x 60 mm
Collection of the artist

Graphite has shown to be a
potential material not just to write
about, but also to write about with.
Primordial Lines show a ring with
doubled function that questions
what the vehicle for communication
is – the body, the media or the act
in-between.

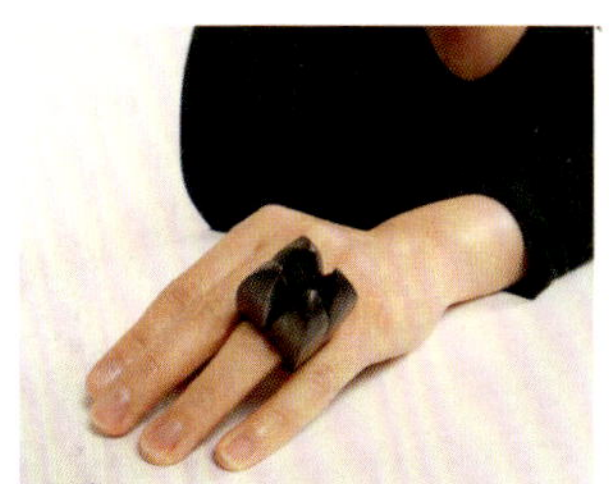

Kay Zhixin Guo

Anello, *AVE.LIFE 3 TIMES*
Aprile 2016, Londra
Argento ossidato, perle d'acqua
dolce, capelli dell'artista
70 x 70 x 70 mm
Collezione dell'artista

AVE.LIFE 3 TIMES comunica l'idea
di un sereno distacco da tutti gli
elementi della vita umana connotati da
una natura transitoria, rispecchiata dai
dettagli effimeri dell'anello.

L'aspetto del gioiello ricorda un
tarassaco, ottenuto incapsulando la
perla centrale in una sfera ricamata
formata dai capelli dell'artista, dalla
quale si staccano i "semi" (minuscole
perle fissate a frammenti piliferi).

Kay Zhixin Guo

Ring, *AVE.LIFE 3 TIMES*
April 2016, London
Oxidised silver, fresh water pearls,
artist's hair
70 x 70 x 70 mm
Collection of the artist

AVE.LIFE 3 TIMES provides the idea
of a peaceful detachment from all
the elements in our lives that have a
provisional nature – reflected on the
impermanent details of the ring.

Visually suggesting a dandelion, the
ring is composed by a central pearl,
encapsulated in an embroidered
author's hair sphere, from which
"seeds" (tiny pearls with strings of
hair) fall apart.

Kerry Howley

Collana, *Attraction/Aversion no. 3*
2011, Londra
Capelli umani, resina epossidica
300 x 350 mm
Collezione dell'artista

Con un processo di straniamento dei
capelli umani, Kerry Howley raggiunge
un armonioso equilibrio fra attrazione
e avversione. Howley compone le
ciocche secondo motivi eleganti e
delicati, trasformando i capelli caduti
in splendide collane da indossare.

Kerry Howley

Necklace, *Attraction/Aversion no. 3*
2011, London
Human hair, epoxy resin
300 x 350 mm
Collection of the artist

Through defamiliarising human hair,
Kerry Howley generates a harmonious
balance between attraction and
aversion. By drawing together strands
of hair to create elegant and delicate
patterns, Howley turns discarded
hair into beautiful and wearable
neckpieces.

Märta Mattsson

Spilla, *Slices*
2014, Stoccolma
Scarabei, zirconia cubica, resina,
rame, smalto, argento
120 x 80 x 30 mm
Collezione dell'artista

Märta Mattsson

Spilla, *Remember Me*
2010, Londra
Pelle di vitello, argento
110 x 70 x 40 mm
Collezione dell'artista

I lavori di Mattsson si alimentano della
costante tensione tra attrazione e
repulsione e indagano sulla dicotomia
di sensazioni innescata dalla scelta del
materiale.
Realizzati con materie prime naturali
che spesso provocano reazioni di
disgusto e ribrezzo, queste opere
invitano il pubblico a meravigliarsi di
fronte alle loro peculiarità.
Mattsson sottolinea l'esigenza di
interpretare i pezzi come organismi un
tempo viventi e, con la sua opera, si
sforza di dare a queste creature una
seconda chance nella vita. Lei stessa
ha con loro un rapporto di rispetto e,
a volte, di lieve timore.

È una sorta di terapia per affrontare
e possibilmente superare la paura
o il senso di repulsione risvegliando
una reazione per certi versi assurda:
l'artista vuole convincere gli spettatori
a lasciarsi incuriosire e allettare
da qualcosa che normalmente
preferirebbero evitare.

Märta Mattsson

Brooch, *Slices*
2014, Stockholm
Beetles, cubic zirconias, resin, copper,
lacquer, silver
120 x 80 x 30 mm
Collection of the artist

Märta Mattsson

Brooch, *Remember Me*
2010, London
Calfskin, silver
110 x 70 x 40 mm
Collection of the artist

Mattsson's work is based on the
tension that exists between attraction
and repulsion and explores a
dichotomy of feelings that can best be
provoked through material choice.
Utilizing materials from nature that often
disgust or repulse, these pieces invite
people to marvel over their oddities.
Mattsson stresses the need to
understand such pieces as once
living organisms and strives to give
the creatures a second chance at life
through her work, as she herself has
a respectful and, sometimes, even
slightly fearful relationship with them.

A sort of therapy for facing and
potentially overcoming fears or sense
of repulsion by enlivening a kind of
absurd reaction: guiding viewers to be
pleasantly enticed by things that these
usually would like to avoid.

Gioielli di contestazione

Questa sezione della Sala Futuro è dedicata a esempi di gioielli portatori di messaggi critici, pensati per stimolare nuovi dibattiti sui comportamenti sociali.
Ognuna di queste creazioni affonda le radici in ideologie contemporanee volte ad "anatomizzare" e a misurarsi con le contraddizioni e l'ambiguità dell'esperienza umana.

Critical Jewellery

In this section of the Future Room are presented examples of jewellery as critical message carriers, designed to give origin to new discourses on societal behaviors.
This pieces lie in contemporary ideologies that aim to challenge and "anatomise" the inconsistency and ambiguity of human experience.

Damien Hirst e Robert Keith per HOORSENBUHS

Pill Rosary – The Cathedral collection
Settembre 2014, Los Angeles, California
Oro 18 kt, diamanti bianchi,
diamanti neri, rubini
L. 2710 mm
Collezione in edizione limitata
di 25 esemplari

Damien Hirst rompe i confini tra arte, scienza e cultura pop. Le sue opere sono lo specchio di una direzione di studio e pubblicazione ben precisa, tesa a indagare sulla fragilità del corpo umano. Nel corso degli anni, Hirst è tornato più volte sul tema dei farmaci e del loro ruolo, letterale e simbolico, nelle nostre vite e l'ha perseguito nel tempo estrapolando le compresse dal loro naturale contesto terapeutico per creare nuove correlazioni con il contenuto.
Pill Rosary consiste in una declinazione della tradizionale sequenza di grani cattolica, che sostituisce non senza una palese irriverenza il classico crocifisso con una pillola dorata marcata dal monogramma di Hirst, dischiusa a lasciar fluire il prezioso contenuto.
I farmaci, tutti con obbligo di prescrizione (Xanax, Vicodin, Valium), sono mostrati quasi come all'interno di un tempio, senza interferenze. La resa estetica delle pillole è tale da renderle oggetto di contemplazione, sottintendendo l'idea che il loro scopo dipenda dall'acritica convinzione che i nostri mali verranno in qualche modo curati. Questa sofisticata *ostranenie* della natura dei materiali sembra fin troppo delicata per l'arte spesso vivida di Hirst, che gioca sulla paura più intrinseca e sincera della morte e della malattia. Si potrebbe affermare piuttosto, prendendo in prestito un termine medico obsoleto, che alcuni dei lavori di Hirst siano più ipocondriaci che inspiegabili. Qualcuno potrebbe obiettare che, per certi versi, *Pill Rosary* sia teatrale, una combinazione di argomentazioni "polemiche", pietre preziose e oro finemente lavorato. Che sia fondamentalmente iconografico. Da un lato, il gioiello rappresenta la sofferenza personificandola e, dall'altro, esibisce un certo qual fascino scomodo che è connaturato alla medicina (e ai medicinali). C'è un altro aspetto tuttavia che amplifica l'interesse e la forte attrattiva di questo oggetto: il fatto che canalizzi la vulnerabilità attraverso una pletora di potenti psicofarmaci e che, senza dubbio, ci stimoli a cogliere l'estrema fragilità del corpo umano alludendo a un oggetto religioso.

Damien Hirst & Robert Keith for HOORSENBUHS

Pill Rosary – The Cathedral collection
September 2014, Los Angeles,
California USA
18 ct yellow gold, white diamonds,
black diamonds, rubies
L. 2710 mm
25-pieces limited edition collection

Damien Hirst challenges the boundaries between art, science and popular culture. Hirst's artwork portrays a determined study and publication of the fragility of the human body. Hirst's focus over the years has continually returned to pharmaceuticals and their role, literally and symbolically, in our lives. He pursed this topic throughout time, removing pills from their therapeutic context in order to make new connections with content.
The *Pill Rosary* consists on a variation of the traditional Catholic string of beads, which irreverently replaces the traditional Crucifix with a Hirst-monogrammed golden pill, opened and spilling out its literally precious contents. These prescription drugs (Xanax, Vicodin, Valium) are displayed, almost as if inside of a temple with no disturbance. The aesthetic allure of the pills is rendered in such a way that they might be viewed as objects of contemplation, carrying an implicit suggestion that their purpose relies on an unquestioning belief that somehow our suffering will be cured.
This sophisticated defamiliarisation of the material nature seems too delicate for Hirst's often-vivid art, which plays on more intrinsic and sincere fears of death and illness. We might instead say that, appropriating of an older medical term, some of Hirst's works are more hypochondriacal than uncanny.
One might argue that, in some respects, the *Pill Rosary* is theatrical, as a combination of polemic topics with exquisitely crafted gold and precious gems – being fundamentally iconographic. On one hand it depicts suffering in a personified way and, on the other, it exposes a certain uneasy glamour inherent to medicine(s). However, something else makes this piece even more intriguing yet highly appealing. It is the fact that it conduces vulnerability through the abundance of powerful prescription medications and most certainly entices us to feel the human body's extreme fragility while allusive to a religious object.

Stacey Huang

Orecchino, *Buy One Get One Free*
(il secondo orecchino
è nel riflesso)
Maggio 2016, Londra
Ottone placcato oro, perla
22 x 22 x 15 mm
Collezione dell'artista

Stacey Huang

Orecchini, *3 for 2*
Maggio 2016, Londra
Ottone placcato oro, zirconia cubica
46 x 46 x 15 mm / Base:
26 x 8 x 59 mm
Collezione dell'artista

Per quanto possa sembrare banale,
nella realtà odierna dominata dal
consumismo, le confezioni e il
merchandising sono diventati un
linguaggio internazionale che gli
abitanti di tutti i paesi parlano e
comprendono.
Per Stacey Huang, le frequenti visite
ai supermercati Tesco sono state
rivelatrici. Concepiti come un invito
a ripensare al valore dei beni di largo
consumo, questi gioielli richiamano
i molteplici simboli e cartelli presenti
sui prodotti della grande distribuzione
e delineano un'identità visiva che
trasforma il linguaggio visivo usa-
e-getta del consumismo in una
collezione d'alta gioielleria ribattezzata
Buy One Get One Free / 3 for 2.

Stacey Huang

Earring, *Buy One Get One Free*
(the free one is in the reflection)
May 2016, London
Gold plated brass, pearl
22 x 22 x 15 mm
Collection of the artist

Stacey Huang

Earrings, *3 for 2*
May 2016, London
Gold plated brass, cubic zirconias
46 x 46 x 15 mm / Stand:
26 x 8 x 59 mm
Collection of the artist

As basic as it may seem, a fact is
that, in a contemporary world where
consumption is a must, packaging
and merchandizing have become
almost as an international language
that people from different countries
understand and use.
For Stacey Huang, recurrent visits
to Tesco supermarkets have been
of great critical importance. Aiming
to invite people to rethink the value
of fast-moving consumption, these
designs echo the many signs and
marketing symbols of supermarket
products and provide a visual identity
that transforms the throwaway visual
language of commercial consumption
into a collection of *Buy One Get One
Free / 3 for 2* fine jewellery.

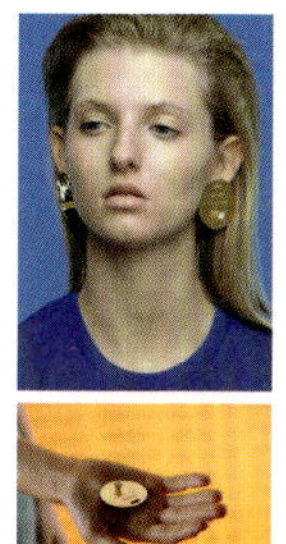

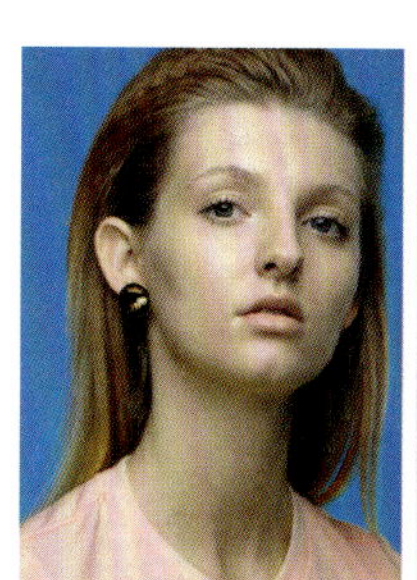

Sculture da indossare / arte prêt-à-porter

Qualcuno potrebbe domandarsi: ma i gioielli sono arte?

L'accostamento fra gioielleria e belle arti è da sempre considerato un tema nebuloso, in virtù del fatto che alcuni artisti e stilisti si sono cimentati nella creazione di oggetti indossabili in grado di unire galleria d'arte e passerella, collezionisti e clientela fashion.

La presente sezione raccoglie alcuni significativi esempi di ornamenti personali difficilmente catalogabili solo come gioielli o accessori. Queste creazioni esulano da entrambe le categorie e danno vita a una "nuova specie" di preziosi, da esibire da soli, come entità a sé stanti, oppure applicati al corpo umano.

La loro funzione è duplice: sono sia oggetti di moda legati a chi li porta (ornamenti), sia opere autonome, da esporre in spazi museali e gallerie d'arte (sculture).

Wearable Sculptures / Portable Art

One may question – is jewellery art?

The notion of jewellery as fine art has long been considered a cloudy subject. In fact that has to do with the fact that particular artists and designers set on a quest to create wearable pieces that bridge the museum gallery and the runway, the art collector and the fashion buyer.

This section presents few examples of impactful pieces of personal adornment that would not be specifically categorised as jewellery or accessories. The following step out of the traditional jewellery/accessories context to develop a "new breed" of precious objects that can be exhibited both separately, on their own, and fully attached to the human body.

A double function: they exist as fashion objects attached to the wearer – bodily adornment, as well as separate art works, exhibited in gallery/museum spaces – sculpture.

Naomi Filmer
per Alexander McQueen

Ball in the Small of my Back –
presentata in occasione della sfilata
P/E 2002 "El Baile del Toro Retorcido"
di McQueen a Parigi
2001, Londra
Piastra d'argento su rame
elettroformato, vetro soffiato
280 x 280 x 230 mm

Prendendo spunto dal flamenco
e dallo scultore Jean Arp, Naomi
Filmer continua a creare gioielli che
imbrigliano la forma e lo spazio
dell'anatomia umana. Indossata
durante il défilé P/E 2002 di Alexander
McQueen, *Ball in the Small of my
Back* blocca le mani della modella
dietro la schiena e va a riempire
perfettamente l'incavo alla base della
colonna vertebrale, formato dalle spalle
costrette a tendersi all'indietro. L'oggetto
comanda la postura della modella e ne
esalta al contempo le forme.

Naomi Filmer
for Alexander McQueen

Ball in the Small of my Back –
presented in McQueen S/S 2002 Show
"El Baile del Toro Retorcido," Paris
2001, London
Silver plate on electro-formed copper,
hand blown glass
280 x 280 x 230 mm

Taking reference from Flamenco
dance and sculptor Jean Arp, Naomi
Filmer continues to create jewellery
that captures space and form of
human anatomy. Worn on Alexander
McQueen's S/S 2001 show, *Ball in
the Small of my Back* captures the
model's hands positioned behind her
back and, in doing so, pulls back her
shoulders as the ball fills the space
and the curve at the base of her
spine. The object both dominates the
model's posture and celebrates the
form of her body.

Louise Bourgeois

Bracciale, *SPIRAL*
2008
Argento placcato oro rosa
130 x 210 x 140 mm
Collezione The Easton Foundation

Contrappunto più intimista rispetto
alle celebri sculture su vasta scala
dell'artista, realizzate con spirali
di alluminio spesso appese e in
apparente movimento, *SPIRAL*
lega l'indossatore all'autrice in un
abbraccio intenso e dinamico.
Il senso di incessante ripetizione
della sequenza nascita-vita-rinascita
sembra ricorrere nelle spirali di
Louise Bourgeois, che sono la
rappresentazione di un eterno ciclo
naturale di controllo e libertà.
Ammirato da solo, il bracciale *SPIRAL*
di Bourgeois è una vera e propria
micro-scultura.

Louise Bourgeois

Bracelet, *SPIRAL*
2008
Rose gold plated silver
130 x 210 x 140 mm
The Easton Foundation collection

With intimate counterpoints to the
artist's familiar large-scale sculptures
of coiled aluminium, often seen
suspended and in seeming motion,
SPIRAL bonds the wearer with the
author through an intense and active
embrace.
The sense of constant continuation
of birth, life and rebirth seems to be
recurrent in Louise Bourgeois' spirals
as for being representative of an
endless natural cycle of control and
freedom.
Bourgeois' *SPIRAL* bracelet behaves
as a miniaturised sculpture when
standing alone.

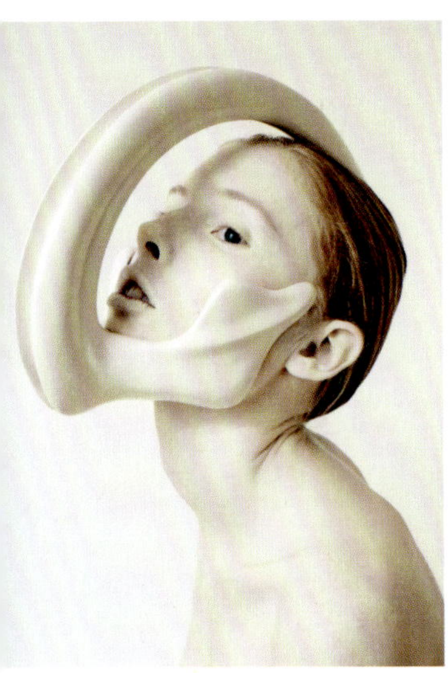

Ana Rajcevic

Animal – The Other Side of Evolution
2012, Londra
Fibra di vetro, poliuretano, gomma
di silicone
160 x 230 x 380 mm
Collezione dell'artista

Ana Rajcevic sviluppa un'interpretazione
visiva unica dell'anatomia animale
partendo da strutture ossee reali per
creare una serie di sculture che hanno
tutto l'aspetto di appendici naturali del
corpo umano, comunicando forza,
energia e sensualità.
Sondare i concetti di mutazione ed
evoluzione è un modo per sviluppare
un ibrido contemporaneo tra uomo
e animale, una creatura suprema,
atemporale, al di là del passato e del
futuro.

Ana Rajcevic

Animal – The Other Side of Evolution
2012, London
Fiberglass, polyurethane, silicone
rubber
160 x 230 x 380 mm
Collection of the artist

Ana Rajcevic develops a unique
visual interpretation of animal
anatomy, building upon existing
skeleton structures to create a series
of sculptural pieces that appear as
natural properties of the human body,
suggesting strength, power and
sensuality.
Concepts of mutation and evolution
are explored in order to develop a
contemporary cross-image of human
and animal, an atemporal, supreme
creature, beyond past and future.

Camille Moncomble

Pince-nez, *Lacrima*
2015, Parigi
Oro, zaffiri
120 x 30 mm
Collezione dell'artista

Lacrima mette in discussione la
preziosità delle lacrime. Questo
ornamento pensato per esaltare gli
occhi ricorda le maschere utilizzate
nella commedia dell'arte, suggerendo
ingegno, *naïveté* e travestimento.

Un oggetto leggero e fluttuante
che lascia spazio alla poesia e
all'immaginazione di chi osserva.

Camille Moncomble

Besicles, *Lacrima*
2015, Paris
Gold, sapphire
Collection of the artist
120 x 30 mm

In *Lacrima* the preciousness of tears
comes into question. An object of
adornment that underlines the eyes,
it evokes masks used in *commedia
dell'arte*, suggesting ingenuity, naivety
and disguise.

A lightweight flow-looking piece that
leaves room for one's poetry and
imagination.

Veronika Menčíková

Decorazione da parete e spilla
magnetica, *CIRCLE*
2018, Repubblica Ceca
Legno, foglia d'oro, magneti, vernice
Collezione dell'artista

"È andato perduto tutto ciò che
noi abbiamo amato. Siamo in un
deserto... Solo un quadrato nero
su un fondo bianco ci sta davanti!"
(MALEVIČK., 1968, p. 342).
In *CIRCLE*, reinterpretazione e
appropriazione dell'estetica di
Malevič, la duplicità raggiunge
un nuovo livello. Inserito in una
cornice, questo cerchio nero non è
assimilabile a un gioiello, ma una volta
tolto può diventare una spilla.
Il cerchio non vuole rappresentare
una linea senza inizio né fine, bensì
il buco nero dell'infinità che rimanda
o alla meditazione o al bisogno di
scappare.
È la transizione, la trasposizione e
la decostruzione di un quadro, che
da cratere in una parete si trasforma
in una spilla magnetica capace di
calare il corpo nello spazio continuo e
persistente tra fine e principio.

Veronika Menčíková

Wall object which doubles as
a magnetic brooch, *CIRCLE*
2018, Czech Republic
Wood, gold leaf, magnets, paint
Collection of the artist

"Everything which we have loved is
lost. We are in a desert... Before us is
nothing but a black square on a white
background" (MALEVICH K., 1968,
p. 342).
In *CIRCLE*, a reinterpretation and
appropriation Malevich's aesthetics,
duplicity is taken to another level.
A black circle can be part of a frame
where one does not recognize it as a
jewel yet, after removing it, becomes
a brooch.
The circle does not aim to portray
a line with no beginning or end but
rather a black hole of infinity that
either incites to meditation or need
for escape.
It is the transition/transposition and
deconstruction of a painting and
visual crater on a wall, to a magnetic
brooch that places the body in
the continuous lingering space of
beginning and end.

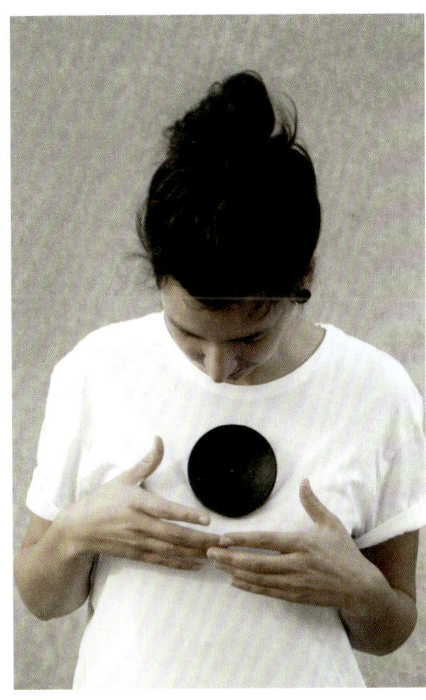

two heads and birds' talons holding
snakes, c. 2200-1800 BC
Foto / Photograph: © Valerio Ricciardi

p. 100
Due collane ricomposte da perle di
età preistorica e storica, in origine non
pertinenti, ca. 2200-1800 a.C., ed età
storica (IV secolo a.C.-III secolo d.C.?)
/ Two necklaces, restrung with beads
from the prehistoric and historic ages,
with indistinct origin, c. 2200-1800
BC, and historical era
(IV century BC-III century AD?)
Foto / Photograph: © Valerio Ricciardi

p. 104
Elemento di collana rettangolare /
Rectangular element of a necklace,
1990
Foto / Photograph:
© Federica Aghadian
Su gentile concessione di /
Courtesy of G. Leonardi

p. 104
Tre collane di perle ovali e rettangolari
in cornalina di elevata qualità / Three
oval and rectangular bead necklaces
in high quality carnelian, 1990
Foto / Photograph:
© Federica Aghadian

p. 105
Collana di perle rettangolari /
Rectangular beads necklace, 1990
Foto / Photograph:
© Federica Aghadian

p. 105
Replica contemporanea di collana o
cintura della Civiltà della Valle dell'Indo
/ Modern copy of necklace or belt
from the Indus Valley Civilization, 1990
Foto / Photograph:
© Federica Aghadian

p. 106
Collane con lunghe perle
sfaccettate, manifattura parzialmente
meccanizzata, produzione odierna
/ Necklaces with long multifaceted
beads, partially machine made,
modern production
Foto / Photograph:
© Federica Aghadian

p. 106
Replica contemporanea di perle di
forma allungata della Civiltà dell'Indo,
scartate a causa delle venature
bianche / Modern copy of beads from
the Indus Valley Civilization, rejected
due to the white veins, 1990

Foto / Photograph:
© Federica Aghadian

p. 109
Coppia di bracciali *qasli bilezik*, inizi
del XX secolo / Pair of *qasli bilezik*
bracelets, early XX century
Foto / Photograph: © Valerio Ricciardi
Su gentile concessione di /
Courtesy of Monica Barogi

p. 109
Orecchini ricavati da un precedente
ornamento, inizi del XX secolo /
Earrings made from a previous
ornament, early XX century
Foto / Photograph: © Valerio Ricciardi
Su gentile concessione di /
Courtesy of Monica Barogi

p. 110
Pendente con tre monete russe,
prima del 1934 / Pendant with three
Russian coins, prior to 1934
Foto / Photograph: © Valerio Ricciardi
Su gentile concessione di /
Courtesy of Monica Barogi

p. 113
Collana con tre pendenti di tipo *ta'wiz*,
lavorato a sbalzo e incastonato, ca.
1980 / Necklace with three *ta'wiz*
pendants, embossed and set, c. 1980
Foto / Photograph: © Valerio Ricciardi
Su gentile concessione di /
Courtesy of Monica Barogi

p. 113
Pendente di tipo *ta'wiz*, lavorato a
sbalzo e incastonato, ca. 1980 /
Ta'wiz pendant, embossed and set,
c. 1980
Foto / Photograph:
© Federica Aghadian
Su gentile concessione di /
Courtesy of Monica Barogi

p. 114
Collana con unico pendente di
tipo *ta'wiz*, lavorato a sbalzo e
incastonato, ca. 2000 / *Ta'wiz*
pendant, embossed and set, c. 2000
Foto / Photograph:
© Federica Aghadian
Su gentile concessione di /
Courtesy of Monica Barogi

p. 117
Grillz (applique per denti frontali) con
glitter, produzione contemporanea /
Grillz (applique for frontal teeth) with
glitter, contemporary production
Foto / Photograph:
© Federica Aghadian

p. 117
Tre pesanti anelli in acciaio dorato
e glitter, uno con motivi egittizzanti
(sfinge, piramidi), Fashion Jewellery
/ Three heavy rings in gilded steel
and glitter, one with Egyptian motifs
(sphinx, pyramids), Fashion Jewellery
Foto / Photograph:
© Federica Aghadian

p. 118
Pesante catena dorata, Fashion
Jewellery / Heavy gilded chain,
Fashion Jewellery
Foto / Photograph:
© Federica Aghadian

p. 119
Jungle Julz collection (designed
by Snoopdogg), produzione
contemporanea / Jungle Julz
collection (designed by Snoopdogg),
contemporary production
Foto / Photograph:
© Federica Aghadian

Design / Design

p. 239
Bracciale / Bracelet, *Ribbon*, 2013
Foto / Photograph: © .bijouets

p. 239
Bracciale / Bracelet, *Shanghai*, 2013
Foto / Photograph: © .bijouets

p. 240
Anelli / Rings, *Ellipse, Ellipse in Motion
1, 2, 3,* 2013
Foto / Photograph: © Stanislao
Aulicino, Ignazio Assenza di / from
Artemest

p. 240
Bracciale rigido / Rigid bracelet,
Mosso, 2005
Foto / Photograph:
© Fabio Cammarata

p. 241
Anello / Ring, *Museum Ring*, 1996
Foto / Photograph:
© Monica Castiglioni

p. 241
Anello, *Doppio pino*, 1995
Foto / Photograph:
© Monica Castiglioni

p. 246
Orecchini / Earrings, *Bulloni*, 2013
Foto / Photograph: © in house